KB093288

불편한 인권

사상으로 읽는 인권의 역사

ⓒ박홍규 2018

초판 1쇄   2018년 6월 26일
초판 4쇄   2020년 1월 13일

지은이   박홍규

출판책임	박성규	펴낸이	이정원
편집주간	선우미정	펴낸곳	도서출판 들녘
디자인진행	김정호	등록일자	1987년 12월 12일
편집	박세중·이수연	등록번호	10-156
디자인	한채린		
기획마케팅	정용범	주소	경기도 파주시 회동길 198
경영지원	김은주·장경선	전화	031-955-7374 (대표)
제작관리	구법모		031-955-7381 (편집)
물류관리	엄철용	팩스	031-955-7393
		이메일	dulnyouk@dulnyouk.co.kr
		홈페이지	www.dulnyouk.co.kr

ISBN	979-11-5925-350-8 (03300)	CIP	2018018712

이 도서의 국립중앙도서관 출판예정도서목록(CIP)은 서지정보유통지원시스템 홈페이지(http://seoji.nl.go.kr)와
국가자료공동목록시스템(http://www.nl.go.kr/kolisnet)에서 이용하실 수 있습니다.

불편한 인권

－

사상으로
읽는
인권의 역사

－

박홍규 지음

푸른들녘

한국은 흔히 말하듯이 좌파와 우파, 진보와 보수, 종북과 종미 따위의 대립장이 아니라, 인권과 반인권의 대결장이다. 인간의 권리를 존중하거나 무시하는 것의 대결장이다. 근본적으로는 인간과 반인간, 인간성과 반인간성, 인간적인 것과 반인간적인 것, 인간다운 것과 인간답지 못한 것, 즉 인간주의와 반인간주의의 대결장이다. 존엄과 모멸, 존중과 무시의 대결장이다. 정신과 물질, 계몽과 야만, 문화와 미개, 광명과 암흑의 대결장이다. 포용과 배제, 대등과 차별, 수평과 수직의 대결장이다. 법적으로는 나라의 근본을 정한 헌법에 대한 믿음과 불신, 긍정과 부정, 수긍과 거부의 대결장이다. 헌법의 인권과 민주주의라는 최고 가치의 수호자와 배신자의 대결장이다.

이런 대결은 어디에서 유래할까? 한국 역사를 지배한 신분과 성별 및 연령의 차별, 인간성의 무시와 비하는 세계에서 가장 복잡한 계급적 경어와 비인간적 욕설이 일상화된 표현이 인권을 무시하는 반인권의 전통을 형성해왔다. 나이와 직급, 돈과 권력, 남존여비의 위계 문화, 자신과 가족만을 철저히 감싸고 더욱더 챙기는 천박한 경쟁문화를 기본으로 하는 소위 '갑질'의 모욕문화가 우리의 전통문화다. '갑질'은 그야말로 한국인들의 암묵적 규율로서 헌법 이전의 법, 즉 반인권법이다. 이제 그 잘못된 전통문화를 철저히 반성할 때가 왔다. 물론 좋은 전통은 살려야 하지만, 나쁜 전통은 죽여야 한다. 반인권적 전통은, 전통이라는 미명 아래 정당화될 수 없다.

특히 구한말까지 계속된 노예제는 서양 사회보다 인권이 더디게 발달한 동양 사회에서마저 가장 반인권적인 것으로 평가받는다. 오해하지 마시라. 나는 그런 지옥 같은 반인권의 역사를 살아온 대부분의 인민을 폄훼하는 것이 아니라, 한 움큼도 안 되는 그 지독한 극소수 지배자들을 비난하는 것이다. 계급주의 사회에서 호의호식한 왕이니 대신이니 양반이니 사대부니 하는 자들을 비판하는 것이다. 그렇게 악독한 반인권의 지배를 도덕이니 충효니 법이니 하며 정당화한 짐승 같은 무리들을 비난하는 것이다. 물론 그들 중에는 훌륭한 사람들도 있었다. 역사에 길이 빛날 위업을 달성한 사람도 있었다. 그러나 그들은 전부 잘못된 사회에서 살았다. 우리는 지난 날 역사가 어떻게 잘못된 사회를 기록하고 있는지 살펴 철저히 반성해야 한다.

세계 역사상 보기 드문 비폭력 인권운동인 '촛불 민주주의' 이후 진행된 2017년 대선 역시 인권과 반인권의 대결장이었다. 그 전 선거와 달리 이번 선거는 인권의 승리로 끝났지만 그렇다고 반인권의 전통이 별안간 사라지는 것은 아니다. 반인권의 수구 세력은 여전히 건재하다. 따라서 인권과 반인권의 대결은 계속 이어질 것이다. 인권이 보장되어야 한다고 생각하는 사람이라면 한시도 마음을 놓을 수 없는 곳이 한국이다. 역사적으로, 구조적으로 인권이 침해될 여지가 너무나도 많기 때문이다.

그러나 반인권의 역사는 한국에서만 일어난 일이 아니라 범세계적으로 벌어진 일이었다. 인권의 세계사를 다루는 이 책의 요점은, 인권의 역사가 억압자가 아니라 피억압자의 역사라는 것이다. 인류사 최악의 피억압자인 '노예'를 대표하는 스파르타쿠스의 반란을 비롯해 여러 모로 나타난 인권 쟁취의 역사, 즉 승리자가 아닌 패배자의 역사를 다룬다. 지금까지의 '역사'가 억압자와 승리자에 주목했다면 이 책은 피억압자와 패배자의 역사에 주목한다.

인권은 민주주의의 민(民), 인민이 주체가 되는 정도에 따라 확대되었다. 민주주의가 실천되는 정도에 따라 인권이 확대되기는 했지만, 민주주의의 역사에 굴곡은 많았다. 따라서 인권의 역사가 그 향유의 주체나 종류나 범위가 계속 순순히 확대되어온 것은 아니다. 그러나 대체로 인권의 내용인 자유, 평등, 생존, 평화에 대한 인간의 생각과 실천은 인류 역사의 처음부터 나타났고 점진적으로 확대되었다. 따라서 인권의 역사는 인류 역사와 겹친다. 물론 그것은 쉽게 주어진 것이 아니라 인권을 누리지 못하는 사람들의 인권 확보 투쟁에 의해 확보되는 것이다.

미래도 마찬가지다. 끊임없는 인권 투쟁에 의해서만 인권의 역사는 창조될 수 있다. 인권은 인간의 역사로서 결국 인권의 핵심인 자유롭고 평등한 인간, 자율적이고 주체적인 인간의 연대에 의해서만 창조될 수 있다. 그리고 인권은 순간적인 정권을 넘어서는 영원한 인류의 역사적 과제다. 우리는 그 위대한 역사적 과제를 2017년의 촛불 민주주의로 경험했다. 그러나 그것은 위대한 승리인 동시에 새로운 시작이었다. 인권에 대한 뜨거운 감수성으로 각자 치열한 민주주의자가 되기 위한 시작이다. 자신의 인권과 함께 남의 인권을 의식하지 않는다면 우리는 민주적 인간일 수 없다. 나의 자유와 평등의 보장은 항상 남의 자유와 평등의 보장에 의해서만 이루어진다. 우리 모두 인권을 함께 체현하는 민주주의자가 될 때 이 땅의 민주주의는 보다 완전하고 실질적인 것으로 변할 수 있다.

눈부시게 찬란한 2018년 6월

박홍규

차례

인권의 역사

오늘, 이 땅의 인권

한국이 얼마나 인권 후진국인지 2017년의 대선 선거 운동을 통해 여실히 드러났다. 성폭력 범죄를 모의하고, 설거지는 하늘이 정한 여자의 일이라는 식의 남존여비 의식을 노골적으로 드러내는 자, 자신보다 직급이 낮다고 여겨지는 도의원이나 기자나 경비원에게 함부로 막말을 퍼붓는 자, 전 대통령의 자살을 비하하는 생명 경시 사상을 가진 자, 세월호 사건을 능멸하여 인간 존엄성을 짓밟는 자가 버젓이 대선 후보로 나라를 책임진다고 떠들고 다니더니 급기야 그 자가 선거 결과 제2위를 하는 코미디가 벌어졌다. 그는 사형, 동성애, 성차별, 성범죄 등등에 대해 헌법에 위배되는 반인권적인 발언을 서슴지 않았는데 더욱 황당한 것은 그런 발언이 선거에서 불리하기는커녕 도리어 표를 몰아준 요인으로 작용했다는 점이다. 다행히도 그 자는 낙선했지만, 그래도 2위를 차지했다는 사실은 반인권 사회가 낳은 씁쓸한 결과였다고 고백하지 않을 수 없다. 그는 분명 언젠가 재기할 것이다.

2017년 대선이 완전한 인권의 승리였던 것은 아니다. 인권 중에서도 가장 기본적인 인권인 정신적 인권, 그중에서도 가장 기본적인 사상의 자유를 침해하는 국가보안법은 여전히 건재하다. "제7조의 찬양·고무 처벌 조항은 개선해야 한다"라고 주장한 자가 대통령이 되었지만, 그것을 개선한다고 해서 사상의 자유를 침해하는 국가보안법 자체가 없어지는 것이 아니고, 그 정도의 개선조차도 과연 제대로 이루어질지 의문이다. 마찬가지로 대통령은 양심적 병역 거부로 인해 감옥에 갇히는 현실을 대체복무제를 도입하여 개선하겠다고 공약했지만, 과연 잘될 수 있을지도 의문이다. 표현의 자유와 관련해서도 테러 방지법 개정, 인터넷 실명제 개선, 포털의 임시 조치 개선, 방송통신위원회의 정치적 행정 심의 폐지 등도 추진한다고 했으나 역시 반대 의견이 만만치 않다. 신체적 인권 중 사형 폐지에 대한 공약에 대해서도 마찬가지다.

그 밖에 많은 인권 문제가 있지만 선거운동을 통해 충분히 논의되지 않았다. 가령 노동자의 인권을 침해하는 것 중에서 가장 심각한 사례인 쟁의행위로 인한 민·형사 책임 문제는 전혀 언급되지 않았다. 대신 강성노조 때문에 경제가 위기라고 하는 터무니없는 반인권적 주장까지 나왔다. 헌법은 물론 노동법의 원칙인 동일노동 동일임금이 과도한 요구라는 반인권적 주장도 나왔다. 환경권을 침해한 4대강 사업을 찬양하는 발언도 나왔다. 언론의 자유에 정면으로 위배하는 뉴스를 보지 말라, 방송사를 없애겠다는 주장도 나왔다. 헌법상 평등권이나 경제민주화를 조롱하듯이 부자에게 돈을 마음껏 쓸 자유, 사치할 자유까지 무한히 인정하겠다는 주장도 나왔다.

민족적 인권의 문제

선거운동이 진행되는 가운데 더욱 충격을 주었던 뉴스는 중국의 시진핑 주석이 "한국은 중국의 일부였다"고 말했다는 점이다. 2017년 4월 12일, 미국 대통령 트럼프가 그렇게 들었다는 것이다. 그 뒤 미국과 중국 정부 모두 한국인이 걱정할 필요는 없다고 하는 정도의 해명으로 지나갔다. 우리나라가 오랫동안 중국의 조공국이기는 했지만 중국의 일부가 아니었다는 점은 역사적 진실이므로, 아예 시비할 필요도 없는 이야기다. 하지만 그 같은 외교적 결례에 대해서는 엄중하게 따지는 것이 독립국의 태도다. 그러나 우리는 그렇게 하지 못했다. 반인권적 주장을 대변하는 소위 태극기 집회에서 태극기와 함께 성조기가 나부끼는 것처럼, 국제적 강국에 복종하는 모습을 보인 것이다.

게다가 대선 유세에서 사드 설치에 대한 논쟁이 이어졌던 가운데, 2017년 4월 26일 미국에 의해 사드가 전격 배치되었고, 뒤이어 미국 대통령 트럼프는 1조 원 이상의 사드 배치 비용을 한국이 부담해야 한다고 주장했다. 이에 대해서도 이런 말 저런 말이 쏟아졌지만 한국이 과연 완전한 독립국인지 의심스럽다는 말이 나올 만큼 우리에게는 황당한 일이었다. 그동안 우리는 사드 설치를 위한 부지만 제공하고 사드 설치에 드는 비용은 미국이 부담한다는 말만을 정부에게서 들어왔기 때문이다.

대통령 선거 유세에서 미군에게 있는 전시작전권을 환수해야 한다는 말도 나왔지만 사회적으로 크게 부각되지는 않았고, 상당수의 국민은 그것이 무슨 말인지 관심도 없었다. 전시작전권 문제가 헌법상 대통령에게 주어져 있는 국군통수권에 위배되는지 아닌지에 대해서는 여러 가지 이야기가 있지만, 한 나라의 독립은 무엇보다도 자국 군대의 지휘권과 관련된다. 나는 이를 모든 인권의 기본이자 전제, 최고의 근원적 인권인 '민족자결권'의 핵심이라고 생각한다. 나라의 독립 없이는 그 구성원인 개인의 어떤 인권도 있을 수 없다. 그래서 국제인권법의 근거인 '국제인권규약'에서는 민족자결권을 가장 기본적 인권으로 맨 첫 장에 규정하고 있다. 우리나라에서는 민족자결권이 1919년 3·1운동의 사상적 근거였음을 초중고의 역사책에서도 설명하고 있지만, 지금 우리가 고민하는 '인권 문제'의 근본이 이와 연관되어있다고 설명하는 책은 보기 힘들다. 나는 이러한 '민족적 인권'이 모든 인권의 출발점임에도 아직 우리에게는 그것이 완전하게 보장되어 있지 않다는 문제의식에서 이 책을 쓴다.

민족적 인권은 인권이 탄생한 고대부터 발생한, 모든 인권의 기초이자 전제가 되는 가장 중요한 인권이다. 그리고 중세의 마그나카르타로 상징되는 신체적 인권, 15~17세기 르네상스와 종교개혁의 정신적 인권, 18세기 프랑스 혁명이 상징하는 정치적 인권, 19세기 자본주의 발전의 토대가 된 경제적 인권, 20세기 노동자 보호를 중시한 사회적 인권, 그리고 제1, 2차 세계대전 이후 식민지 독립을 중심으로 한 민족적 인권으로 발전해왔다.

이 책은 그런 차례로 엮어지는 장별 제목에 따라 인권의 역사와 미래를 조감한다. 차례에서 보듯이 7개의 장으로 나누어지는 이 책은 인권이 탄생한 고대 이래, 중세로부터 20세기까지 인권의 여러 가지 차원, 즉 신체적, 정신적, 정치적, 경제적, 사회적, 민족적 인권이 강조되어온 역사를 살펴보고 21세기 이후 인권의 미래를 상상해보고자 한다. 그러나 각 장의 제목을 보고 각 시대에 그 각각의 인권만이 있었다거나 그것만이 특별하게 강조되었다고 생각하면 안 된다. 가령 20세기 후반을 민족적 인권의 시대라고 했지만 이는 민족적 인권이라는 가장 오래되었으면서도 가장 새로운 인권이 그 시대에 다시금 세계적으로 모든 민족에 의해 강조되었다는 것이고, 그것은 여타의 인권이 이미 충분히 강조되었다는 전제 아래 새롭게 나타난 것임을 뜻하는 것이다. 어느 하나의 인권만이 중요한 것이 아니다. 21세기를 사는 우리에게는 그 모든 인권이 더욱 완벽하게 전반적으로 추구되고 향유되어야 한다. '민주적 인권의 시대'가 되어야 한다.

위에서 말한 민족적 인권은 보통 '민족자결권'이라고도 한다. 우리는 이를 1919년 미국의 대통령 우드로 윌슨이 제1차 세계대전 후 주장한 것을 3·1운동의 근거로 삼았다고 배웠다. 불행히도 그때의 민족자결권이란 제1차 세계대전이 벌어진 서양의 몇몇 피압박민족을 위해 주장된 것이어서 일본에 대한 우리 민족의 주장으로서는 국제적으로 인정되지 못했지만, 민족자결권을 주장한 3·1운동은 우리나라의 최고 인권장전인 헌법의 전문에 명시되어 있다. 우리나라만이 아니라 비서양 피압박민족의 민족자결권은 20세기 후반에야 범세계적으로 인정되었고, 1966년 제정된 국제인권규약에 모든 인권의 기초로 규정되었는데, 이는 20세기 후반에 와서야 인권이 범세계적인 것이 되었음을 보여주는 증거다. 그 전의 인권은 고작 서양 중심의 논의에 불과했다.

인권의 세계사

이 책은 '인권의 세계사'를 다루는 것이지 '인권의 한국사'를 다루는 것이 아니다. 이 책의 시대 구분은 세계사, 그중에서도 서양사를 기준으로 한다. 한국사를 기준으로 삼는 것이 아니다. 한국 역시 고대에 인권이 탄생하면서 출발했다. 그러나 역사를 거치며 인권은 소멸됐다. 한국의 여러 인권은 1945년 해방 이후, 아니 1987년 민주화 이후부터 본격적으로 전개되었다고 해도 과언이 아니다. 서양의 몇 백 년에 걸친 경제발전이 한국에서는 몇 십 년 만에 전개된 것처럼, 한국의 인권이 성장한 기간도 짧다. 이렇게 짧은 시간 안에 빠르게 성장했다는 사실은 전 세계에 자랑할 만한 역사적 성과지만, 그만큼 문제점도 많다. 우리의 21세기는 그런 문제점을 슬기롭게 극복하고, 미래 인권을 새롭게 창조하는 시대여야 한다. 이를 위해 우리는 인권의 세계사를 다시금 참조할 필요가 있다. 아니, 단순한 참조가 아니라 어느 국가를 막론하고 '인권'은 인류의 공통 권리라는 점에서, 우리의 인권사이기도 하다는 것을 유념해야 한다.

인권의 차원에서 모든 인간은 인류의 경험을 공유한다. 가령 동서양의 고대나 중세나 근대에 살았던 인류의 인권 경험은 비록 우리 나라 사람들이 직접 경험하지 못했다고 해도 우리의 것이다. 그런 점에서 세계사의 경험은 곧 우리 민족사의 경험이기도 하다. 그래서 아래 본문 각 장의 처음에서 나는 나의 개인적 경험을 설명한 뒤 우리 헌법의 관련 규정이 세계사적 인권과 어떻게 관련되는지 살펴보고 인권의 구체적인 시대별 역사를 검토한다. 이는 세계사와 한국사, 그리고 우리 개개인이 직결되어 있음을 보여준다. 내가 굳이 부끄러운 개인적 경험을 털어놓는 이유는, 독자들이 인권을 '어떤 거창한 것'이 아니라 '바로 나의 일'로 생각해보기 수월하도록 돕기 위함이다. 우리 각자의 일, 우리 모두의 일, 세계인의 일로 인권을 생각해야 인권을 바로 세울 수 있다.

인권이라는 말

세계적으로도 인권이라는 말이 사용된 역사는 매우 짧지만, 우리나라에서 인권이라는 말은 최근에 와서야 일반적으로 회자되기 시작했다. 공식 문서로서는 1962년 헌법 개정 시 인권이라는 말이 처음으로, 그것도 단 한 번 사용되었다. 1962년 헌법 제10조에서 "국가는 개인이 가지는 불가침의 기본적 인권을 확인하고 이를 보장할 의무를 진다"고 규정한다. 여기서 '불가침의 기본적'인 인권이 따로 있고, 다른 종류의 인권도 있는지 의문이 생기지만, 그렇다고 보기는 어렵다. 모든 인권은 '불가침의 기본적'인 것이기 때문이다.

그런데 제10조로 시작하는 헌법 제2장의 소제목은 '국민의 권리와 의무'이고, 제10조 뒤의 구체적인 인권 관련 조항에서는 인권이 아니라 자유나 권리라는 말만이 사용된다. 그래서 '인권'과 '자유 및 권리'라는 말이 어떤 관계에 있는지 의문이 생긴다. 이처럼 용어 사용은 혼란스럽다. 이 책에서는 '인권', '자유', '헌법상의 권리'를 같은 뜻으로 사용한다. 학문적으로는 엄밀한 구분이 가능하지만, 이 책은 그런 학문적인 엄밀성을 전제로 한 것이 아니라 일반적인 상식의 수준에서 쓰고 읽는 것이므로 특별히 구별하지 않는다.

헌법 이론서에서는 인권이라는 말보다도 '기본권'이라는 말을 사용하는 경향이 있다. 기본권이란 '기본적 인권'의 준말이 아니라 독일어 'Grundrecht'를 번역한 말이다. 독일법을 특별히 좋아하는 법학자들이 애용하는 말에 불과하므로 이 책에서는 그런 말을 사용하지 않는다. 일제강점기에 일제와 동맹이었던 히틀러의 독일을 비롯하여 독일법에서 많은 것을 빌려온 우리가 독일법의 용어를 사용해온 것을 어쩔 수 없는 일이라고 볼 수도 있을지 모르겠다. 하지만 반드시 필요한 것이 아니라면 굳이 사용할 필요도 없다. '인권'이라는 말로 충분하다. 게다가 기본권이라는 말은 1948년에 제정된 최초의 헌법에 대한 해설에서부터 사용되었으나 일반적 용어로 정착하지는 못했다. 그 최초 헌법에서도 제2장의 소제목은 '국민의 권리와 의무'였으나 인권이란 말은 사용되지 않았고, 실제로도 1948년 이후 인권이 제대로 보장되었다고 할 수도 없다.

헌법에서 정한 인권을 보장하기 위해 만든 정부기관인 국가인권위원회는 2001년에야 발족했다. 즉 한국에서는 21세기에 와서야 공식적으로 인권이라는 말을 넣은 국가기관이 탄생했다는 뜻이다. 그러나 그것이 과연 인권을 보장하는 국가기관이었는지 의문이다. 수많은 국민의 인권을 침해했다는 이유로 2017년 국회의 탄핵과 헌법재판소의 결정에 의해 대통령이 파면되는 동안, 국가인권위원회는 아무런 기여도 하지 않았다. 물론 국가인권위원회만이 인권을 보장하는 국가기관인 것은 아니지만, 이처럼 오랫동안 우리의 정부는 인권 보장에 소홀했다.

국가인권위원회는 '인권'이라는 말이 처음 들어간 국가기관이었으나, 국제적인 조류나 다른 나라의 경우보다 훨씬 늦게 설립된 것이다. 국제적으로 '인권'이란 말은 1945년 국제연합(유엔) 총회에서 채택한 국제연합헌장에서 처음으로 사용되었고, 그 3년 뒤인 1948년에 제정된 세계인권선언에서 널리 사용되었다. 세계인권선언이 제정된 12월 10일을 한국에서는 오랫동안 세계인권선언일로 기념하여 왔으나 2013년 폐지되었다. 폐지 당시의 이명박 정권은 인권을 유린한 것으로 유명하다.

세계인권선언일을 기념한 나라가 몇인지는 알 수 없지만, 1991년 말까지 국제연합의 회원국이 아니었던 한국에서 왜 그날을 기념했는지 의문이다. 그러나 문제는 그런 기념에도 불구하고 세계인권선언의 교육이나 계몽 등으로 인한 영향이 전무했다고 하는 점이다. 흔히 세계인권선언은 수천 년 또는 수백 년에 걸친 세계인권운동의 역사를 보편화시킨 최초의 국제문서로 평가되는데 그런 인권운동의 역사에 대한 교육이나 계몽도 한국에서는 전무했다.

물론 한국에서도 그 전부터 인권이라는 말은 사용되었다. 그 말의 본디 뜻인 '인간의 권리'는 국가의 인정 여부에 관계없이 오래전부터 인정되었다. 오히려 인권은 '국가로부터의 권리 침해를 받지 않는 것'을 뜻했다. 그래서 '국가'인권위원회라는 말의 모순이 지적되기도 했으나, 그것은 그동안 국가가 인권 침해의 주범이었던 점을 반성하고 국가가 앞장서서 인권을 보장하라는 취지로도 읽을 수 있다. 그래도 인권위원회에 굳이 '국가'라는 말을 붙인 이유는 한국식의 강력한 국가주의에서 비롯되었다고 보지 않을 수 없다. '국가' 차원의 기관이라서 그렇게 명명했다고도 하지만, 국가기구라고 해서 거기에 굳이 '국가'라는 말을 붙이는 경우란 그것밖에는 없다. 가령 교육부는 교육부라고 하지 국가교육부라고 하지 않는다.

한국에서는 적어도 1948년의 최초 헌법에 인권이 규정된 이래 인권은 법적인 권리로도 인정되었다. 아니 '인간이면 누구나 갖는 권리'라는 본래 의미의 '인간의 권리'를 뜻하는 인권은 마치 인간의 생명이나 신체나 정신처럼 인간이 탄생한 이래 존재했다고도 할 수 있다. 따라서 인권의 역사는 인간의 역사와 다를 바 없다.

인권이란 무엇인가?

인권의 역사와 미래를 생각해보기 전에 인권이 무엇인지 간단히 살펴보자. 인권이란 'human rights'를 우리말로 옮긴 것인데 그 'human'이란 '인간의'라는 뜻과 함께 '인간적인', '인간이기에 당연히 갖게 되는', '인간이라면 누구나 반드시 갖게 되는'이라는 뜻도 있어서 인권이란 그런 권리, 즉 '인간적인, 인간이기에 갖게 되는, 인간이라면 누구나 반드시 갖게 되는 권리'라는 뜻도 포함한다. 이러한 뜻은 우리말로 '인권'이라고 하는 경우에 잘 드러나지 않지만, 인권에는 분명히 그런 뜻이 있다. 아니 그런 뜻이 인권의 가장 중요한 핵심이다. 인간이면 누구나 갖는 권리이니 인종, 성별, 나이, 국적 등에 따라 다를 수 없는 자유롭고 평등한 것이고, 나아가 역사상으로도 시대에 따라 다를 수 없는 것이었다. 그러나 현실에선 그렇지 못했다. 루소가 『사회계약론』에서 "인간은 자유로운 몸으로 태어났으나 어디에서나 쇠사슬에 묶여 있다"고 했듯이 말이다.

역사적으로도 마찬가지다. 인간은 자유로운 몸으로 태어났으나 언제나 쇠사슬에 묶여 있다. 옛날이나 지금이나 마찬가지다. 그렇다. 인간이 태어나면서부터 인권을 갖듯이(개체발생) 역사의 태초부터 인권이 있었다(계통발생). 태초의 인간은 갓 탄생한 생명처럼 모두 자유롭고 평등한 존재였다. 인류가 생겨난 수십만 년 전부터 오랫동안 그러했다. 그러나 몇 천 년 전부터 인권은 몇몇 지배자만 가진 권리처럼 여겨지기 시작했고, 대부분의 피지배자들은 인권을 인정받지도 누리지도 못했다. 피지배자들은 끊임없이 인권을 주장했지만 항상 억압당했다. 최근 수십 년간 모든 인간이 인권을 갖는다는 사실은 국내외적으로 인정되었고 많은 사람들의 인권이 보장되었지만, 아직도 인권의 유린은 계속되고 있다. 나는 그런 인권 유린의 비참한 역사가 점차 사라지고 태초의 인간 세상처럼 모든 사람들이 인권을 보장받는 찬란한 미래를 기대하여 이 책을 쓴다.

그런 미래를 믿는 이유에는 여러 가지가 있다. 그중 하나만 소개해보자. 2016년 독서계에 선풍을 일으킨 유발 하라리(Yuval Noah Harari)의 『사피엔스*Sapiens*』는 인간, 즉 호모 사피엔스가 상상 속에만 존재하는 것을 믿을 수 있는 인지능력을 가져 유연하게 협동할 수 있는 유일한 동물이기 때문에 세상을 지배하게 되었다고 주장했다. 그런데 상상 속에만 존재하는 것으로 신, 국가, 돈을 예로 든 사람은 과거에도 있었지만, 그중 하나로 인권을 든 것은 하라리가 처음이다.

원시 사회에서부터 인권 의식이 있었다고 나도 주장해왔지만, 세계사의 차원에서 신, 국가, 돈과 함께 인권을 인지혁명의 가장 중요한 상상으로 본 것은 하라리가 처음이다. 그런데 하라리는 우리말 번역본으로 600쪽에 가까운 그 책에서 인권이 어떻게 변해왔는지에 대해서는 아무 말도 하지 않는다. 신이나 국가, 돈에 대해서는 그 역사를 상세히 말하면서도 인권의 역사에 대해서는 아무 말도 하지 않는다. 게다가 인권을 상상이니 신화니 하여 인권을 제대로 이해하는지 의심스럽기도 하다.

종래의 인권의 역사

인권의 역사는 원시 시대도, 고대도, 중세도 아닌, 근대 18세기 계몽주의 시대에 와서 시작된다고 보는 것이 일반적이다. 18세기 이전으로 거슬러가는 경우에도 인권의 윤리적 토대로 소위 고대종교와 그리스 로마 철학이 언급될 뿐이다. 그것을 언급하는 책도 미셰린 이샤이(Micheline Ishay)의 『세계인권사상사*The History of Human Rights*』 등 한 두 권 정도에 불과하다.

그러나 종교나 사상이나 철학이 항상 인권을 적극적으로 보장한 것은 아니다. 고대로부터 근대에 이르기까지 대부분의 주류 종교나 사상, 철학은 체제에 순응한 것으로 당대에 소극적으로 인정된 인권에 대해서도 소극적으로 반응했다. 따라서 현대의 관점에서 철학이나 사상을 새롭게 해석하여 인권 보장에 적극적인 입장을 취하게 되었다고 해도, 각 시대에 유행한 사상이 어떤 입장이었는가에 대해서는 각 시대의 정확한 인식 하에서 비판적으로 바라볼 필요가 있다. 그러므로 우리나라에 소개된 인권의 역사에 대한 가장 방대한 책인 미셰린 이샤이의 『세계인권사상사』는 이러한 점에 주의해 읽어야 한다. 이 책은 인권에 소극적이었던 종교나 사상에 대해 객관적인 평가를 내리지 못하고 있다. 모든 종교와 사상이 인권에 적극적이라는 일률적인 평면적 평가는 인권의 실질적 확립에 도움이 되지 못한다. 인권의 보장에 방해가 될 뿐이다. 그 책의 원제는 '인권의 역사'인데, 사상사에 과도하게 치중되어 번역서의 제목처럼 되었다. 인권의 역사에서 몇 명의 인권사상가가 중요하지 않은 것은 아니다. 그러나 그보다 더 중요한 건 여러 나라, 여러 시대 인민에 의한 인권 투쟁과 그 결과물인 인권문서이다.

가령 세계 최초의 인권선언인 '키루스원통'부터 '세계인권선언', '국제인권규약'에 이르는 인권문서가 인권의 역사에서 가장 중요하다. 그런데 이샤이의 책에는 키루스원통에 대해서는 전혀 언급이 없다

(같은 유대인인 하라리도 마찬가지고 그 외 인권에 대한 국내외 책이 모두 그렇다). 그것은 흔히 세계 최초의 인권선언이라고 하는 잉글랜드의 마그나카르타보다 1754년, 프랑스의 인권선언문보다 2328년이나 앞선 것이었다. 게다가 마그나카르타는 영주와 귀족의 권리를 보장하는 것이고 프랑스 인권선언문은 백인 남자들만을 위한 것이었지만 키루스원통의 인권선언은 모든 인종에게 적용되는 것이라는 점에서 명실 공히 보편적인 인권선언으로 이에 대응할 만한 것은 1948년에 제정된 세계인권선언이 처음이었다. 대신 이샤이나 하라리의 책은 유대인인 자신의 유대교를 비롯하여 종교와 철학에 대한 언급이 많다. 세계 최초의 인권운동이라고 할 수 있는 스파르타쿠스 반란에 대한 언급은 없는데 말이다. 자칫 그들의 책이 유대인을 위해 쓴 것처럼 보이는 이유다. 그러나 인권은 어느 민족 고유의 것이 아니다.

또한 이샤이의 책에는 중세의 중요한 인권문서인 마그나카르타에 대한 설명이 없고, 중요한 인권사상가인 펠라기우스에 대한 설명도 없다. 나아가 17세기의 대표적 인권사상가로 소개하는 라보에시에 대한 언급이 없는 것을 비롯하여 인권사상의 측면에서도 문제가 많다. 특히, "인간은 모두 자유롭고 평등하게 태어났으므로 그것을 막는 권력이나 재산에 반대하라"고 최초로 주장한 라보에시를 인권사상사에서 빼트린 건 큰 실수다.

기존의 세계인권사는 18세기 계몽주의[1] 시대의 자유권(제1세대 권

---

1 이샤이는 계몽주의를 종교개혁 이후 산업혁명기까지, 또는 17~18세기로 보는 듯하지만 일반적으로 계몽주의는 18세기를 가리킨다. 미셰린 이샤이, 조효제 옮김, 『세계인권사상사』, 길, 2005, 129쪽.

리, 자유주의적 인권), 19세기 산업혁명 시대의 평등권 내지 사회권(제2세대 권리, 사회주의적 인권), 그리고 20세기의 민족권(제3세대 권리)으로 나누어져 체계화되는 것이 보통이다. 그리고 이는 각각 세계인권선언 제1~19조, 제20~26조, 제27~28조에 대응한다고 설명된다. 그러나 이러한 역사 구분은 마치 18세기 이전에는 인권에 대한 역사가 없었다고 보는 듯하다. 나는 긍정적이든 부정적이든 그 이전에도 인간이 살아 있었으므로 인권의 문제도 함께 있었다고 본다. 사실 계몽주의 이후에도 과연 인권이 제대로 보장되었는지에 대해서는 여러 가지 비판이 가능하다. 소위 제1, 2, 3세대의 인권도 각각 나폴레옹 이후 제국주의나 제1차 세계대전에 이르는 제국주의 그리고 제3세계의 민족주의적 독재에 의해 부정되었다. 역사를 일직선적인 발전으로 볼 수 있는가에 대해서는 여러 가지 논의가 가능하지만, 그렇게 보지 않는다고 해서 역사가 퇴보한다거나 순환한다고 볼 수는 없다.

이 책의 특징

지금 내가 쓰는 이 책은 인류 역사상의 대표적인 인권운동과 인권문서 및 인권사상을 중심으로 쓴 세계인권사이다. 세계사적인 차원에서 쓴 책이므로 이 책에서 한국에 대한 부분은 간단하게 다루었다. 그렇게 한 이유 중 하나는 한국의 인권사에 대한 책들이 이미 많이 나와 있기 때문이기도 하다.

한국의 인권사를 간단히 살펴보면 1948년 한국 헌법은 당시의 사회민주주의적 여론을 반영한 것으로서 그런 인권문서인 1919년 독일 바이마르 헌법의 영향을 받은 헌법이었다. 즉 미국식 자본주의도 소련식 공산주의도 아닌 제3의 길을 추구한 것이다. 그러나 1950년의 6·25전쟁으로 인해 미국식 자본주의와 반공주의에 근거한 독재가 현실 정치에서 전개되었다. 이는 다시 1960년 4·19혁명에 의해 중단되었으나 1961년의 5·16군사정변에 의해 좌절당해 1972년의 소위 유신헌법이라는 독재헌법으로까지 타락했다. 그 후 1979년 대통령이 살해당하기 전까지 독재가 계속되었다. 이후 1980년 봄의 민주화가 찾아와 5·18광주민주화투쟁으로 나아갔지만 군부쿠데타에 의해 좌절되고 1987년 민주화투쟁으로 현행 헌법이 성립될 때까지 인권투쟁은 지속되었다. 그러나 헌법 제정 이후에도 인권의 질곡은 계속 이어졌다. 특히 이명박 박근혜 정권에 의한 인권 탄압은 2017년의 길고 긴 촛불투쟁으로 끝났다.

이 책에서 한국 인권사는 그 효시로 고려 만적의 난을 비롯한 신분투쟁의 역사를 잠깐 다루는 것 외에 거의 다루지 않는다. 이는 이 책이 기본적으로 세계인권사를 대상으로 하는 탓이기도 하지만 사실 한국의 전통 사회에서 인권운동이나 인권사상 및 인권문서를 찾기란 쉽지 않다. 따라서 그런 것들이 찾아질 때까지 우리는 세계사를 인류의 공통자산으로서 우리의 것으로 삼을 필요가 있다.

1.
인권의 탄생
_고대

나의
인권의 탄생

저자의 말에서 인간이 태어나면서부터 인권을 갖듯이 역사의 태초부터 인권이 있었고, 태초의 인간은 갓 탄생한 생명처럼 모두 자유롭고 평등한 존재였다고 했다. 나 자신도 마찬가지다. 모든 신생아와 같이 나도 귀한 아들로 태어났고 그 누구 못지않은 인권, 자유와 평등을 비롯한 모든 권리를 누렸다. 그러나 언제부터인가 자유롭지도 평등하지도 않고, 어떤 권리도 갖지 못하는 존재가 되었다. 권리가 아니라 의무를 따랐다. 부모를 비롯한 어른들의 말에 무조건 복종하게 되었다. 특히 '공부해라'는 명령에 복종해야 했다.

내가 기억하는 최초의 말이자 평생 들었던 유일한 말은 아버지의 말, 양반과 공자와 공부라는 말이었다. 우리는 양반인 무슨 씨, 무슨 파, 몇 대이고, 세계 최고의 권위자인 공자는 부모 말에 무조건 절대 복종하라고 했으며, 인간의 도리는 오로지 공부를 잘해서 출세하고 집안을 빛내고 돈을 많이 버는 것이라는 말이었다.

그런 아버지가, 교사 노동조합을 만들어 활동했다는 이유로, 내가 일곱 살 때 구속되어 경찰서 운동장에서 머리카락을 깎이는 것을 철조망 사이로 바라본 것이 나의 최초 기억이다. 그 기억은 아버지에 대한 애증의 출발이자 내 삶의 시작이었다. "네 애비는 빨갱이"라는 소리를 들었고 아버지의 용모에 대한 놀림도 받았다. 그 무렵 닥친 가난은 빈부격차를 느끼게 했다. 의사를 아버지로 둔 친구 집 지붕에 가득 널린 조기를 보면서, 그 아이 집에서 조기를 처음 맛보면서 나는 불평등을 피부로 느꼈다. 한센병 환자들의 마을에서 온 다른 아이나 가난한 아이들, 그리고 공부를 못하는 아이들이 따돌림을 당하는 것을 보면서도 그러했다. 부모와 교사에 대한 반항, 공부 잘하는 부잣집 아이들에 대한 미움 등으로 나는 학창시절 그림과 독서 그리고 데모 등에 빠져 살았지만 그 모든 것이 부모를 실망시켰다. 절대자인 부모에 대한 불효는 부모에 대한 끔찍한 죄의식을 낳아 평생을 괴로워하게 했다.

결혼 전 몇 년간 연애를 하면서 서로 말을 높이다가 결혼 후 몇 년간 부모형제와 함께 살면서는 부모처럼 나도 아내에게 반말을, 아내는 나에게 높임말을 하게 되었다. 부모가 사는 곳에서 이사한 뒤 결혼 전의 상태로 되돌아가야 한다는 생각도 했지만 장남으로서 자주 부모를 뵈어야 하는 등의 사정으로 결국 지금까지 거의 40년간 반말을 해왔다. 반말이 아내의 인권을 침해하는 직접적인 요인은 아니라고 해도 서로를 끔찍하게 존중했던 결혼 전과 달리 함부로 대하는 경우가 전혀 없었다고도 할 수 없다. 처음 만났을 때처럼 지금까지 서로 높임말을 했더라면, 서로의 인권을 훨씬 더 잘 존중했을 터라는 생각에 지난 세월을 후회하게 된다.

나이가 들다 보니 죽음을 준비해야 한다는 생각도 하게 된다. 외국과 달리 한국에서는 아내가 먼저 죽는 경우 남편이 너무나도 깊은 상처를 받는다고 한다. 미국에서의 최근 연구 결과가 그렇다. 한국에서 배우자를 잃는 경우 여성은 1년이 지나면서 안정되지만 남편은 6~10년이 지나도 우울감이 지속되는데, 남편의 경우 외국과 비교해 우울감의 상승 폭이 2.6배 차이를 보였다. 그 이유가 무엇일까? 혹시 아내를 자신에게 종속되거나 소유되는 존재로 생각한 탓에 상실감이 더욱 큰 것이 아닐까? 이혼 뒤에나 이별 뒤에 상대의 행복을 빌기보다는 증오하거나 보복하는 등도 마찬가지 현상이 아닐까?

부모나 자녀, 상관과 부하, 선생과 제자 등등 절대 복종이 요구되는 모든 상하 관계도 마찬가지다. 이 역시 과거 주인-노예의 관계와 같은 것일지도 모른다. 어쩌면 한국에서 만나는 인권 문제의 기본은 '지극히 계급적인 언어'에 있는지도 모른다. 서양어는 물론 중국어에도 경어가 없었는데, 우리는 지극히 엄격하고 복잡한 경어를 사용하고 있다. 언제부터 그런 계급적인 언어를 사용하게 되었을까? 아마도 유교가 확산된 이후 양반 계급을 중심으로 생겨났을 것이고, 그것이 조선 중기 이후 양반 계급이 급격히 늘어나면서 널리 퍼졌을 것이다.

인권의 기본인 모든 인간의 존엄성이라는 것도 한국에서는 제대로 인정된다고 할 수 없다. 끔찍한 가족주의도, 엄청난 교육열도 부모가 자식을 소유물로 생각하는 탓이 아닐까? 심지어 사랑이라는 것도 곧잘 소유로 오해되어 이별에 대한 원한이 지독한 것이 아닐까? 학교나 군대나 회사도 마찬가지가 아닐까? 인권을 무시하는 집단주의를 숭상하는 우리는 인권과 너무나도 먼 것이 아닐까? 왕조나 양반이나 종가나 전통 등을 숭상하는 것도 마찬가지다.

우리 헌법의
인권 원리

인권의 탄생과 관련하여 우리 헌법에 규정된 최초의 인권 조항, 즉 인권의 원리에 대해 살펴보자. 우리 헌법 제2장 '국민의 권리와 의무'의 첫 조항에서 인권의 원리와 평등권을 규정한다. 즉 제10조는 '모든 국민은 인간으로서의 존엄과 가치를 가지며, 행복을 추구할 권리를 가진다. 국가는 개인이 가지는 불가침의 기본적 인권을 확인하고 이를 보장할 의무를 진다'고 규정하고, 이어 제11조는 제1항에서 '모든 국민은 법 앞에 평등하다. 누구든지 성별·종교 또는 사회적 신분에 의하여 정치적·경제적·사회적·문화적 생활의 모든 영역에 있어서 차별을 받지 아니한다,' 제2항에서 '사회적 특수계급의 제도는 인정되지 아니하며, 어떠한 형태로도 이를 창설할 수 없다,' 제3항에서 '훈장 등의 영전은 이를 받은 자에게만 효력이 있고, 어떠한 특권도 이에 따르지 아니한다'고 규정한다.

1. 인간의 존엄성

제10조의 '인간으로서의 존엄과 가치'라는 말은 1962년 헌법 개정 시에 처음 들어간 것인데, 이는 1945년에 제정된 국제연합헌장 전문에 나오는 '인간의 존엄과 가치'라는 말과 같다. 1948년에 제정된 세계인권선언에도 '인류 구성원 모두에게 내재하는 존엄성'이라는 말이 있는데 이는 선언 작성 당시 그 처음에 '신'을 명시하자는 논란에 대해 당시 교황청 대표가 '존엄성'이라는 말을 넣자고 하여 생겼다.[1] 그렇게 본다면 인류사에서 신이 등장한 데까지 그 말의 기원이 거슬러 올라간다고 볼 수 있다. 아니 인간이 세상에 존재하면서부터 '인간으로서의 존엄과 가치'가 인정되었다고 봄이 옳다. 그런데 세계인권선언을 법으로 만든 1966년의 국제인권규약에는 '존엄성'이라는 말이 나오지 않는다. 그 말이 너무나도 추상적이어서 법개념으로는 부적당하다고 생각된 탓이다.

우리나라 헌법의 그것은 독일의 여러 헌법에서 비롯되었다고 하는데, 독일에서는 제2차 세계대전까지의 국가적 타락의 원인을 인간의 존엄에 대한 무시로 보아 그런 조항을 두었다. 1962년의 한국에도 독일과 같은 사정이 존재해서 헌법에 새로 규정되었던 것일까? 1962년 이전의 한국의 독재와 인권 무시 상황을 고려하여 그렇게 규정한 것일까? 아니면 독일헌법의 규정이 멋지게 보였던 탓에 새로 규정된 것일까? 그런 연혁에 관계없이 나는 우리나라의 역사에서 오랫동안 대다수 인민의 '인간으로서의 존엄과 가치'가 무시되었기 때

---

1   달라이 라마, 스테판 에셀, 임희근 옮김, 『정신의 진보를 위하여』, 돌베개, 2012, 15쪽.

문에 이 규정을 넣었다고 생각한다.

그러나 그 의미는 매우 추상적이어서 보는 사람에 따라 견해가 달라질 수 있다. 극단적으로는 그 의미를 알 수 없다고도 할 수 있다. 나는 '인간의 존엄 및 가치'란 모든 인간이 각자 이 세상의 다른 무엇보다도 존중되어야 하고 각자 나름의 고유한 가치를 갖는데 그 각각은 동등하게 인정되어야 한다는 것을 의미한다고 본다. 따라서 모든 인간이 서로 다르다는 의미를 전제한다. 서로 다르기 때문에 모든 사람이 똑같이 존중되어야 한다는 것이다.

따라서 헌법은 명백하게 전체주의나 집단주의가 아니라 개인주의를 표방한다. 개인주의란 개인, 즉 '개별 인간'을 기본으로 삼는 주의다. 이처럼 '개별성'이 존중되므로 자신의 권리와 이익은 당연히 개인이 지켜야 한다. 그래서 모든 개인에게 인권이 인정되는 것이다. 그러나 모든 인간이 그런 능력과 수단을 모두 완벽하게 갖는 것은 아니다. 예컨대 연령, 장애, 빈곤 등등의 사정으로 그것은 제한된다. 그렇게 되면 인권 자체가 손상된다. 여기서 그들을 '보호'하는 것이 아니라 그 인권을 완전하게 지킬 수 있도록 적극적으로 '지원'할 필요가 있다. 그러한 지원이 갖춰져야만 '인간'으로서 제대로 살 수 있기 때문이다.

우리 헌법이 말하는 개인주의란 그런 것이다. 즉 '인간의 존엄과 가치'란 인간 누구나 인권을 누릴 존재라고 하는 것이지만 인간 자신에 의해 누려지는 게 반드시 가능하지만은 않기에 국가가 나서서 지원하여 인간 모두가 인권을 누리도록 보장하는 사회에 대한 믿음,

그것이 바로 개인주의로 발현된다.

결국 '인간의 존엄과 가치'란 헌법상 규정된 인권의 '본질적' 내용을 결정하는 기준이다. 그 본질적 내용은 어떤 경우에도 침해되어서는 안 된다고 헌법 제37조 2항은 규정한다. 예컨대 양심적 인권의 '양심'이 바로 그것이고, 사회보장권의 '인간의 존엄성'이 바로 그것이다.

헌법에 따라서는 특정한 인권을 어떤 제한도 있을 수 없는 절대적 기본권으로 규정한다. 가령 독일에서 평등권, 신앙과 양심의 자유, 학문과 예술의 자유, 혼인의 자유, 평화로운 집회의 자유, 단체교섭권, 청원권이 그것들이다. 우리나라 헌법에는 그러한 조항이 없지만 어떤 인권이든 그 '본질적' 내용은 제한될 수 없으므로 그 점에서, 즉 '본질적 내용'에 관한 한 우리나라 헌법상 인권은 모두 절대적 기본권이다. 그러나 그 내용이 명확하지 않아 항상 문제가 된다.

2. 행복추구권

헌법 제10조가 규정하는 '행복추구권'은 생명권과 자유권을 핵심으로 본 로크(John Locke, 1632~1704)의 영향을 받아 1776년 미국의 독립선언과 버지니아 인권선언에서 처음 규정되었다. 그러나 미국 헌법에는 명시되지 않았다. 1946년 일본 헌법 제13조에 행복추구권이 규정되었고 우리 헌법에서는 미국독립선언 및 일본 헌법에 있는 '생명, 자유'는 빠지고 행복추구권만 1980년에 처음으로 규정되었다. 그러나 행복추구권이라는 말은 국제연합헌장, 세계인권선언, 국제인권규약에는 나오지 않는다. 그 말이 추상적이기 때문이다.

따라서 헌법 개정론 차원에서는 이를 삭제하고 대신 보다 구체적인 생명권이나 '인격권'과 같은 것을 두자는 주장이 당연히 나온다. 인격권이란 독일 헌법 제2조 1항에서 "모든 사람은, 다른 사람의 권리를 침해하지 않고 헌법질서나 도덕률에 반하지 않는 한, 자신의 인격을 자유로이 발현할 권리를 가진다"고 규정하는 것인데, 이 인격권을 행복추구권의 내용으로 이해하자는 견해도 있다. 즉 우리 헌법의 행복추구권은 표면상으로는 미국에서 온 것이지만 내용상으로는 독일에서 온 것이라고 보는 시각이다. 그러나 인격권이라고 함도 추상적이기는 마찬가지다.

3. 평등권

헌법 제11조 평등권 조항은 인간이 존엄과 가치를 갖기 때문에 모두가 평등하다는 것으로 이는 인류의 태초로부터 인정된 원리로서, 모든 헌법과 국제인권문서에도 당연히 나오는 것이다. 모든 인간의 생래적 평등을 규정한 최초의 헌법 문서는 1776년의 버지니아 권리장전이었다. 이는 이후 미국독립선언과 여러 주의 헌법, 프랑스 인권선언, 1791년 프랑스 헌법에 계승되었다. 그러나 오늘과 같은 '법 앞의 평등'으로 규정된 것은 1793년 프랑스 헌법 제3조가 처음이었다. 그 뒤로 19세기 대부분의 헌법에 규정되었다. 근대의 평등이 계급적 인간 해방을 내용으로 한 정치적 평등 중심이었다면 현대의 평등은 경제적 평등에 치중한다. 그 효시가 1919년의 바이마르헌법이다.

우리 헌법 제11조는 "모든 국민은 법 앞에 평등하다"고 규정한다. 여기서 평등이란 법적 취급의 균일화라고 하는 의미의 상대적 평등을 말한다는 점에 학자들 사이에 이견이 없다. 그러나 과연 그런가? 여기서도 우리는 인권을 자유권과 사회권으로 구분하는 경우, 전자는 당연히 상대적 평등이지만 후자는 상당한 정도로 그것을 수정하여 어느 정도의 결과의 평등을 목표로 하는 것이라고 볼 수 있다. 또한 미국에서 발달한 적극적 차별시정행위(Affirmative Action)는 기회의 평등을 실질적으로 확보하기 위한 방법으로, 우리나라에서도 부분적으로 채택되고 있으며 앞으로 더욱 확대될 필요가 있다.

헌법 제11조는 성, 종교, 사회적 신분에 따른 차별을 금지한다. 헌법의 차별 금지 사유에는 국제연합헌장에서 규정하는 인종과 언어, 세계인권선언의 피부색과 정치적 의견과 재산과 문벌 등이 제외되어 있지만, 그 모든 것도 헌법 해석에서 당연히 인정된다고 보아야 한다. 즉 헌법상 차별 사유는 열거적인 것에 불과하므로 그 어떤 이유에 의한 차별도 불가하다고 해석된다. 따라서 인종이나 국적을 이유로 한 차별, 즉 외국인에 대한 차별도 인정될 수 없다. 그러므로 바로 이 점에서 우리나라의 관련 법률은 위헌의 여지가 많다.

성별 차별의 예로 남녀 다르게 적용되는 혼인 연령 및 여성에게 해당되는 재혼 금지 기간(6개월) 명시는 명백한 위헌이다. 종래 국적법이 부계 우선 혈통주의를 규정한 것도 위헌이다(지금은 부모양계 혈통주의로 개정되었다). 선거권 문제로는 선거인 수 편차가 5대 1인 것이 위헌으로 판단되어 4대 1의 기준이 제시되었으나 1대 1을 당연한 원칙으로 하여야 한다. 조세 문제로는 급여소득자가 사업소득자에 비해 조세를 부담하는 것이 높았던 점 역시 차별이다. 또한 동일 사안에 대한 조례가 현저히 다른 경우에도 차별 문제가 생긴다.

판례에서는 존속살해가 평등권 위배가 아니라고 한다. 일본에서는 그 가중정도가 사형 등이어서 불합리한 차별이라고 일본에서는 위헌 판결이 내려졌으나, 인간의 존엄과 가치에 어긋난다는 점, 효도라고 하는 특정한 사상을 강제한다는 점 등으로도 위헌이라고 볼 수 있다.

4. 인권의 제한

헌법 제2장의 마지막 조항인 제37조는 인권의 제한에 대해 '① 국민의 자유와 권리는 헌법에 열거되지 아니한 이유로 경시되지 아니한다, ② 국민의 모든 자유와 권리는 국가안전보장·질서유지 또는 공공복리를 위하여 필요한 경우에 한하여 법률로써 제한할 수 있으며, 제한하는 경우에도 자유와 권리의 본질적인 내용을 침해할 수 없다'고 규정한다.

헌법 제37조 2항에서 말하는 '국가안전보장'이란 1972년 유신헌법에서 추가된 것이다. 그 전에는 '질서유지'와 '공공복리'만 있었다. 다른 나라 헌법도 마찬가지다. 따라서 이는 없애는 것이 옳다. '국가안전보장'이라는 이유에서 제한 또는 금지되는 것의 대표격이 국가보안법이다. '국가안전보장'이란 상식적으로 국방을 뜻할 것이고 이는 군대에 의해 지켜져야 하는 것이며, 국가에 대한 범죄는 당연히 형법에 의해 금지되어야 한다. 이는 어느 나라에서나 마찬가지다. 그런 내용은 형법으로도 충분하다.

그 이상 국가보안법이라고 하는 법이 우리나라에 특유하게 제정되어 있는 것은 남북분단이라는 현실적 조건에 의한 것이라고 하나, 그 법의 악용에 의해 폐지 내지 개정이 국내외에서 끝없이 요구되어 온 점은 주지의 사실이다. 국가보안법만이 아니라 노동법 등 여러 '악법'이 그러한 이유에서 문제가 되어왔다.

'질서유지', '공공복리'라고 하는 것도 마찬가지다. 그 내용을 어떻게 해석하든 결국 말놀음에 그친다. 중요한 것은 개별 인권을 제한하는 것을 구체적으로 검토해야 한다는 것이다. 그 말에 현혹되어 다시 끝없는 말장난을 할 필요가 없다.

헌법 제37조에 의한 인권의 제한 외에 국가긴급권에 의한 인권의 제한이 있다. 먼저 헌법 제76조의 긴급재정·경제명령, 긴급명령에 의해 인권이 전면 제한될 수 있다. 그러나 이는 인권에 대한 중요한 위협으로서 인정될 수 없다. 이에 대해 국제인권규약에서는 긴급사태라고 해도 평등권, 생명권 및 사형과 그 집행의 금지, 고문과 잔혹한 형벌의 금지, 노예 및 강제노동의 금지, 계약불이행에 의한 구금의 금지, 소급처벌의 금지, 인간으로 인정받는 인권, 사상·양심 및 종교의 자유는 위배될 수 없다고 규정하고 있다.

또 헌법 제77조는 비상계엄에 의해 영장제도, 언론·출판·집회·결사의 자유, 정부와 법원의 권한과 관련한 인권을 제한할 수 있다고 규정하고, 헌법 제110조는 비상계엄 시 일정 범죄에 대해 사형선고를 제외하고는 단심으로 재판할 수 있게 규정하고 있다. 이에 따라 계엄법은 체포·구금·압수·수색·거주·이전·언론·출판·집회·결사 또는 단체행동을 제한할 수 있고, 일정 범죄를 군사법원에서 재판할 수 있으며, 징발법에 의해 동원과 징발을 할 수 있다고 규정한다. 그러나 이처럼 계엄법상 헌법의 규정 내용을 넘어 광범하게 인권을 제한함은 명백하게 위헌이다.

5. 민족자결권

이상이 우리 헌법의 원리와 관련된 것이지만, 국제인권규약에서는 구체적인 인권 조항에 앞서 민족자결권(인민자결권)을 규정하고 있음을 주의해야 한다. 즉 "모든 인민'은 자결권을 가진다. 이 권리에 기초하여 모든 인민은 그들의 정치적 지위를 자유로이 결정하고, 또한 그들의 경제적, 사회적 및 문화적 발전을 자유로이 추구한다"고 규정한다. 일제강점기 하에서 인권이란 있을 수 없음을 경험한 우리는 물론 자민족의 독립을 거부당한 모든 피압박 민족은 인권을 누릴 수 없다는 것을 잘 알고 있다. 그래서 인류 최초의 인권 표현은 민족의 자유로 나타났다. 그러나 이는 약 1만 년 전부터 시작된 농경사회 문명 이후의 일이었다. 그 전의 인류는 모두 자유롭고 평등한 인권의 세계를 살았다. 현존 민족 중에서 소위 '원시인'들이 그렇다. 우리는 그 보기를 피그미족에서 볼 수 있다.

1 　우리나라 외무부의 공식 번역에서는 people을 사람이라고 번역하지만 이는 people이 집단의 표현임을 무시하고, 인민이 북한식 용어라는 반공의식에서 비롯된 오역이다.

피그미족의 인권

피그미족(Pygmies)이라고 하면 남자의 평균 신장이 150센티미터도 되지 않는 저신장 인종으로 아프리카의 카메룬, 콩고 공화국, 가봉, 르완다, 콩고 민주 공화국 등지에 사는 종족을 말한다. 고대 이집트의 피라미드 벽화와 폼페이 폐허에서 발굴된 벽화에도 그 모습이 그려져 있을 정도로 오래전부터 널리 알려진 그들은 19세기에는 서양인 과학자들이 인간과 원숭이 사이에서 나왔다고 하여 곡마단의 흥행에 이용되었을 만큼 구경거리가 되곤 했다. 인간 취급을 받지 못한 반인권적 존재였던 것이다. 그러나 그들은 본래 세상에서 인권을 가장 잘 보장받은 사람들이었다.

숲에서의 삶은 쉽고 자유로우며 내키는 대로 이어지는 듯 보인다. 그 결과 어느 정도의 무질서는 늘 존재한다. 하지만 사실 그 모든 것 아래에는

질서와 논리가 깔려 있다. 숲이라는 손이 단호하게 모든 것을 통제하는
것이다.[1]

피그미를 속박하는 규칙은 거의 없어 보인다. 모두가 따르는 일반적인 행
동 유형은 있지만 조금씩 어기더라도 이해될 여지가 크다.[2]

위 글은 자연 속에서 자유롭게 살아가는 원초적 인간의 모습을
보여준다. 이러한 소위 '야만인' 내지 '원시인'의 자유에 대해서는 많
은 문화인류학적 자료가 있다.[3] 그들의 삶은 자유롭다. 그리고 모두
가 자유로우려면 차별이 있어서는 안 되고 평등해야 한다. 따라서
피그미족 사회에는 차별이 없다. 남녀차별은 물론 어떤 차별도 없다.

피그미는 여자라고 차별하는 일은 없었다. 여자에게도 충분한 몫의 역할
이 주어졌다. 성별에 따른 차이도 상대적으로 적었다. 사냥조차도 공동
작업이었다. 남자들도 버섯이나 견과류를 채집하는 일, 빨래나 아기 목욕
같은 일을 거리낌 없이 해냈다. 토론이 벌어질 때는 여자들도 스스럼없이
남자들과 대등한 위치에서 입을 열었다. 남자들만의 일은 몰리모 축제처
럼 극히 예외적인 경우에만 한정되었다.[4]

—
1   같은 책, 173쪽.
2   같은 책, 121쪽.
3   아메리카 인디언에 대해서는 박홍규, 『인디언 아나키 민주주의』, 홍성사, 2009 참조.
4   콜린 턴불, 위의 책, 205쪽.

인간이면 모두 함께 동등하고 자유롭게 일하고 말하며 소유에 대해서나 다른 무엇에 대해서도 차별은 있을 수 없다. 물론 약간의 차이는 있을 수 있을 것이다.

경우에 따라 한 사람이 남들보다 더 많이 챙기기는 했지만 아무것도 얻지 못하는 사람은 없었다. 배분을 둘러싼 다툼이 자주 일어나기는 해도 합당한 몫 이상을 가지려고 애쓰는 사람도 없었다.[1]

법을 어긴 사람에 대해서는 몇 시간 동안 아무도 말을 걸지 않거나[2] 범죄자의 오두막을 공개적으로 공격하는 것이 처벌이었으나 그런 경우도 거의 없었다. 도둑질과 같은 큰 잘못의 경우에는 공동 매질을 당했으나 매질 전에 전체 토론을 거쳐야 했다. 그러나 사유의 대상이 될 물건이 거의 없으니 도둑질이 있을 수도 없었다.[3] 극단적인 경우 마을에서 추방되었으나 그런 경우는 실제로 없었다.[4] 작은 잘못은 당사자의 설명이나 가벼운 몸싸움으로 끝났다. 이처럼 피그미의 방식은 복잡하고 비공식적이었다. 추장도 공식회의도 없었다. 판사도 법정도 없었다. 모든 것은 논쟁의 경우처럼 자연스럽게 종결되었다.[5] 논쟁은 시시비비를 가리기보다는 공동체의 평화를 되찾는다

1 같은 책, 150쪽.
2 같은 책, 153쪽.
3 같은 책, 166쪽.
4 같은 책, 159쪽.
5 같은 책, 154쪽.

활과 화살을 들고 있는 피그미

는 목적에 맞춰 해결되었다.[6] 이러한 특성은 피그미족의 경우만이 아니라 인디언을 비롯한 많은 원시 사회에서도 마찬가지로 볼 수 있다.

그러나 그들은 1870년 영국의 탐험가들에 의해 발견된 후 인권을 철저히 유린당했다. 20세기에도 콩고 내전과 르완다 내전 당시 7만 명이나 되는 피그미족이 학살되었다. 심지어 콩고에서는 피그미를 먹으면 힘이 생긴다고 하면서 피그미들이 식인 당하기도 했다. 피그미족의 인권 상황이야말로 인류의 인권 상황의 역사를 단적으로 보여준다.

---

6   같은 책, 164쪽.

인간은 본래
자유롭고 평등했다

위 피그미족의 사례 등이 역사상 원시 사회 인권의 진실을 모두 다 완전하게 보여주는 것은 아니지만, 나는 인간이 본래 자유롭고 평등했다고, 인권을 가진 존재였다고 믿는다. 인간이 본래 평등했다는 주장은 그동안 많았다. 태초의 인간은 평등했고 공동 소유, 호혜주의, 평등주의가 인류 태초의 소규모 사회를 지배했다는 것이다. 반면 인간은 본래 자유로웠다는 주장은 보기 어렵다. 그러나 누구나 평등했다면 당연히 누구나 자유로웠지 않았을까? 불평등이 자유를 앗아갔지 않았을까? 그 불평등의 극한인 노예는 자유를 완전히 박탈당한 존재가 아닌가?

이러한 논의는 인간성에 대한 논의와 관련된다. 인간은 이기적인 존재인가 이타적인 존재인가, 경쟁적인 존재인가 협조적인 존재인가를 둘러싸고 오래전부터 논쟁이 있었고 최근에도 인간을 '이기적 유전자'니 '털 없는 원숭이'니 '살인 추동의 노예'니 하는 학설이 제기되었다. 이런 학설을 찬성하는 사람도 많지만 부정하는 사람들도 많다. 그러니 확실한 것은 아무것도 없다.

오늘날의 끝없는 인간의 탐욕, 지배와 억압, 빈부 불평등, 차별 편견, 전쟁, 자연 파괴 등등을 보면 인간은 이기적이고 경쟁적인 존재라는 학설이 맞는 듯도 하다. 그러나 분명히 인간은 그런 존재만은 아니라는 것을 나는 무엇보다도, 나 자신의 존엄성을 걸고 믿고 있다. 나 자신이 아직까지 그렇게 살아왔다고 믿으며 내가 아는 대부분의 사람들도 그렇게 살고 있다고 믿기에 앞으로도 살아갈 가치가 있다고 생각한다. 그러나 그렇지 않은 사람들도 분명 있다. 또 내가 이기적이고 경쟁에 도취된 사람으로 변할 수도 있다. 물론 그렇게 변하지 않기를 언제나 다짐한다.

여기서 인권의 핵심인 '자유'와 '평등'의 관계를 생각해보자. 가령 모두가 사유재산을 자기 방식대로 늘려갈 자유만 추구하는 경우, 공동 소유나 호혜나 평등은 있을 수 없다. 따라서 평등을 위해서는 사유재산을 소유하는 자유가 어느 정도 제한되어야 한다. 또한 노동하지 않을 자유나, 전쟁이 터진 경우 조국을 위해 싸우지 않을 자유도 제한되어야 한다. 그러나 그 밖에 생각할 자유, 표현할 자유, 놀자유, 행동할 자유 등은 남의 자유를 침해하지 않는 한, 제한될 필요가 없다. 따라서 태초부터 사회나 타인의 자유를 침해하지 않는한 자유는 제한되지 않았다고 볼 수 있다. 그런 생각이나 표현은 사회를 파괴하지 않는 한 어떤 것도 허용되었다. 가령 생산이나 분배의 방식을 바꾸자는 내용도 포함되었다. 물론 공유나 호혜나 평등의 원칙 자체를 바꾸자는 것일 수는 없다. 그러나 그런 생각이나 표현의 자유를 추구하는 자는 그 사회에서 빠져나오면 되었다. 평등 사회이니 누구도 그런 사람을 강제로 배제할 수는 없기 때문이다. 이처럼 원시 시대에는 모든 사람이 자유롭고 평등했다.

전쟁, 계급, 종교

피그미족은 삼림채집 수렵민이지만 대부분의 인민은 기원전 5000년 경 농경민으로 정착했다. 초기에 그들도 수렵민처럼 자유와 평등의 인권을 누렸지만, 농업으로 식량이 증가하자 인구도 급격히 늘어나면서 농토가 부족해져 결국 전쟁을 치르게 되었다. 그 전 구석기 250만 년 간 인류는 전쟁 없이 살았다. 동굴 벽화에 나오는 활쏘기는 전쟁에서 사용된 것이 아니었다. 집단 간 대규모 폭력이 지속적이고 조직적으로 일어나는 전쟁은 농경 사회 이후의 일이다. 그 뒤 지금까지 끊임없이 계속된 전쟁과 함께 인권은 유린되었다. 우리나라도 마찬가지다. 전쟁의 위협을 이유로 인권은 유린되었다. 지금도 마찬가지다.

전쟁에는 전사나 방어시설이 필요했고, 그런 것을 많이 가진 집단이 전쟁에서 이겨 다른 집단을 지배했다. 전쟁에 이기기 위해 작은 집단은 뭉쳐야 했고 여기서 종교가 중요한 역할을 했다. 그래서 전쟁의 우두머리와 고위직 사제 등이 소수의 새로운 지배계급으로 등장했고, 대다수 사람들은 피지배계급으로 전락했다.

원시문자 시대 끝 무렵인 기원전 3000년경의 석판에는 여자 노예를 상징하는 기호와 남자 노예를 상징하는 기호도 보인다. 그리고 '완전한 자유민'과 '평민이나 예속 신분'을 구별하는 용어도 처음 나타났다. 이것이 인권의 출발인 자유라는 개념이 등장하는 첫 계기였다. 즉 계급이라는 불평등 개념과 함께 자유라는 개념이 등장했는데, 이는 곧 자유를 박탈당한 노예가 등장하면서 그와 반대인 자유민이 등장한 셈이다. 이로부터 자유는 소수 특권계급의 특권이 되는 불평등한 반인권적 사례로서 나타났다. 자유가 평등에 반하는 것일 수 있음을 인권의 역사 첫 단계부터 보여준 것이다.

이렇게 계급이 분화되면서 특권을 쥔 소수가 다수의 노동에 기생하기 시작했고, 소수의 지배를 위해 군인과 경찰로 이루어진 무장 집단인 국가가 등장하고 이어 종교가 등장했으며 마지막으로 사유재산이 등장했다. 자유가 소수에게 주어지면서 불평등이 발생했다. 이것이 인권의 타락 또는 몰락의 시작이다. 이렇게 인권의 역사는 인권 타락, 인권 부재, 인권 억압, 인권 유린, 인권 박탈의 역사로 변했다.

따라서 문명이란 결코 좋은 것이 아니라고도 볼 수 있다. 인류의 문명사는 19세기 후반까지 자유와 평등의 완전 박탈인 노예를 인정한 자유의 반(反)문명사였지만, 동시에 노예 해방을 비롯하여 인간의 자유와 평등을 확보하기 위한 투쟁의 역사이기도 했다.

참으로 자유로운 사람은 자유에 대해 말하기는커녕 자신이 자유롭다는 것 자체를 의식하지도 않는다. 자유만이 아니라 행복이나 존엄이나 정의 같은 모든 가치가 그럴 것이다. 참으로 행복한 사람은 행복을 말하지도 생각하지도 않는다. 마찬가지로 불행에 대해서도 생각하지 않는다. 그들의 말에는 그런 낱말조차 없다. 인권이라는 말도 마찬가지다.

소위 세계행복도 조사라는 것에서 서양 선진국 중에서 북유럽 사람들과 후진국 사람들이 행복하다고 답하는 반면 미국이나 일본이나 한국 사람들은 대단히 불행하다고 생각한다고 한다. 그 조사의 객관성을 의심하는 것은 아니지만, 자신이 행복하다느니 불행하다느니 하고 의식하는 것 자체가 행복과 관련한 한 문제가 많음을 분명히 보여준다고 생각한다.

자유나 평등, 인권도 마찬가지다. 진정 자유롭고 평등하면 자유나 평등에 대해 말하지 않는다. 자유는 자유롭지 못한 사람이 추구하는 것이지 자유로운 사람이 추구하는 것은 아니다. 물론 자유의 맛을 본 사람이 더욱 많은 자유를 추구하는 경우도 있다. 그러나 기본적으로 자유는 자유롭지 못한 사람이 추구하게 마련이다. 세상 사람들이 모두 자유롭지 못하다면 자유라는 말은 나오지 않았을 것이다. 그러나 그중 몇 사람만이 자유롭고 나머지 대부분은 자유롭지 못하다면, 그래서 그 자유로운 소수가 자유롭지 못한 다수를 지배한다면, 다수는 소수의 자유를 탐내게 마련이다. 평등도 마찬가지다. 인권도 마찬가지다.

고대 인권 논의의 문제점

우리가 고대에 대해 아는 지식은 지극히 제한되어 있다. 특히 인권이라는 것은 고대 사회에서는 거의 알려지지 않은 개념이었다. 그러나 적어도 어느 시점부터는 자유민과 비자유민인 노예가 구분되었음은 분명하고, 그런 사회에서 살았던 대부분의 사람들은 그 구분을 자명한 사실로 전제했을 것이다. 가령 고대 그리스의 소크라테스와 플라톤과 아리스토텔레스 역시 그런 구분에 따랐다. 따라서 고대 그리스나 로마가 시민과 비시민, 자유민과 비자유민 사이의 본질적인 구분에 기초한 문명이었는데, 소크라테스와 플라톤과 아리스토텔레스는 그러한 구분에 따르지 않고 이상적인 폴리스에 대해 말했다는 식의 설명[1]은 문제가 있다. 뿐만 아니라 소크라테스와 플라

---

1   미셸린 이샤이, 앞의 책, 80쪽. 그러나 122쪽에서는 "플라톤이 사회적 위계질서를 주장했고, 노예제와 여자의 종속에 대해서는 아리스토텔레스가 찬성하고 키케로가 사실상 묵인했다"고 한다. 소크라테

톤과 아리스토텔레스는 노예제도 용인했는데 기독교 지도자들은 그렇다고 하면서도[2] 소크라테스 등에 대해서는 그렇게 설명하지 않는 것도 문제다. 이는 노예제가 인정된 모든 고대 사회에 대해서도 마찬가지다. 유대교와 바빌로니아, 힌두교, 불교, 유교, 그리스와 로마, 기독교, 이슬람교 모두에 대해서도 마찬가지다.

이러한 노예제 내지 비시민이 인정된 고대 사회는 자유 사회라고 할 수 없으나, 소수의 자유민(남성)에게 자유가 인정되었음은 사실이다. 따라서 고대 종교에서 '살인하지 말라'는 계명이 생명권, '훔치지 말라'는 계명이 재산권으로 진화했다고 보는 것은, 자유민에게만 인정된 것으로 보아야 한다. 왜냐하면 노예는 재산권의 대상인 재산의 하나로 취급되었고 그 생명의 박탈도 당연한 권리 행사로 인정되었기 때문이다.

그러나 고대 종교의 경전에서 노예나 여성에 대한 자유와 권리를 대체로 인정하지 않았다고 해도 자유민(남성)에게 인정한 자유와 권리가 근현대 사회에서 모든 사람의 자유와 권리를 인정하는 근거로 이해되는 것은 당연한 일이다. 고대 사회에서의 그러한 한계는 시대적인 제약으로 이해하면 충분한 것이고, 현대에 와서 이를 이유로 경전의 가치를 부정할 필요는 없다. 또한 그러한 고대 사회의 시대적인 제약을 무시하고 고대에서도 자유가 인정되었다는 식으로 강변할 필요도 없고, 어느 고대 종교가 더 자유를 보장했는지를 굳이

스를 주인공으로 한 『대화』 편에서 플라톤이 전개한 주장은 소크라테스의 주장이기도 하다.

2 같은 책, 70쪽.

비교하면서 우월성을 주장할 필요도 없다. 약간의 차이가 있었다고 해도 고대 사회는 대체로 유사했기 때문이다. 특히 유대교나 기독교나 이슬람교 또는 그리스 로마 사상이 불교를 비롯한 다른 종교보다 인간 중심적이고 법적인 특징을 가졌고 그것이 후대의 자유나 인권 사상에 영향을 미친 점에서 우월하다고 말할 수 없다. 서양 종교나 사상이 그러했다는 역사적 사실은 근대에 와서 서양이 자본주의와 식민주의로 변했기 때문에 가능했다는 역사적 우연에 의한 것일 뿐이다.

따라서 종교 경전에 나타나는 자유에 대한 차이를 종교적 우월성의 근거로 주장하는 것만큼 어리석은 일도 없다. 약간의 차이가 있다고 해도 그것은 그 종교가 성립된 역사적 제약일 뿐이다. 그로부터 수천 년이 지난 현대에 와서도 이를 주장함은 근본주의적인 시대착오에 불과하다. 특히 그것이 종교를 이유로 한 갈등과 전쟁의 원인이 되어서는 안 된다. 그럼에도 종교인들은 자기 종교의 우월성을 주장할 때 곧잘 자유나 인권을 들먹이고 타 종교를 비난한다. 이는 종교만이 아니라 역사나 문화나 사상 등의 경우에도 마찬가지다.

물론 어느 종교나 역사나 문화나 사상 등에 있는 자유나 인권의 문제점에 대한 비판은 당연히 필요하지만, 이를 이유로 종교적 우열을 주장해서는 안 된다. 문제점은 어디에나 있다. 가령 아래에서 나는 유교의 인권관을 비판하는데, 이는 유교의 열등성을 뜻하는 것이 아니다. 나는 또한 유교의 공맹에 해당하는 소크라테스, 플라톤, 아리스토텔레스를 마찬가지로 인권을 무시한 사상가로 비판한다.

그 둘은 각각 동서양에서 주류 사상이 되어왔는데 이는 동서양의 전통적 농경 사회가 그런 반자유의 사상을 요구했기 때문이다. 그러나 그런 반자유의 사상은 더 이상 현대 사회의 주류 사상일 수 없다. 왜냐하면 현대 사회는 자유와 인권을 요구하기 때문이다. 여하튼 인권의 역사에서 고대 사회에 기억할 만한 사람과 사건이 몇 있다. 이는 이샤이의 책을 비롯하여 국내외의 인권 서적에 거의 언급되지 않는 것들이니 특히 주목할 필요가 있다.

유교와 인권

유교와 인권의 관련을 간단히 설명하기란 어렵다. 여기서는 유교의 기본 사상인 '대일통(大一統) 관념'을 중심으로 살펴본다. 이는 중국 한대(漢代)의 사상가 동중서(董仲舒)가 『춘추공양전(春秋公羊傳)』의 '대일통'이라는 말을 '군주권에 의한 국가 통일'이라고 재해석하면서 이러한 의미로 쓰이기 시작했다. 혼란의 춘추전국 시대를 살았던 유가 사상가는 중앙 집권적인 군주 국가를 세워야 한다고 주장했다. 성인이나 군주가 제정한 '예'와 '의'는 사회를 조직하는 총체적 규범이었다. 예와 의를 제정한 이래, 신분 차별과 분업이 나타났다. 국가는 가족의 유대에 의존하고, 가족의 원리는 국가의 원리로 확대되었다.[1] 따라서 개인의 자유는 극히 제한되었다.

---

1   전통 중국에서 과거제를 신분이 아니라 개인의 능력과 덕성을 중시한 것으로 "가장 선진적인 것"이라고 평가하는(이상익, 앞의 책, 304쪽) 입장이 있으나 그것이 군주의 절대적 지배를 전제로 한 신하의

중국에서 인민의 조직 원리는 유가의 인(仁)과 도가의 무위(無爲)였다. 그 어느 것이나 인간은 개인이 아니라 인간 사이의 관계로 파악되었다.[2] 그것이 군신(君臣), 부자, 부부, 친구[朋友], 장유(長幼)의 관계였다. 이 중 친구를 제외한 모든 관계는 평등과 대립이 아니라 존비(尊卑)와 조화의 상하 관계였다. 동양 사상에서 중시하는 개인의 수양은 개인의 자유의지의 극복, 즉 개인적 의욕이나 행위를 버리고 군주가 정한 사회 규범에 따르는 극기복례(克己復禮)를 뜻했다. 따라서 인권이나 자유가 존재할 여지는 거의 없었다.

이러한 인권 및 자유 부재의 전체주의적 사회 구조는 중국을 2천년 이상 지배하여 좀처럼 바꾸기 어려운 기본구조를 형성했다. 그래서 인권을 강조하는 20세기 현대 사회에 와서도 인은 국가의 윤리인 공덕(公德)으로, 예는 법으로 바뀌었을 뿐, 그대로 유지되었고 자유는 법에 복종하는 것으로 인식되었으며 종래 가족의 유대를 확장한 가부장적 국가 정치가 현대 정치로 주장되었다. 따라서 중국의 현대 사상은 전통 사상을 그대로 이은 것이라고 해도 과언이 아니다.[3] 물론 현대적 국가 개념에서는 국가를 공(公)으로 인정하는 반

등용방법에 불과했음을 간과해서는 안 된다. 게다가 조선의 경우 그것은 중국과 달리 신분제 하에 있었다. 전통 중국에는 고대 그리스에서보다 노예수가 적었다는 것을 지적하는 견해도 있으나 조선의 경우 노예가 인구의 3분의 1에 이르렀다는 지적도 있다.

2　공자가 "지혜라는 것은 사람을 아는 것이며 인이란 사람을 사랑하는 것"을 지적 민주주의 (intellectual democracy)라고 보고 공자는 "인류가 오직 자유인의 협동체로서만 행복을 발견할 수 있다고 믿었다"고 보는 견해(H. G. 크릴, 이동준·이동인 옮김, 『중국 사상의 이해』, 경문사, 1984, 55-56쪽)는 민주주의나 자유인이라는 개념의 사용에 문제가 있다.

3　리처허우, 김형종 옮김, 『중국 현대 사상사의 굴절』, 지식산업사, 1992, 276쪽.

면 왕조는 사(私)로 여겨져 부정되었고, 법은 군주가 아니라 국민에 의해 제정되는 것으로 인식되었다는 점에서 분명 차이는 있다.

이와 같이 중국인은 법이 사상과 정신을 통일하고, 국민의 재능과 지혜를 평준화하여 일부 국민이 특출하게 두드러지는 것을 막아 사회의 평온무사를 유지한다고 생각했다. 그러나 이는 사상과 정신, 재능과 지혜가 다양하게 나타난 것을 통일한다는 뜻이 아니라, 처음부터 그러한 출현 자체를 막는다는 의미에서 사실은 정신 구조의 통일에 의한 결과적 통일이라고 보아야 할 정도이다.

이러한 도식적인 의식과 사고는 오늘날 우리의 사상법이나 교육법 또는 문화법의 영역에 광범위하게 남아 있다. 동아시아에서는 가장 민주적이라고 평가되는 일본에서도 교육법과 문화법 등에서 그러한 흔적을 볼 수 있고, 중국이나 북한 그리고 한국에는 그 밖에도 엄격한 사상법이 존재한다. 우리는 이러한 특징이 유교에서 비롯된 점을 주목해야 한다. 물론 그것은 유교만의 특징은 아니다. 왜냐하면 서양에서도 그러한 역사를 볼 수 있기 때문이다.

이러한 유교의 영향은 시대와 나라에 따라 차이가 있기도 했다. 현대 중국이나 일본 및 북한에 비해 남한의 유교적 전통은 매우 강력하다. 그래서 한국에는 유교나 그것을 이은 19세기의 위정척사(衛正斥邪) 사상을 현대 서양의 공동체주의와 동일시하면서 현대의 원자주의를 극복하는 포스트모던한 길이라고 주장하는 견해가 있다.[1]

—

1   함재봉, 『삼국통일과 한국통일』, 하, 통나무, 1994, 453쪽 이하.

그러나 이러한 견해는 유교에 대한 과대한 신뢰로 인해 생긴 오해들, 즉 개인의 자유를 부정하지 않는 서양의 공동체주의나 포스트모더니즘에 대한 오해와 함께 유교에 대한 오해에서 비롯되었다.

세계 최초의 인권문서
_키루스원통

〈300〉이라는 영화가 있다. 2007년에 개봉된 그 영화는 300명의 역사상 가장 위대한 스파르타 전사들이 페르시아의 100만 대군에 맞서 자유와 정의를 위해 죽었다는 이야기를 통해 스파르타 = 그리스 = 서양 = 자유 = 미국, 페르시아 = 동양 = 야만인 = 노예제도와 압제 = 이란이라는 정치적 메시지를 전달하고자 했다. 그러나 그 전쟁은 세상의 모든 전쟁과 마찬가지로 추악한 지역 패권 전쟁의 하나에 불과했다.

그 전쟁이 터지기 전에 키루스 2세(기원전 576/590~530)[1]라는 고대 페르시아 왕이 기원전 539년 세계 최초의 인권문서인 '키루스원통(Cyrus Cylinder)'을 만들었다. 앞에서도 말했듯이 그것은 흔히 세계 최초의

---

1 키루스 2세는 그 생애를 적은 크세노폰의 『키루스의 교육』으로도 유명하다. 번역본으로는 다음 두 가지가 있다. 크세노폰 지음, 이동수 옮김, 『키루스의 교육』, 한길사, 2015(개정판) 그리고 크세노폰 지음, 이은종 옮김. 『키로파에디아: 키루스의 교육』, 주영사, 2012

인권선언이라고 하는 잉글랜드의 마그나카르타보다 1754년 앞서고, 프랑스의 인권선언문보다 2328년 앞선 것이었다. 게다가 마그나카르타는 영주와 귀족들의 권리를 보장하는 것이고 프랑스 인권선언문은 백인 남자들만을 위한 것이었지만 키루스원통의 인권선언은 모든 인종에게 적용되는 것이라는 점에서 명실 공히 최초의 세계인권선언이었다. 그 중요한 내용은 다음과 같았다.

- 나는 절대 전쟁으로 다스리지 않겠다.
- 모든 인종, 말, 믿음은 평등하다.
- 모든 종류의 탄압을 금지한다.
- 그 누구도 다른 사람을 억누르거나 차별해서는 안 된다.
- 나는 살아 있는 한 내가 정복한 나라의 전통과 믿음을 존중할 것이다.
- 나는 노동자에게 임금과 사회적인 신분을 주지 않는 제도를 없애겠다.
- 나는 궁궐을 짓는 모든 일꾼에게 급여를 주겠다.
- 나는 빚 때문에 남자나 여자가 종이 되는 것을 반대한다.
- 이유 없이 재산을 빼앗을 수 없다.
- 남의 재산을 보상해주지 않으면서 가져가는 것을 금한다.
- 나는 질서 없는 주거 생활에 안녕을 주었고, 티그리스 다른 편의 헌납 도시들을 돌려주었다. 그 땅은 오랫동안 폐허가 되었던 거룩한 땅으로… 나는 역시 이전의 원주민들을 모아서 그리로 돌려보냈다.
- 나는 평화를 바라기에 모든 신민이 종교의 자유를 누릴 수 있음을 밝힌다.
- (군대에 의해) 부서진 모든 신전을 다시 지어라.

키루스 2세

키루스원통

- 나는 모든 주(州)에, 제국에 소속될지 말지를 결정할 권리를 준다.
- 모든 쫓겨난 사람들은 자신의 고향으로 되돌아갈 수 있다.

위에서 보듯이 키루스원통에서는 주어가 왕인 '나'로 되어 있다는 점에서 그것을 보편적인 인권문서로 볼 수 있느냐라는 의문이 제기될 수도 있지만, 당시의 왕은 오늘의 국가에 해당되는 것이라고 보면 된다. 또한 위 문서의 권리가 모두 실제로 보장되었는가에 대한 의문도 있을 수 있지만 그런 문제는 지금까지 만들어진 모든 인권문서의 문제점이므로 굳이 약 2500년 전의 키루스원통만을 문제 삼을수도 없다.

위 선언은 민족자결권, 자유와 평등, 평화와 안전, 노동권, 재산권, 종교의 자유, 거주이전의 자유 등, 우리가 아는 인권을 모두 포함한다. 키루스 2세는 바빌론에 잡혀와 있던 유대인을 해방시켜 예루살렘으로 돌아가게 하고 유대인의 신성한 예루살렘 성전을 짓도록 허락한 점으로도 유명하다. 즉 유대인의 민족자결권을 최초로 인정한것이다. 그 사실이 기록된 『구약성서』를 통해 키루스 2세는 오래전부터 서양에 알려졌으나, 키루스원통 자체는 1897년에 발견되어 지금까지 영국박물관(흔히 대영박물관이라고 한다)에 보관되었다. 뉴욕의 국제연합 본부에 그 복사판이 있는 이유는 그것이 인권을 지키고 세계 평화와 모든 사람들, 종교들, 인종들, 사상들의 평등한 공존을 추구하는 국제연합의 정신을 잘 나타내기 때문이다.

키루스원통은 인권을 명시하는 나라가 그렇게 하지 않는 나라보다 인권을 잘 보장한다는 원리의 첫 사례다. 우리나라에서는 그러한 원리가 키루스원통이 만들어진 지 약 2500년 정도 늦은 1948년의 첫 헌법에 와서야 비로소 가능했음을 생각한다면 키루스원통의 역사적 의의가 얼마나 큰 것인지는 새삼 말할 필요도 없다. 게다가 키루스원통 이후의 인권문서가 1215년의 마그나카르타였음을 생각하면, 세계사적으로도 그 원통의 의의의 중요성을 알 수 있을 뿐 아니라 우리나라 헌법의 후진성과 함께 우리 역사에서 의의를 새삼 생각해보지 않을 수 없다.

세계 최초의 인권사상가
_묵자

세계 최초의 인권사상가는 흔히 철학의 아버지라고 하는 소크라테스가 아니라 중국의 묵자(墨子, 기원전 470~391)다. 묵자가 가장 중시한 것은 '겸애(兼愛)'와 '침략 전쟁의 부인[非攻]'이었다. 겸애란 모든 차등과 차별에 반대하는 것, 즉 평등을 주장한 것이고, 비공은 타국을 침략하고 영토를 병합하는 것은 반인류적 범죄라고 하여 가해자인 강대국에 그 중지를 요구한 것이었다. 침략 전쟁을 반대한 점에서 묵가는 유가와 다르지 않았지만, 유가가 지배계급의 입장에서 침략이 의롭지 못하다고 주장한 반면, 묵가는 피지배계급의 입장에서 그들의 이익에 반

묵자

하기 때문에 의롭지 못하다고 주장한 점에서 달랐다. 그것이야말로 참된 인권 주장이었다.

묵자는 사회 혼란의 원인이 도덕관념의 오류, 즉 사람이 자기만을 사랑(自愛)하고 서로 사랑(兼愛)할 줄 모르는 탓이라고 보았다. 즉 자애를 겸애로 바꾸어야 혼란이 제거된다는 것이다. 그런데 겸애는 반드시 이타주의와 일치하는 것은 아니었다. 묵자는 자애에는 반대하지만 자기를 아끼는 것에는 반대하지 않았기 때문이다. 그는 타인을 사랑할 줄 알아야 자기를 아낄 수도 있다고 보았다. 묵자가 '사랑은 먼저 주는 것'이라고 보는 것은, 사랑에 대한 수많은 금언과 공통된 것이다. 이러한 인간관은 개인의 자유와 평등, 그리고 인권을 긍정한다.

겸애란 가족 중심의 농업경제에서 이루어지는 상호교환이나 상호부조의 관념을 확대한 것이기도 했다. 겸애는 박애의 다른 이름이었다. 겸애는 개인 사이의 관계뿐 아니라 집안 간이나 민족, 나라 사이에도 적용되었다. 따라서 묵자는 춘추전국 시대의 통일 전쟁에도 반대했다. 그런 전쟁은 백성의 이익을 그르친다고 생각한 탓이다. 그러나 그는 모든 전쟁에 반대하는 반전주의자는 아니었다. 무고한 나라를 공격하는 전쟁에는 반대했지만 나라를 지키기 위한 전쟁에는 찬성했다. 이는 자치사상과도 통했다.

묵자는 강한 자는 약한 자의 것을 빼앗지 않고, 다수가 소수의 것을 강압적으로 빼앗지 않아야 한다고 주장했다. 또 부자가 가난한 사람을 업신여기지 않고, 귀한 사람이 천한 사람을 업신여기지 않아야 한다고도 했다. 이것이 겸애의 핵심이었다. 즉 겸애의 핵심은

'애'가 아니라 '겸'에 있었다.

공자가 말하는 '인(仁)'도 남을 사랑하는 것이지만, 유가의 사랑은 구별과 차별에 입각한 사랑인 '별애(別愛)'라는 점에서 묵가의 겸애와 다른 것이었다. 가령 공자는 부모, 형제의 사랑이 가장 중요하고, 현인의 존경이 가장 중요하다고 하면서 친족 간의 사랑에도 등급이 있고 현인의 존경에도 차별이 있어야 한다고 주장했다. 이처럼 사람을 차별하는 유가는 묵가를 아비 없는 자식이자 금수라고 보았다. 아비가 없음은 임금이 없음과 같으므로 대역무도(大逆無道)에 해당된다고도 했다.

유교가 말하는 '수신제가치국평천하(修身齊家治國平天下)'도 천하까지 지배하게 되는 자기를 중심으로 본 것이었다. 유교가 말하는 서(恕)도 자기를 기준으로 삼아 남을 생각하는 것이었다. 반면 묵가는 유가의 차별 관념이 사회적 죄악의 총체적 근원이라고 보았다. 묵자가 보기에 유가의 차등적인 사랑은 별애고, 별애란 변형된 자애에 불과했다. 묵자는 이(利)가 애를 따른다고 보았다. 그래서 겸애로 자애를 대체하듯 교리(交利, 交相利)로 자리(自利)를 대체했다. 그러나 자리에는 반대하지만 이기(利己)에는 반대하지 않았다. 자기의 이익을 얻기 위해서는 먼저 반드시 남을 이롭게 해야 하고, 오직 남을 이롭게 해야만 자기를 이롭게 할 수 있다고 보았기 때문이다. 묵자가 이처럼 이(利)를 강조한 것은 유가와 특히 다른 점이었다. 유가는 '이'를 말하기를 가장 꺼리기 때문이었다. 자기의 이익인 자리를 반대하는 점에서 유가와 묵가는 공통적이지만 유가가 의(義)를 추구해 의로써 이를 대체한 반면, 묵가는 이가 곧 의라고 본 것이 서로 달랐다. 묵가는 행위의 판단 기준을 두 가지 이, 즉 유리(有利)와 불리(不利)에서 찾았다. 가령 겸애는 모두에게 유리하므로 실천한다는 점에서 묵자는 실리주의자, 실용주의자, 공리주의자였다. 그러나 이는 제러미 벤담(Jeremy Bentham, 1748~1832)의 공리주의와는 달랐다. 벤담의 공리주의는 최대 다수의 최대 행복이라는 표어가 말하듯이 '한 사람'의 이익을 기준으로 해 더 '많은 사람'의 이익을 더한 것일 뿐이지만, 묵가의 이란 인류 전체에 대한 것으로서 반드시 각각의 사리를 희생한 다음에 전체의 이익을 얻는 것이었다. 그런 점에서 묵자는 철저한 공익주의자였다.

세계 최초의 인권 기록
_고대 그리스

인류 역사에 나타나는 인권, 특히 자유에 대한 최초의 기록은 고대 그리스 로마에서 볼 수 있다. 이는 흔히 말하듯 그리스 로마 사람들이 자유를 추구하는 정신이 다른 지역 사람들보다 뛰어났기 때문이 아니다. 그리스 로마에 거주하는 많은 사람들은 노예였다. 그런 노예와 전혀 다르게 살았던 소수의 계층이 자신의 특권을 자유라고 했다. 자신의 특별한 지위를 '자유인'이라고 하면서 노예와 구별하기를 즐겼기 때문이다. 고대 서양의 자유는 다음 5차원으로 나누어진다.

1. 제국의 자유 - 식민지의 부자유
2. 제국 내 국민의 자유 - 노예 등 비국민의 부자유
3. 국민 중 남성 성인의 자유 - 여성과 미성년의 부자유
4. 남성 성인 중 부자의 자유 - 빈민의 부자유
5. 부자 중 엘리트의 자유 - 대다수의 부자유

위 5차원 중 자유의 1차원인 제국의 자유는 고대로부터 21세기까지 이어져온 서양 자유의 근본 구조다. 따라서 서양 자유의 역사는 한마디로 제국의 역사다. 20세기에 와서 제국은 사라졌으나 이름만 없어지고 그 실질의 제국적 지배는 여전히 남아 있다. 이러한 제국적 자유를 여전히 인정하는 점에서 나는 자유주의에 찬성할 수 없다. 다음 2차원의 노예는 19세기에 와서 대체로 없어졌으나[1] 비국민의 부자유는 지금도 여전하다. 그리고 3, 4, 5차원의 부자유는 21세기에도 충분하게 해결되지 못하고 있다.

몽테스키외나 헤겔로 대표되는, 동양적 전제와 서양적 자유라고 하는 동서양 대비가 서양사상사의 자명한 전제로 여겨진 것은 그야말로 오리엔탈리즘[2]의 편견이지만, 고대 그리스 로마를 비롯한 고대 사회에서는 소수의 계층인 남성 성인 중 부자가 자유를 의식한 것은 분명하다. 그렇다고 해서 고대 그리스 로마에서 자유라고 하는 개념이 인민-제국의 자유라는 것으로 나타났고 이는 동시에 타인민과의 전쟁에서 승리하여 타인민을 노예와 같은 식민지, 노예들의 식민지로 삼아 착취하는 것을 의미했음을 무시해서는 안 된다.

전쟁에서 승리한 인민은 자유를 얻지만, 패배한 인민은 착취를 당한다는 자유의 집단적이고 투쟁적인 성격이 인류사의 처음부터 등

1　데이비드 베스톤은 『누가 꽃들의 입을 털어 막는가?』(나현영 옮김, 알마, 2010)에서 지금 전 세계에 2,700만 명의 노예가 있고 그 절반이 18세 미만이고 미국에도 10만 명 이상이 있다고 한다. 노예 산업은 연간 320억 달러를 버는데 이보다 더 돈벌이가 되는 범죄는 마약 밀매와 불법무기 거래뿐이다. UNICEF는 매년 100만 명 이상의 어린이가 성 착취를 당하고 우간다에서만 4만 명 이상의 아동이 납치되어 강제로 소년병이나 성노예가 된다고 보고하고 있다.
2　에드워드 사이드, 박홍규 옮김, 『오리엔탈리즘』, 개정증보판, 교보문고, 2015 참조.

장했다. 이는 그리스 로마 제국에서 최초로 극단에 이르렀다. 그 뒤 2천 년이 훨씬 더 지난 21세기에도 사정은 마찬가지다. 여기서 우리는 서양의 자유주의에서 말하는 '자유'라고 하는 것이 얼마나 서양 중심주의적이고 국수주의적이며 배타주의적이고 자기 보호주의적이며 국가주의적인지를 알 수 있다.

어떤 인민이 자유를 주장하면서 다른 인민의 자유를 부정할 때 사용하는 전형적인 수법은 자기가 속한 인민은 대단한 가치가 있는 문명인 반면, 다른 인민은 아무런 가치가 없는 야만이나 미개라는 것, 따라서 자인민이 타인민을 침략하여 지배하는 것이 야만을 문명으로 바꾸는 대단히 문명적인 임무라고 주장하는 것이다.[3] 이러한 주장이 고대 그리스부터 21세기 미국에 이르기까지 전혀 변하지 않은 서양식 자유의 일관된 주장이다. 따라서 우리는 이러한 서양의 기만적이고 허위적인 주장을 언제나 비판적으로 바라보아야 한다.

그러나 고대 그리스 로마에서 개인적 자유가 최초로 논의된 점을 부정해서는 안 된다. 플라톤이나 아리스토텔레스는 자유를 민주제의 원리라고 보고 그것이 방종, 그리고 예속으로 타락하는 것이라고 보았다. 즉 플라톤은 자유를 인간에게 고유한 가치라고는 보지 않았고, 아리스토텔레스도 관대함이라는 의미로만 사용했다. 그래서 고대 그리스에서는 개인적 자유의 개념이 없었다고 보는 견해도 있지만, 이는 플라톤이나 아리스토텔레스만을 고대 그리스 사상이라

---

3 그 원형이 고대 그리스 로마의 신화다. 그 속에서 서양은 신과 영웅, 비서양은 동물과 괴물로 나타난다. 이에 대해서는 박홍규, 『제우스는 죽었다』(『그리스 귀신 죽이기』 개정판, 푸른들녘, 2017) 참조.

그리스 철학자들을 표현한 라파엘로의 《아테네 학당(School of Athens, 1509∼1511)》

고 보지 않는 한 성립할 수 없는 견해다. 고대 그리스에는 그들과 달리 개인적 자유를 인정한 사상가들이 많았고 실제로도 개인적 자유가 어느 정도 인정되었다. 플라톤 등은 이를 방종이라고 비난했지만 말이다.

그리스 말기에는 외면적 자유보다 내면적 자유를 더욱 중시하는 학자들이 나타났다. 특히 스토아학파는 자연이나 우주에 대한 법칙적 필연성을 믿으면서, 인간이 극기와 단념을 통해 내면의 자유를 얻을 수 있다고 주장했고, 폴리스가 아니라 우주적 공동체와 자기를 일체화하는 자연법사상도 형성했다. 이는 헬레니즘 시대부터 시작된 로마의 권력 정치로부터의 도피나 소외의 표현이었지만, 동시에 그런 현실을 극복하는 노력이기도 했다. 그래서 노예도 황제도 자유 의식에서는 대등하다는, 비현실적이지만 인간적인 발상이 나타났다. 이러한 발상은 기독교에도 영향을 미친다. 그래서 중세에도 자유의지 문제로 연결되었다.

그러나 이러한 사상적 경향과는 달리, 그리스에서와 마찬가지로 로마에서도 적어도 공화제의 경우 일정한 개인의 자유가 인정되었음을 주목해야 한다. 이를 스키너는 '네오 로마적 자유'라고 했다. 이는 벌린이 말한 소극적 자유와 적극적 자유를 비판한 스키너가 그 둘과 중복되면서도 다른 제3의 자유로 고대 로마의 공화정을 모델로 한 '지배되지 않는 것'을 본질로 하는 자유라고 주장한 것이었다. 즉 소극적 자유와 같이 개인의 생명과 재산의 안전을 확실히 보장될 것을 요구하지만, 그 보장은 국가가 자신의 의지로 운영되고 외국의 지배나 독재의 지배를 받지 않고 법의 지배와 인민 주권이 실현된 자유 국가인 경우에만 실현된다는 점에서, 국가를 부정적으로 보는 소극적 자유와 달리 적극적 자유에 가까운 개념이다. 그리고 이는 민족자결권과도 통한다.

세계 최초의 사상 및 표현의 자유 침해 사례 _소크라테스 처형

소크라테스(Socrates, 기원전 470?~399)의 생애나 사상에 대해서는 확실한 것을 알 수 없지만 그의 죽음에 대해서는 여러 가지 논의가 있다. 그것이 사상의 자유[1]와 표현의 자유[2]에 관한 가장 선구적인 사례였다는 근대적 평가(당시는 물론 오랫동안 그런 평가는 없었다)가 있다. 그러나 당시에는 소크라테스 자신을 포함하여 누구도 고발 자체의 정당성을 부인하지 않았다. 즉 청년들을 부패시키고 이상한 신을 믿었다고 하는 이유로 고발되어 유죄 판결을 받은 게 당연한 것으로 여겨졌다는 뜻이다. 이는 공동체의 필요 때문에 표현의 자유를 비롯한 자유가 제한될 수 있었음을 뜻했다(앞에서 본 우리 헌법 제37조를 상기해보라). 즉 개인의 자유, 특히 표현의 자유가 고대 그리스에서 충분

1 　존 B. 베리, 박홍규 옮김, 『사상의 자유의 역사』, 바오, 2005,앞의 책, 40-46쪽.
2 　로버트 하그리브스, 오승훈 옮김, 『표현 자유의 역사』, 시아출판사, 2006, 18쪽.

자크루이 다비드의 〈소크라테스의 죽음The death of Socrates, 1787〉

히 보장되지 않았던 것이다. 극작가 아리스토파네스도 외국인 앞에서 도시국가를 모욕했다는 이유로 고소되었다.

소크라테스는 자신이 주장하는 진리의 탐구와 동포에 대한 자신의 사명을 지키기보다 처형되는 길을 선택했다.[1] 그러나 자신의 형제를 매장하는 것을 금지한 법에 대한 복종을 거부한 안티고네의 경우와 마찬가지로 소크라테스는 개인의 권리라는 이유로, 또는 국가가 개인의 선호나 양심을 탄압했다는 이유로 저항한 것이 아니라, 종교적으로 더욱 높은 요청에 근거해 권력자가 신의 법에 반했다는 이유로 저항한 것이었다. 소크라테스의 제자인 플라톤이나 플라톤의 제자인 아리스토텔레스는 소크라테스의 죽음을 초래한 민주정의 자유를 방종이라고 비판했지만 새로운 자유 개념을 주장하지는 않았다.

---

1   그 점에서 소크라테스는 그리스인들처럼 폴리스에 충실한 사람이었지만 그렇다고 해서 그에게 '근대적인 의미의 개인관은 전혀 없었다'거나 그를 '자유주의자'라고 할 수 없다(노명식, 86쪽)고 보기는 어렵다. 그리스 민주주의에는 자유가 특별한 시민에게만 제한되었으므로 개인주의적 근대 민주주의와 다르다고 하지만 근대 민주주의에서도 참정권은 특별한 재산소유자에게만 제한되었고 경제적 자유도 실질적으로는 제한되었다.

세계 최초의 인권투쟁
_스파르타쿠스

고대 사회에 인권 투쟁은 무수히 많았겠지만 대부분 지배자들에 의해 진압되었기 때문에 승자의 승리만을 기록한 역사에 남은 것은 극소수이다. 그 중 하나인 스파르타쿠스(Spartacus)는 기원전 73년부터 2년 뒤인 기원전 71년까지 노예들을 이끌고 로마에 대항한 노예 검투사였다. 로마에서 노예 반란은 드물지 않은 일이었다. 스파르타쿠스가 봉기하기 얼마 전에도 시칠리아에서 노예 반란이 일어나 거의 전역이 점령당하기도 했다. 그들은 라티푼디움(latifundium)이라는 대농장이나 광산 등에서 죽도록 일하고 도망을 가지 못하도록 철저한 감시를 받았다. 그중에서도 검투사들은 귀족이나 부유층을 위해 원형경기장에서 목숨을 걸고 서로, 또는 맹수들과 칼싸움을 했다. 스파르타쿠스도 전쟁에서 포로로 끌려와 광산 노동에 종사하다가 검투사가 되었다.

그는 훈련 도중 다른 검투사들과 토론을 했다. 스파르타쿠스는 노예제를 긍정한 플라톤을 비판했다. 투쟁으로 세상이 변한다는 헤라클레이토스의 견해에 입각한 비판이었다. 그는 귀족이든 노예든 모두 똑같은 인간이라고 주장했다. 기원전 73년, 그는 자신을 따르는 검투사 78명과 카푸아 훈련소를 탈출했다. 그리고 라티푼디움을 약탈한 뒤 식량을 확보하고 각지의 탈출 노예를 규합했다. 그의 동료들은 순식간에 1만 명에 이르렀다.

그들이 자신들을 포위한 로마군을 기습적으로 공격하여 승리하자 곳곳의 노예들이 일어나서 그들에게 합류했다. 스파르타쿠스는 약탈을 하고 무고한 사람을 함부로 해치면 엄벌로 다스려 군기를 잡았다. 그리고 로마의 두 집정관이 이끄는 2개 군단을 격파하여 남부 이탈리아를 석권했다. 그때 노예군은 9만 명에서 12만 명에 이르렀다.

봉기 1년 후인 기원전 72년, 그들은 북부 이탈리아의 포 강변에서 갈리아와 게르마니아 출신의 노예들을 귀향시키려고 했으나, 약탈에 맛들인 그 노예들이 귀향을 거부하자 스파르타쿠스는 그들을 남진시켰다. 그들은 로마 군단과의 세 번째 전투에서도 승리하고 이탈리아 남쪽 끝까지 내려갔다. 스파르타쿠스는 시칠리아 섬의 노예들과 합세하여 그곳을 노예해방의 근거지로 삼고자 했으나 해적들과의 협상에 실패하여 배를 확보하지 못했다.

기원전 71년 로마군단을 재건한 크라수스와 싸워 봉기군은 동부의 브린디시 해안까지 갔으나, 다시 로마군과 격전 끝에 스파르타쿠스는 전사했다. 아피아 가도의 십자가에 매달려 죽은 노예는 6천 명

Tod des Spartacus. Zeichnung von Hermann Vogel.

헤르만 보겔의 〈스파르타쿠스의 죽음The Death of Spartacus, 1882〉

에 이르렀다.

스파르타쿠스는 역사에서 끊임없이 반복해 등장했다. 소설 등 문학작품을 비롯해 역사에 그 이름을 남긴 많은 사람들이 스파르타쿠스를 언급했다. 프랑스 계몽주의 사상가 볼테르는 스파르타쿠스 전쟁을 '정의의 전쟁, 역사상 유일하게 정당했던 전쟁'이라고 평가했다. 역사상 유일하게 성공한 민중 노예 봉기인 아이티혁명의 영웅 투생 루베르튀르(Toussaint Louverture, 1743~1803)는 '흑인 스파르타쿠스'라고 불렸다. 현대에 와서도 스파르타쿠스는 단순한 노예 해방의 상징을 넘어, 자유를 갈망하는 인간의 의지와 모든 억압에 대한 저항을 상징하게 되었다. 칼 마르크스는 스파르타쿠스를 '프롤레타리아의 진정한 대표자'라 부르며 극찬했고, 로자 룩셈부르크 등 독일의 마르크스주의 혁명가들은 그의 이름을 딴 조직인 '스파르쿠스단'을 만들어 봉기를 일으켰다.

하워드 파스트의 소설을 원작으로 한 스탠리 큐브릭 감독의 1960년 영화 〈스파르타쿠스〉는 매카시즘 시대의 미국에서 제작되었다. 영화의 여러 장면은 반드시 역사적 실재와 일치하지 않지만 스파르타쿠스의 인권투쟁 과정을 잘 보여준다. 그러나 영화 첫머리에서 해설자가 스파르타쿠스 처형 이후 곧 기독교가 새로운 사회를 창조했다고 말한 것은 허위다. 노예제는 그 후 2000년 이상 건재했고, 그동안 서구 사회를 지배한 기독교는 노예제를 용인했기 때문이다. 특히 그 영화가 만들어진 미국에서 가장 늦게까지 용인했다. 미국보다 더 늦게까지 노예제를 용인한 곳은 한국이다.

2.
신체적 인권
_중세

나의
신체적 인권

나는 신체적 인권을 시작으로 인권의식을 일깨웠다. 군대에서 막 제대한 담임에게 '엎드려뻗쳐'라는 군대식 기합을 당한 것은 초등학교 6학년 때라고 기억하지만, 그 전에 언제부터 체벌을 당했는지 기억에 없다. 아마도 어린 시절, 집과 학교에서 체벌을 당했으리라. 어머니는 아버지에게, 아이들은 부모에게 자주 체벌을 당했다. 길거리에서도 어린아이들이 부모에게 체벌을 당하는 것을 자주 보았다. 그 뒤 각종 기합이 일상화된 군대에서 제대하기까지 체벌은 나의 일상이었다. 나는 체벌과 함께 성장했다. 어린 시절 나의 소원은 체벌을 당하지 않는 것이었다.

나의 아버지는 내가 아홉 살 때 경찰서에 끌려갔다. 나는 열여섯 살 때인 고등학교 시절 데모를 했다는 이유로 처음으로 끌려갔다. 경찰관에게 "고등학생들이 4·19에도 데모를 하지 않았느냐, 헌법에 집회 결사의 자유가 있지 않느냐?"고 따지다가 따귀만 얻어맞았다. 아버지는 물론 나에게도 변호사는 없었고, 변호사 선임 고지 같은 것도 없었다. 묵비권이 있다는 것도 모른 채 폭력 아래 무조건 자백해야 했다. 그 뒤 대학 시절 몇 번이나 끌려갔을 때에도 마찬가지였다. 아니, 대학생이 되었다는 이유에서인지 그 전과 달리 고문을 당했다.

그리고 수십 년이 지난 뒤 2003년, 경찰이나 검찰에서 조사를 받을 때 3백만 원에 변호사를 선임했지만 조사에 그가 입회하지는 않았다. 묵비권을 행사할 수 있음도 알았지만 겁박을 하는 검사에 의해 더 억울한 일을 당할까 두려워 감히 묵비할 수 없었다. 나이 50이 넘고 명색이 교수라서 봐준 것일까? 그때는 고문도 받지 않았다. 아니, 세상이 그만큼 변한 탓이었으리라. 1987년 민주화 이후 고문이 없어진 탓일까? 그러나 그 뒤에도 고문은 계속 반복되었다.

내가 경험한 체벌이나 고문보다 훨씬 고통스러운 경험을 한 사람들이 많을 것이다. 동서고금을 가리지 않고 말이다. 수천 년 동안 세계 곳곳에서 체벌과 고문은 합법이었다. 이에 대한 세계사적 차원의 기록으로는 브라이언 이니스가 쓴 『고문의 역사』가 있다.[1] 노예에 대한 고문치사를 인정한 플라톤 이래, 2000년 이상 어떤 지식인도 고문에 반대하지 않았다. 1763년 체자레 베카리아가 『범죄와 형벌』에서 고문과 사형에 반대하기 전까지 비인간적인 잔혹 형벌에 대한 반대는 없었다. 이어 1789년 프랑스에서 고문이 폐지되었다. 그로부터

---

1 브라이언 이니스, 김윤성 옮김, 『고문의 역사』, 들녘, 2004.

약 200년이 지나 한국에서도 고문이 없어져야 한다는 여론이 들끓었다. 그러나 사형은 여전히 존재한다. 사형을 폐지해야 한다는 여론도 그리 높지 않다.

우리 헌법의
신체적 인권

1. 신체적 인권과 생명권

내가 경찰서에 끌려가기 약 750년 전인 1215년에 만들어진 마그나
카르타는 무엇보다도 신체적 인권을 보장한 문서다. 신체의 인권은
근대 헌법이 보장하는 가장 기본적인 자유로서 다른 인권, 즉 정
치적·경제적·사회적·문화적 인권의 전제가 되며 역사적으로도 다
른 인권에 비해 먼저 선취되었다. 즉 영국의 마그나카르타를 비롯
하여 1628년의 권리청원, 1679년의 인신보호법(헤이비어스 코퍼스 법),
1689년의 권리장전, 그리고 미국의 버지니아 권리장전과 연방헌법,
프랑스 인권선언을 거쳐 우리 헌법에서도 규정되었다. 그 내용에 대
해서는 아래에서 상세히 살펴보고 여기서는 우리 헌법에 대해 간단
히 설명한다.

　우리 헌법 제2장은 '국민의 권리와 의무'라는 제목 아래 그 처음

조항인 제10조는 인권의 기본 조항, 이어 제11조는 평등권을 규정한 뒤, 제12조에서 신체적 인권을 규정한다. 생명권은 우리 헌법에 명시되지는 않으나 당연한 헌법상의 인권으로 인정된다. 굳이 헌법상 근거를 찾는다면 제10조의 '인간의 존엄과 가치'에서 찾아야 한다. 앞으로 헌법이 개정되는 경우, 독일 헌법이나 일본 헌법에서처럼 생명권은 별도의 인권으로 규정되는 것이 바람직하다.

생명권의 문제는 사형제도와도 관련된다. 그러나 우리나라 판례나 학설은 생명권은 인정하면서도 사형제도를 부인하지 않는다. 반면 독일 헌법 제102조에서는 사형 폐지를 규정하였고, 미국 연방대법원은 '퍼먼 대 조지아(Furman v. Georgia) 판결(1972)'[1]에서 사형은 형벌로서 인간의 존엄에 반하는 잔혹하고 이상한 것이므로 위헌이라고 판시했다. 같은 이유에서 우리나라에서도 조만간 사형은 폐지되어야 한다.

사형제도를 인정한다고 하더라도 그것은 지극히 예외적인 '중대한' 범죄의 경우에만 인정되어야 한다. 특히 재산, 경제, 정치 등, 폭력을 사용하지 않은 범죄는 그 대상이 될 수 없다고 봄이 국제인권규약을 비롯한 국제적 상식이다. 그러나 한국 형사법에는 과도한 사형 범죄(형법과 특별형법에 규정된 것은 171개 조항을 넘는다)가 규정되어 있다.

---

1 사형제도에 대한 유명한 판례로서 미국 연방대법원은 사형을 선고하는 것에 대하여 5:4로 위헌 판결을 선고했다. 첫째, 사형이 유능한 변호사를 동원할 수 없는 흑인이나 가난한 사람에게 차별적으로 운영되고 있고, 둘째, 사형은 수정헌법 제8조의 '잔혹하고 이상한 형벌'에 해당한다는 것을 이유로 위헌 결정을 내린 것이다.

헌법 제12조 1항은 형사적 인권의 원리를 "모든 국민은 신체의 자유를 가진다. 누구든지 법률에 의하지 아니하고는 체포·구속·압수·수색 또는 심문을 받지 아니하며, 법률과 적법한 절차에 의하지 아니하고는 처벌·보안처분 또는 강제노역을 받지 아니한다"고 규정한다. '신체의 자유'란 부당하게 신체 구속을 당하지 않는 자유를 말한다. 이는 헌법 제10조에서 말하는 '인간의 존엄과 가치'의 기본이고, 모든 인권의 기초이다.

'신체의 자유'를 구체적으로 규정한 동 1항의 후문을 흔히 적법절차조항이라고 한다. 여기서 체포·구속·압수·수색 또는 심문은 법률에, 처벌·보안처분 또는 강제노역은 '법률과 적법한 절차'에 의하도록 규정되어 있다. 법률로 정해야 하는 점에 대해서는 의문이 없다. 문제는 '적법한 절차'라는 말인데 이것이 법률에 적합한 절차를 의미하는지, 그 법률의 내용까지 적정해야 하는 것인지에 대해 논쟁이 있다.

'법률에 의한 것'을 뜻한다고 본다면 논리적으로도 '적법한 절차'란 앞의 '법률'에 이어 동어반복이 되므로 문제가 있다. 그러나 이러한 형식논리가 중요한 것이 아니다. '법률에 의한 것'이라고 본다면 법률로 정하는 한, 어떤 규칙이라도 수용된다는 것이므로 인권으로 정한 의의가 없어진다는 점이 더욱 중요하다. 적법절차라는 말은 'due process of law'라는 영국의 마그나카르타와 미국 헌법에서 나왔는데, 특히 후자의 경우 그 법률의 내용이 적정해야 하는 것을 포함한다는 것이다.

2. 죄형법정주의

위의 적법절차로부터 죄형법정주의의 원칙이 나온다. 헌법 제13조 1항 전단은 "모든 국민은 행위 시의 법률에 의하여 범죄를 구성하지 아니하는 행위로 소추되지 아니하며", 동 2항은 "모든 국민은 소급입법에 의하여 참정권의 제한을 받거나 재산권을 박탈당하지 아니한다"고 규정한다.

이러한 제13조 1항 전단 및 2항을 보통 '죄형법정주의'라고 한다. 즉 범죄와 형벌은 행위 시의 법률에 의해 정해야 한다는 것이다. 이는 두말할 필요도 없이 인권보장의 원칙이나, 이에는 국민주권주의에 근거한 국민대표기관인 국회가 제정한 '법률 = 국민의 의사'에 의해 형벌권이 제한된다는 의미와 함께, 국민에 대해 어떤 행위가 처벌 대상인지를 객관적으로 예측할 수 있게 하여 안심하여 살 수 있도록 한다는 의미를 지닌다고 할 수 있다. 특히 후자, 즉 객관적 예측가능성이라고 하는 점은, 국가보안법이나 노동법을 비롯하여 상당수의 법률이 그 불명확성으로 인해 문제되었기에 더욱 중시되어야 한다.

따라서 죄형법정주의의 내용 중 첫째는 '명확성의 원칙'이다. 이는 어떤 행위가 형법에 의하여 금지되는 행위인지, 또는 행위의 효과로서 부과되는 형벌의 종류와 형기(刑期)가 명확함으로써 누구나 알 수 있어야 한다는 것이다. 예컨대 국가보안법 7조 1항은 '국가의 존립·안전이나 자유민주적 기본질서를 위태롭게 한다는 점을 알면서 반국가단체나 그 구성원 또는 그 지령을 받은 자의 활동을 찬동·고무·선전 또는 이에 동조하거나 국가변란을 선전·선동한 자'를 처벌하는데, '국가의 존립·안전이나 자유민주적 기본질서를 위태롭게 한다는 점을 알면서'라는 것은 지극히 애매한 문장이다. 헌법재판소는 이를 '국가의 존립·안전을 위태롭게 하거나 자유민주적 기본질서에 위해를 줄 명백한 위험이 있는 경우'로 축소 적용하면 위헌이 아니라고 하나, 애매하기는 마찬가지다.

죄형법정주의의 내용에는 그 밖에 '소급형 금지의 원칙', '위임 금지의 원칙', '관습형법 금지의 원칙', '유추 해석 금지의 원칙', '적정성의 원칙' 등이 있다. 한편 국제인권규약 B규약 11조는 민사구금을 금지하나, 이에 대한 조항이 우리 헌법에는 없다. '노동조합 및 노동쟁의조정법' 92조에서 단체협약 등의 위반에 대해 형사처벌을 인정하는 것은 이러한 B규약에 위반된다.

3. 수사상의 인권(피의자의 인권)

수사상의 인권은 부당한 체포·구속·압수 또는 수색으로부터의 자유를 뜻한다. 이를 헌법 제12조 3항은 "체포·구속·압수 또는 수색을 할 때에는 적법한 절차에 따라 검사의 신청에 의하여 법관이 발부한 영장을 제시하여야 한다"고 규정하고, 동 제16조는 "주거에 대한 압수·수색을 할 때에는 검사의 신청에 의하여 법관이 발부한 영장을 제시하여야 한다"고 규정한다. 이는 체포·구속·압수·수색을 법률에 의하도록 한 제12조 1항과 사실 중복되는 내용이다. 제12조 3항에서 '적법한 절차'라고 함도 제12조 1항에서와 같이 그 내용의 적법성을 뜻한다.

4. 변호인의 도움을 받을 인권

헌법 제12조 4항은 "누구든지 체포 또는 구속을 당한 때에는 즉시 변호인의 조력을 받을 권리를 가진다. 다만 형사피고인이 스스로 변호인을 구할 수 없을 때에는 법률이 정하는 바에 의하여 국가가 변호인을 붙인다"고 규정한다. 이어 헌법 제12조 5항은 "누구든지 체포 또는 구속의 이유와 변호인의 조력을 받을 권리가 있음을 고지 받지 아니하고는 체포 또는 구속을 당하지 아니한다. 체포 또는 구속을 당한 자의 가족 등 법률이 정하는 자에게는 그 이유와 일시·장소가 지체 없이 통지되어야 한다"고 규정한다. 전문은 소위 미란다원칙(Miranda warning)[1]을 규정한 것이다.

5. 재판을 받을 인권

헌법 제27조 1항은 "모든 국민은 헌법과 법률이 정한 법관에 의하여 법률에 의한 재판을 받을 권리를 가진다", 동 3항은 "모든 국민은 신속한 재판을 받을 권리를 가진다. 형사피고인은 상당한 이유가 없는 한 지체 없이 공개재판을 받을 권리를 가진다"라고 규정한다. 이어 동 제109조는 "재판의 심리와 판결은 공개한다. 다만 심리는 국가의 안전보장 또는 안녕 질서를 방해하거나 선량한 풍속을 해할 염려가 있을 때에는 법원의 결정으로 공개하지 아니할 수 있다"고

---

[1] 수사기관이 범죄용의자를 체포할 때 체포의 이유와 변호인의 도움을 받을 수 있는 권리, 진술을 거부할 수 있는 권리 등이 있음을 미리 알려주어야 한다는 원칙이다. 'Miranda rights, Miranda rule'이라고도 한다.

규정한다. 이상이 재판권의 일반규정이고, 특별규정으로는 민간인의 군사재판을 규정하는 헌법 제27조 2항이 있으며, 동 제101조 이하에 법원에 대한 규정들이 있다.

6. 형사재판상의 인권(피고인의 인권)

앞에서 설명한 재판을 받을 인권은 형사재판의 경우에도 그대로 적용된다. 즉 적법한 재판, 공정한 재판, 신속한 재판을 받을 인권, 변호인의 도움을 받을 인권 등이다. 그 밖에 헌법상 형사재판에 관한 인권으로는 제12조 2항의 고문의 금지와 진술거부권, 제12조 7항의 자백의 증거능력 제한, 제27조 4항의 무죄추정권, 제13조의 이중처벌의 금지 등이 있다. 다른 나라 헌법에서는 그 밖에 증인심문권과 반대심문권을 인정하기도 하나, 우리나라 헌법에는 없다. 우리나라에서 이는 형사소송법에 의해 인정된다.

중세의
인권

흔히 5세기부터 서양의 중세가 시작된다고 한다. 5세기는 분열과 혼란의 시대였다. 로마 제국이 위기를 맞자 이에 대처하기 위한 사상이 등장했다. 그중에서 아우구스티누스의 『신국론』은 강력한 사상적 영향을 끼쳤다. 비슷한 시기에 중국에서는 불교가 성행했는데, 정작 불교가 시작된 인도에서는 불교를 버리고 힌두교가 성행했다. 그러나 당시의 위기는 로마에서 가장 심각했다. 노예제에 입각한 로마 제국은 농업 생산의 개선에 무관심하여 극심한 위기를 초래했다. 6세기 후반과 7세기에 인구는 절반으로 줄어들었고 게르만족이 침입했다.

그 혼돈 속에서 중세의 새로운 질서가 형성되었다. 후기 로마 제국의 자급자족적 영지와 새로운 정복자들의 촌락 공동체를 융합한 장원 중심의 질서가 확립된 것이다. 각각의 장원은 자급자족 경제 단위로서 그 주민들은 전적으로 토지에서 나온 생산물을 먹고 스스로 옷을 만들어 입고 살면서 자기 노동의 5분의 2는 영주에게 바쳐야 했다. 농민들은 농노였기 때문에 토지나 영주를 떠날 자유가 없었다. 중세 초기에는 도시도 거의 없었다. 극소수의 도시도 대장원이나 교회를 위한 행정 중심지에 불과한 소규모였다.

당시 세계적으로 보았을 때 초기 중세 유럽은 그야말로 미개 야만의 땅이었다. 그런 중세 유럽이 16세기부터 세계 제국으로 부상한 데에는 여러 가지 설명이 있다. 그중 하나를 기독교라고 하지만 기독교는 로마 제국의 말기부터 중세 전반에 걸쳐 그런 부상에 어떤 기여도 하지 못했다. 기독교를 비롯한 어떤 인종적인, 또는 문화적인 우월적 요소의 주장도 근거가 없다. 오히려 십자군 전쟁을 비롯한 중세의 끊임없는 파괴적 종교 전쟁은 중세의 발전을 가로막았다. 당시 교황들은 군대가 도시를 약탈하고 어린이와 여성을 강간하고 살해해도 개의치 않았다.

중세 유럽은 당시 유럽보다 선진이었던 중국, 인도, 이집트, 메소포타미아 등으로부터 기술을 도입하여 생산력을 서서히 발전시켰다. 최초의 기술은 6세기에 도입한 무거운 바퀴가 달린 쟁기였고, 이와 함께 동물의 배설물을 이용해 기름진 땅을 만드는 새로운 방목법이 도입되었다. 이로 인해 농산물 생산량은 이전에 비해 50퍼센트나 늘어났다. 이어 황소 대신 말을 사용해 쟁기를 끌게 하고 콩과 작물을 이용해 지력을 회복하는 방법을 도입해 12세기에 곡식 생산량은 두 배로 늘어났다.

아우구스티누스

생산기술의 변화와 함께 영주(무인 영주와 성직자 영주)와 농민의 관계도 바뀌었다. 로마 시대의 낭비적인 노예제 대신 농지의 일부 사유를 인정한 농노제가 생산적이었기 때문이다. 농노는 사유지에서 열심히 일하여 생산량을 높였고 이에 따라 영주의 수입도 늘어났다. 시장이 형성되고 도시가 부활하면서 자유로운 도시민도 나타났다. 그들은 차차 영주의 특권을 인정하지 않게 되었고 자신의 자유와 독립을 지키기 위한 여러 가지 제도를 만들었다. 왕들은 도시의 자치를 인정하면서 이를 이용해 영주들을 견제하여 영주들 위에 군림하게 되었다.

도시의 상인들이 영주들의 자의적인 판결이 아닌, 성문법을 요구하면서 법이 발전했다. 아울러 학문은 수도원에서 대도시에 새로 설치된 대학으로 옮아갔으며 학자들은 교회의 통제를 벗어나 돈을 받고 가르치는 직업인이 되었다. 당시 유럽에서 기독교가 아닌 문화란 그리스 로마 문화가 유일했기 때문에 학자들은 그것에 관심을 기울였다. 중세 사상은 흔히 스콜라주의¹라고 하는 논쟁을 위한 논쟁으

1   중세의 신학을 바탕으로 한 철학적 사상이다.

성 도미니코 알비파 종교재판(1475)

로 오해되고 있지만, 적어도 12세기에는 이성을 통해 신을 이해했다는 점에서 근대적이었다.

그러나 종교전쟁을 비롯하여 계속된 중세의 전쟁은 그러한 발전을 저해했다. 경제가 나아지면서 국왕과 영주는 더욱 사치에 젖었다. 이는 자신들의 신분적 우위를 과시하는 수단이었다. 영주들은 무수한 계급으로 분화되었고, 그 어떤 계급이든 농노나 상인이나 장인들을 철저히 경멸했다. 교회도 마찬가지였다.

교회가 세속 권력과 갈등을 일으킨 적도 있었지만 계급적 사상을 소유한 점에서는 일치했다. 중세의 상징인 고딕 성당은 지배 권력의 표상으로서 신이 인간 사회를 만들었다고 강조한 표상이었다. 교회는 어떤 이단도 허용하지 않았고 14세기에 등장한 종교 재판으로 그 극단을 보여주었다. 이와 함께 위기가 닥쳤고 농민들의 저항이 시작되었다. 농민들은 강제 노역과 농노제의 폐지를 주장했고 교회의 십일조와 영주에 대한 납세를 거부했다.

기독교와
인권

기독교가 로마의 국교로 되지 않았다면 예수는 역사에서 사라졌을 것이다. 그런 의미에서 기독교는 제국적인 것이었다. 예수는 로마의 식민지에서 태어났으나 전혀 로마적인 사람이 아니었다. 『신약성서』는 2~3세기에 편집된 것이다. 노예제에 반대하지 않은 초기 기독교는 주로 도시 중산층에게 인기를 끌었다. 예수가 물질적 의미의 자유를 말하지 않았고 부자에 대해 결코 반대하지 않았다고 믿었기 때문이다. 또한 가난한 사람들도 예수의 말에 열광했다.

이 같은 보편성을 갖는 기독교는 로마 제국과 함께 세계로 전파되었다. 그리고 성장과 함께 관료화되면서 교회의 위계 조직도 발달한다. 처음에는 신도들이 주교를 선출했으나 곧 성직자들의 주교회의가 의사결정을 독점했는데, 이는 기독교 교리를 둘러싼 그노시즘(Gnosticism) 논쟁으로 가속화되었다. 그노시스파는 영혼은 선하며 물질과 인간의 몸은 선하다고 하며 기독교인은 영혼을 육체적 욕구에서 해방시킬 때 순수해질 수 있다고 주장했다.

바울은 「고린도 교회에 보낸 편지」에서 "주님은 영이시므로 주님이 계시는 곳에는 자유가 있습니다"[1]라고 했다. 그리고 「로마 교회에 보낸 편지」에서는 기독교를 믿는 사람을 "죄에서 해방되어 하느님의 종이 되었다"[2]고 했다. 여기서 자유와 예속은 상반된 상태가 아니라 동일한 상태를 말한다. 신에 의한 정신적 자유를 신에게의 예속으로 보기 때문이다.

한편 바울이 「갈라디아 교회에 보낸 편지」에서 "그리스도께서 우리를 해방시켜 자유의 몸이 되게 하셨으니 여러분은 굳게 서서 다시 종노릇 하지 마십시오"[3]라고 했을 때의 자유란 할례를 포함한 낡은 유대교 율법의 구속으로부터의 자유를 뜻했다. "그리스도 예수님 안에서는 할례를 받고 안 받는 것이 문제가 아니라 사랑으로 표현되는 믿음만이 중요합니다."[4] 따라서 그리스도 신자인 한 "유대인이나 그리스 사람이나 종이나 자유인이나 남자나 여자나 차별이 없"[5]다.

그러나 당시 로마에는 노예제가 유지되었고 노예에게는 어떤 자유도 인정되지 않았으므로 기독교를 믿는다고 노예에서 해방되는 것

---

1 「고린도 교회에 보낸 편지」, 제3장 17절.
2 「로마 교회에 보낸 편지」, 제6장 22절.
3 「갈라디아 교회에 보낸 편지」, 제5장 1절.
4 같은 책, 제5장 6절.
5 같은 책, 제3장 28절.

은 아니었다. 기독교인들은 노예 해방을 위해 노력하지도 않았으며, 오히려 "종들은 모든 일에 자기 주인에게 순종"[1]하라고 가르쳤다.

기독교에서 주장하는 '자유'는, 모든 형태의 교회나 세속의 전제정 치로부터 해방되는 '포괄적인 자유'로 이해될 수도 있었으나, 성경에 는 그러한 전제 정치를 정당화하는 부분도 있었다. 가령 「마태복음」 에서 예수가 베드로에게 "내가 하늘나라의 열쇠를 너에게 주겠다"[2] 고 한 대목은 교황 절대주의의 기초가 되었다. 그러나 같은 책에서 예수는 "형제가 네게 죄를 짓거든 … 교회에 말하고"[3]라고 하며 모 든 신도에게 권위가 있다고 했다. 이에 따라 중세에는 교회의 통일 에 관한 두 가지 개념이 존재했으나, 차차 교황의 권위주의로 힘이 기울었다.

이후 기독교는 로마 제국과 더욱 가까워졌다. 흔히 로마 황제가 초기 기독교도들을 엄청 박해하여 로마 사회에 분란을 초래했다고 말하지만 초기 기독교도에 대한 탄압은 간헐적이었다. 「쿼바디스」 같은 소설이나 동명의 영화에서 보는 네로 황제의 탄압은 네로가 일찍 쫓겨나면서 끝났고, 여타의 황제들은 기독교를 용인하고 심지 어 호의적이기도 했다.

기독교가 더욱 성장한 3세기에 기독교로 인해 제국의 관료조직과 군대조직이 위험하다는 판단으로 대대적인 탄압이 이루어졌으나 그

---

1   「골로새 교회에 보낸 편지」, 제3장 22절.
2   「마태복음」, 제16장 19절.
3   앞의 책, 제18장 15-17절.

런 조치들은 무용했다. 그래서 제국은 교회를 자기편으로 끌어들이는 것 외에 다른 방법이 없었다. 기독교가 로마의 국교가 된 뒤 교회는 신정정치 국가 속에서 종교를 담당하는 기관으로 타락했으나, 제국 권력이 붕괴한 뒤 교회는 세속 지배자의 통제로부터 독립된 역할을 받게 된다. 이후 기독교가 제국을 장악하면서 이에 저항하는 반대자들에 의해 수도원 제도가 등장하지만, 그것도 곧 기존 체제에 통합됐고 이어 강력한 권력기구로 부상하여 교황을 중심으로 한 중세 기독교 지배 체제를 형성한다.

중세적
인권의 발전

중세의 교회는 봉건적 예속 상태를 묵인했고 이단자를 박해했다. 따라서 엄밀한 의미에서 중세에는 '자유'라는 개념이 없었다. 중세까지는 이집트의 파라오나 페루의 잉카처럼 지배자를 신성한 존재로 숭배했다. 사회 질서를 우주의 신성한 질서의 일부로 보고 지배자가 하늘과 땅을 연결한다고 보는 신정적인 절대주의가 득세했다.

  중세의 교회법 학자들은 '오류를 범하지 않는 기독교 신앙 공동체'인 교회와 '오류를 범할 수 있는 인간'인 교황이 공존해야 한다고 주장했다. 따라서 교회의 최고 기관인 공의회와 교황이 병존하다가 이후 의회와 왕이 공존하는 형태로 변화한다. 그러면서 교황이 실제로 오류를 범하는 경우, 교회가 교황을 처벌해야 한다고 주장했다. 이는 뒤에 저항권으로 발전되었으나, 중세에는 실제로 무용했다.

  중세의 질서는 신이 정하고 인간이 이성으로 인식할 수 있는 '자연의 법칙'에 의해 다스려진다는 기독교적 믿음에 근거했다. 인간이 아닌 존재는 이 법칙에 따르고, 인간은 어느 정도의 자유를 갖지만, 그 자유는 절대적인 것이 아니라 신법과 자연법에 따라 행사되어야 했다. 사회나 통치도 마찬가지로 그런 법칙에 따라 조직화된다고 믿었다. 여기서 '개인이 자기 결정을 하는 자유'는 '신이 정한 질서에 대한 반항'으로 간주되었고, 자연스레 황제나 교황이 하위 계층이자 세속 지배자인 군주나 귀족을 통괄하는 정치구조가 확립되었다. 따라서 당시엔 시민이라는 개념이 존재할 여지가 없었다. 민중은 '백성'이라 불리는 복종 대상으로 전락했고, 자유는 복종을 의미했다. 이러한 사고의 근본은 모든 것을 다스리는 질서의 패턴을 파악할 수 있다고 하는, 인간 정신의 능력에 관한 낙관주의였다.

제국과 교황권이 병존하는 새로운 신정 정치는, 800년 샤를마뉴에서 시작되었다. 11세기에 샤를마뉴의 제국은 여러 왕국으로, 그리고 왕국은 무수한 봉건적 공국으로 분열되었다. 분열된 국가들이 서로 투쟁하기 시작하자 이를 정리할 강력한 군주국이 요망되었다. 성직자들은 성스러운 권력을 자국의 왕에게 귀속시켰다. 11세기 대관식에서는 왕을 요수아, 다비드, 솔로몬에 빗대었다. 그들은 교회의 고위 성직자처럼 성유(聖油)[1]에 의해 성별(聖別)[2]되었고 왕은 신의 대리로 불려 교회를 장악했다.

그러나 그레고리우스 7세는 그가 교황이었던 시절(1073~1085) 교회

---

1 가톨릭교회에서 성사(聖事)나 축성(祝聖) 등 세 가지 용도에 사용하는 기름을 말한다.
2 하느님에 대한 예배나 봉사 등 거룩한 목적을 위해 사람이나 사물을 특별히 구별하는 행위이다.

왕이 주교를 임명하는 모습

의 자유를 회복하고자 국왕에 의한 성직 임명을 금지했다. 이에 독일 국왕이자 선출된 황제였던 하인리히 4세는 교황을 거짓 교황이자 이단이라고 비난했다. 곧 교황은 그를 국왕직에서 파면했다. 이는 독일과 이탈리아의 내전으로 발전했다. 황제는 카노사에서 교황에게 굴복했으나 다시 로마를 점령했다. 이어 1122년 보름스 협약으로 교황과 황제 사이에 타협적인 평화가 이루어졌지만, 그 뒤에도 투쟁은 계속되었다. 교황권을 옹호한 마네골드(Manegold)는 1080년 "어떤 방법으로든 왕이 그가 선정된 계약을 위반하면, 그는 인민에게 복종의 위무를 면제하는 셈이 된다"고 썼다.[1]

1 　어네스트 바커 외, 강정인 문지영 편역, 『로크의 이해』, 문학과지성사, 1995, 13쪽 재인용.

교회의 독립된 자유를 요구한 결과, 세속 사회의 자유로운 제도 역시 성장했다. 종교 생활과 세속 생활이 분리되기 시작하여 결국 신성국가 시스템에서 벗어난 세속국가가 탄생했다. 교황측이 "주교 임명을 왕이 아니라 주교가 관할하는 도시나 성직자나 시민에 의해 임명하도록 하자"고 했던 바는 당시에 형성된 도시 공동체가 자신들의 시참사회 선출권을 요구한 것과 맞물렸다. 주교와 대수도원장을 누가 임명하느냐를 두고 황제와 교황 사이에서 '서임권 투쟁'이 벌어졌다. 서임권 투쟁은 다양한 공동체 생활에 사랑과 형제애라는 기독교적 이상을 실현하는 방법을 촉진했다.

교회가 자신의 자유를 주장한 것은 왕국 내의 신분, 처음에는 귀족, 이어 평민에게 모범이 되었다. 10세기 전후에 나타나기 시작한 도시는 기존의 봉건적인 계층 질서를 파괴하기 시작했다. 도시가 확보한 자유의 내용은 세금을 비롯한 재정적 부담의 면제, 교역에 부과된 제한과 규제의 제거, 자치의 권리, 토지 소유권 등의 특권이었다. 중세 말기에 스페인 예수회의 살라망카(Salamanca) 학파는 상품의 정당한 가격이 다른 조건들에 의해 결정되는 것이 아니라 시장 가격이라고 주장하여 초기 자본주의 이론을 전파했다.

중세는 이론이 아니라 탈중심화된 정부와 공평한 법이라는 실천적 전통을 통해 자유주의의 근대적 형성에 기여했다. 이는 근대 초에 절대군주제의 탄생과 봉건제의 해체에 의해 소멸됐으나 영국의 명예혁명을 통해 근대에 전달되었다. 그러나 노예제와 종교적 박해는 여전했다.

중세 초기의 인권사상
_펠라기우스와
아우구스티누스

엄밀한 의미에서 중세에는 인권 사상이 없었으나, 전혀 없었다고는 볼 수 없다. 그중 하나가 인간이 본래 자유로운 존재냐 아니냐 하는 철학적 또는 생물학적 논의다. 앞에서 보았듯이 인류의 역사는 그런 자유를 누릴 수 있는 사람들의 범위가 축소되고 확대된 변화의 역사다. 오랜 옛날, 역사 이전의 선사 시대에 모든 사람들이 지배자나 계급 없이 자유롭고 평등했던 시대에는 자유의 범위가 넓었을지 모른다. 그러나 언제부터인가 자유는 특정인에게 독점되기 시작했다. 가령 그리스 로마에는 노예가 인구의 상당수를 차지했다. 중세에 와서 노예는, 적어도 기독교도 노예는 없어졌으나, 여전히 노예는 존재했다.

이러한 상황에서 "인간은 자유의지를 갖는다"는 펠라기우스(Pelagius, 354~418?)의 주장이 등장했다. 자유의지라는 발상은 소크라테스와

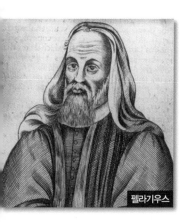
펠라기우스

플라톤, 아리스토텔레스에게서도 볼 수 있었지만, 그들은 노예의 자유는 인정하지 않았다.

기독교의 초기 역사에서 최초로 자유의지를 주장한 영국 출신의 수도자 펠라기우스에 따르면, 신은 인간을 자유롭게 만들었으므로 인간은 스스로의 자유의지로 선악을 선택하여 행할 수 있다. 신의 은총이란 단순한 외적인 것에 불과하여, 그 결과 인간의 조상 아담의 죄역시 완전히 개인적인 것에 불과하다. 모든 사람에게 원죄가 있다는 설은 옳지 않다는 것이다. 그는 또한 그리스도의 구원이나 세례 등과 같은 적극적인 가치도 부정했다.

프랑스의 역사학자인 르 고프(Jacques Le Goff, 1924~2004)는 펠라기우스의 주장이 득세했다면 당시 위기 상황에 있었던 유럽이 무정부 상태에 빠졌을지도 모른다고 했을 만큼[1] 이는 위협적인 주장이었다. 그래서 아우구스티누스와 히에로니무스(Eusebius Hieronymus, 345?~419?) 등은 펠라기우스의 견해를 가톨릭 신앙의 기초를 무너뜨리는 대단히 위험한 주장으로 간주하여 맹렬하게 반박하여 결국 이단으로 선고하게 했다.[2]

그러나 논쟁의 실제 이유는 이론적인 차원에서만 있는 것이 아니

1   르 고프, 유희수 옮김, 『서양 중세문명』, 문학과지성사, 1992, 143쪽.
2   그 과정에 대해서는 이석우, 『아우구스티누스』, 민음사, 1995, 217-260쪽 참조.

었다. 펠라기우스는 교회를 도덕적 설교자 단체로 보았고, 교회가 신자에게 갖는 권력을 정신적 권고에만 한정시켰다. 교회의 위계질서에 대한 중대한 도전을 한 셈이다. 그래서 아우구스티누스를 비롯한 초기 기독교인들은 신의 은총과 원죄를 내세워 인간은 원죄를 영원히 갖는다고 주장했다. 이는 당시 해방된 자유민이 죽을 때까지, 그리고 자자손손 노예였다는 낙인을 달고 다니는 것과 같은 논리였다. 인간이 영원한 신의 노예로 남았다고 보는 배경이다. 그리고 신을 대리하는 교회는 노예의 주인처럼 인간을 지켜보고 검열하고 훈계해 도덕적인 존재가 되게 할 필요가 있다고 주장했다.

이처럼 아리스토텔레스의 생래적 노예관을 연상시키는 아우구스티누스의 주장을 자유에 대한 특별한 주장이라고 볼 수 있는지는 의문이다. 그가 "현세법에 의해 규정되는 자유라 할지라도 일정한 가치가 있는 것으로 인정했으며, 이 점이 플라톤이 비판한 민주정의 '멋대로의 자유'와 구별된다. 아우구스티누스에게서 발견되는 자유와 법의 긴밀한 관계는 이후 자유주의에서도 지속적으로 나타난다"[1]고 보는 견해가 있지만, 플라톤이 현세법에 의한 자유를 부정한 것도 아니고, 민주정에도 법은 있었으므로 '멋대로의 자유'가 허용되지도 않았다. 자유와 법의 관계는 자유라는 개념이 처음 나타날 때부터 있었다.

아우구스티누스는 인간이 신의 형상을 닮아 자유롭지만, 원죄로

---

1   문지영, 위의 책, 35쪽.

오염된 존재로서 선을 향한 자유를 상실한 존재로 보았다는 점에서 특별했을 뿐이다. 이는 플라톤이 말한 '멋대로의 자유'와는 아무런 관련이 없는 기독교적인 이론이다. 아우구스티누스의 이러한 자유론은 루터와 칼뱅에게까지 영향을 주었다는 역사적 의의를 찾는 것이 옳지, 플라톤의 사상과 구별할 차원의 문제는 아니다. 오히려 플라톤이나 아리스토텔레스와 아우구스티누스가 다른 점은 앞의 두 사람이 존중한 '이성'을, 아우구스티누스는 '자유의지'라는 개념으로 바꾸었다는 것이다. 세 사람 전부 민주정을 부정했다는 점만 동일하다.

물론 아우구스티누스가 신의 예지와 인간의 자유의지를 대립시키지 않고 신과의 관계에서만 인간의 자유가 의미 있다는 주장[2]을 살피면 자유의지를 전적으로 부정하지는 않았다. 그러나 펠라기우스가 부정한 원죄설을 아우구스티누스가 재창하고, 나아가 신정론을 수립한 점에서는 서로 달랐다. 아우구스티누스는 타락 이후의 자유의지가 제한되었다고 보았으나, 의지의 자율성을 전적으로 부정하지는 않았다. 인간이 자율성, 즉 자유로운 선택의 행위로 인해 죄의 책임이 인간에게 있다고 주장했음은 다음 글에서도 볼 수 있다.

인간은 자유로운 의지를 지니고 있어야 한다. 그것이 없이는 올바르게 행동하지 못할 것이다. …사람에게 의지의 자유 선택이 결여되어 있다면,

—

2 아우구스티누스, 성염 역주, 『자유의지론』, 분도출판사, 1998, 제2권, 서론, I, 2.

죄악은 벌하고 올바른 행실은 상주는 데서 우러나오는, 정의라는 선은 어떻게 되겠는가? 의지로 이루어지는 것이 아니라면 죄도 아니고 올바른 행위도 아닐 것이다.[1]

그러나 이러한 주장은 인간의 선함이 신의 소유이고, 악함은 전적으로 인간에게 속하며, 선악 판단의 전제 요건으로서 자유의지가 선에 대해서는 무력하고 악에 대한 책임만을 진다고 한 그의 주장과 일치하지 않았다. 아우구스티누스는 물론 모든 기독교 신학은 아담 이후 인간들이 죄를 짓지 않을 자유가 불가능하다고 보았다.

이처럼 죄를 짓지 않을 자유를 부정한 상태에서, 죄를 지을 자유만을 인정한다는 것은 도대체 어떤 자유를 인정한다는 것인가? 어떤 행위를 할 수 있는 자유가 그 행위와 정반대되는 행위를 할 수 있는 자유를 배제한 상태에서만 가능한 제한적인 것이라면 이는 강제와 무엇이 다른가? 결국 이는 죄의 불가피성을 합리화하는 것으로서 인간의 자유를 전적으로 부정하는 것이 아닌가? 그러면서도 죄를 지을 자유 운운함은 그야말로 궤변이 아닌가? 이는 결국 인간을 어떤 자유도 가질 수 없는 완전한 죄인으로만 묘사하고, 신에 대한 믿음에 의해서만 인간이 의롭게 된다는 것이 아닌가? 바로 이러한 생각이 종교개혁에서 루터와 칼뱅에게 이어졌다.

결국 아우구스티누스가 말한 '자유의지'에서, 인간이 선을 선택할

---

1   앞의 책, I, 3.

능력을 부정하는 것이기 때문에 자유의지론이 아니라 결정론이 될 수밖에 없었다. 이에 반해 펠라기우스는 완전한 자유의지를 인정했기에 결정론이 아닌 자유의지론의 주창자가 된다.

아우구스티누스는 중세 말, 절대군주권에 이론적 근거를 제공하기도 했다. 특히 인간의 탐욕은 무한하므로 이를 방치하면 큰 사회적 혼란을 유발한다는 그의 주장은, 이후 홉스의 '절대 정부 이론'의 기초가 되었다. 그는 앞에서 말한 로마 초기의 키케로와 달리, 정의를 이성과 인간 사이의 관계에서 찾지 않고 신과 인간과의 관계에 찾았다. 이성보다는 질서를 중시했다. 그래서 질서가 지켜지는 곳에 정의가 실현된다고 보았다. 결국 아우구스티누스는 인간의 동물적 본능인 '원죄'를 통제하기 위한 '강력한 국가'가 필요하다고 본 것이다. 그의 주장은 루터와 칼뱅, 19세기 말의 사회적 진화론, 그리고 20세기의 전체주의나 보수주의와 같은 반(反)자유주의를 끝없이 되풀이하게 만든 원흉이 되었다.

13세기의 인권사상
_아퀴나스

중세 자유사상의 또 하나는, '개인의 자유'가 권위의 정당성을 인정하는 근거라고 주장한 것이다. 토마스 아퀴나스(Thomas Aquinas, 1225?~1274)는 "백성의 이익을 목적으로 하는 권위가 백성의 자유를 제거해서는 안 된다"[1]고 했다. 그는 이를 노예사회와 자유사회의 차이라고 보았는데, 그 구별은 아리스토텔레스에서부터 비롯되었다. 바로 노예는 주인을 위해 살지만, 자유인은 자신을 위해 산다는 구별이다. 따라서 자유인을 통치하는 정부는 모든 사람들의 선을 보장해야 한다. 나아가 아퀴나스는 중세 법학자처럼 지배자의 권위보다 피통치자의 동의가 더 중요하다고 강조했다.

아퀴나스는 『군주정론』에서 유일신과 마찬가지로 한 명의 왕이

---

[1] Dante, *De monarchia*, 1,12, G. Vinay ed., 1950. p. 72.

국가를 지배하는 형태가 최선의 통치형태라고 주장하면서도, 그것이 전제정치로 흐를 가능성이 있음을 인정했다. 그래서 전제정치의 가능성을 배제하기 위해 통치를 가다듬어야 한다고 주장했으나, 이를 위한 어떤 제도나 방법에 대해서는 언급하지 않았다.

나아가 『신학대전』에서 아퀴나스는 고대 이스라엘에서 신은 처음부터 왕을 내세우지 않았다는 논의에 군주정과 귀족정의 혼합을 주장한 아리스토텔레스의 전통에다가 민주정까지 혼합한 정치체제를 가장 완전한 통치형태라고 주장했다. 아퀴나스는 민주정을 "사악한 정권이 다수에 의해 수행되는"[2] 것이라며 멸시했다.

> 참으로 최선의 정체란 1인의 인물이 통치하는 왕정과, 다수자가 미덕에 따라 정무를 담당하는 귀족정과, 그리고 인민이 권력을 가지며 지배자가 인민에서 선출 가능하고 그 선출권은 인민에게 속하는 민주정이 잘 혼합된 것이다.[3]

아퀴나스는 이를 『구약성경』에서 고대 이스라엘의 신은 모세로 하여금 군주정을 대표하게 하면서도 72명의 장로로 구성되는 귀족정을 두었고, 인민에 의한 민주정도 인정했다고 주장했다. 그 민주정의 근거로 그는 「출애굽기」에 나오는 "유능한 인재들을 뽑아… 백

---

2   G. 사르토리, 『민주주의 이론의 재조명』, 인간사랑, 1989, 399쪽.
3   Thomas Aquinas, *Summa Theologiae*, 제2부, 105장 1절.

성들을 재판할 수 있게"한 것[1]과 「모세의 설교」에서 사람들을 뽑아 지도자로 삼았다[2]는 것을 들었다.

아퀴나스는 『구약성서』로부터 혼합정 이론을 이끌어낸 최초의 신학자였다. 이는 아리스토텔레스가 그리스 도시국가에 대해서만 그렇게 언급한 것과 달리, 모든 도시나 왕국에서 최선의 형태가 혼합정이라고 한 것이다. 또한 아리스토텔레스가 혼합정을 주장한 이유는 사회적 조화를 위해 여러 계급의 이해관계를 혼합시킨 것인 반면, 아퀴나스는 그러한 계급을 전제하지 않았다. 그는 왕의 권력에 대한 억제와 균형에 관심이 있었다. 아퀴나스는 어떤 정부도 인민의 자유와 양립할 수 있다고 주장했다. 특히 민주정이 자유와 특별히 연관된다고 보았고, 민주정의 목적은 자유라고 했다. 또한 통치자가 전제화되면 "인민들은 그와의 계약을 준수하지 않아도 무방하다"고 했다.[3]

아퀴나스의 주장은 중세 후기와 현대 초기의 정치사상의 토대로서 교회 통치와 세속 통치 모두에 적용되었다. 교회의 경우 교황은 군주정, 추기경단은 귀족정, 공회의는 민주정에 해당하고, 세속의 경우 각각 왕, 영주, 평민 의회에 해당한다.

---

1 「출애굽기」, 제18장 21절.
2 「모세의 설교」, 제1장 13절.
3 바커, 앞의 책, 14쪽 재인용.

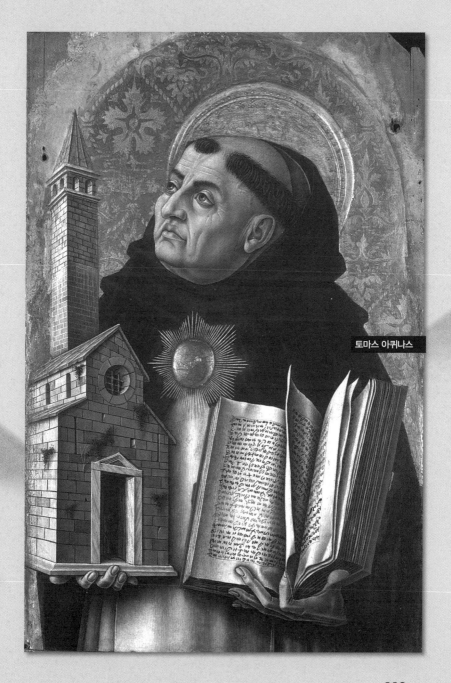

토마스 아퀴나스

13세기의 인권문서
_마그나카르타

1,500쪽이 넘는 『자유와 평등의 인권선언 문서집』[1]에 실린 최초 문서는 마그나카르타(Magna Carta)이다. 그러나 앞에서 보았듯이 세계 최초의 인권문서는 마그나카르타가 아니라 '키루스원통'이다. 키루스 원통이 모든 사람의 보편적인 인권을 규정한 데 비해, 전자는 귀족과 영주의 특권을 규정했다는 점에서 훨씬 제한적이었다.

'마그나카르타' 혹은 '대헌장(大憲章)'은 1215년 6월 15일, 영국의 존 왕이 귀족들의 강요에 의하여 서명한 문서로, 국왕의 권리를 문서로 명시한 것이다. 귀족들은 왕에게 몇 가지 권리를 포기하고, 법적 절차를 존중하며, 왕의 의지가 법에 의해 제한될 수 있음을 인정할 것을 요구했다. 국왕이 할 수 있는 일과 할 수 없는 일을 문서화하기 시작하여

---

1 니종일 편역 해설, 한울, 2012.

전제 군주의 절대 권력에 제동을 걸기 시작했다는 점에서 그 역사적 의의를 찾을 수 있다. 그러나 그것이 흔히 영국 민주주의의 시발점으로 강조되는 것과 달리, 문서 자체에 민주주의적 요소는 없다. 이 문서에서 민주주의의 시사점은 후대에 국왕과 대립이 발생했을 때 계속 확대 해석된 것이다.

마그나카르타는 중세 말기의 자유를 전형적으로 보여준다. 그 제1조는 "영국의 교회는 자유여야 하고, 그 고유한 권리를 완전히 소유해야 한다"는 것이었고, 이어 영주와 자유민의 자유를 규정했다.

그중에서 가장 두드러지는 부분은 영주의 동의를 얻지 않은 '세금에 대한 보호 조치(제2조)'와 '권력의 한계를 넘은 왕에 대항할 권리의 인정'이었다. 그리고 귀족인 자유민은 다른 자유민의 판단과 법률에 의하지 않고는 구속되거나 재산을 박탈당하지 않는다고 규정했다. 특히 제18-19조에서는 일정한 민사사건에 대한 순회재판과 동료에 의한 배심재판의 보장과 방법의 한정이 인정되었다. 따라서 그 자유는 상대적으로 협소한 범위의 부유하고 힘 있는 신하들이 왕에게서 얻어낸 특권에 불과했다.

전문 63개조 중 "어떠한 군역세 또는 봉건 원조도 우리 왕국의 공통된 조언(commune consilium)에 의하지 않고서는 징수하지 않는다"는 조항(제12조)은 특히 유명하다. 이 조항은 후일 일반적으로 징세에 대해서는 의회의 동의가 필요하다는 의미로 해석된다. 또한 "자유민은 그와 동등한 자의 적법한 재판(judicium parium suorum)이나 국법에 의하지 않고는 체포, 구금되거나, 재산이 박탈되거나, 법적 보

마그나카르타

오스트레일리아 의회에 전시된 마그나카르타 1297년 판호가 박탈되지 않는다"는 조항(제39조)은 후대의 법률가와 역사가들에 의하여 배심재판을 보장하는 뜻으로 해석되었지만, 원래의 의미는 봉건 영주가 전통적으로 누리던 봉건법정을 열 권한을 보장하는 내용이었다.

그러나 영국의 왕 헨리 3세는 마그나카르타를 여러 차례 준수하지 않았다. 결국 시몽 드 몽포르(Simone de Montfort)를 비롯한 귀족들이 국왕과 무력으로 충돌했다. 1264년 귀족들은 국왕을 생포하고 '9인 위원회'를 만들어 국정을 담당하게 하는 등의 통치체제의 개혁에 착수했으나 왕당파와의 전투에 패하여 결국은 실패했다. 그러나 귀족들의 개혁은 이후 하원을 창시하는 길을 열어주었다.

마그나카르타의 '카르타(Carta)'는 중세 영국 법제 하에서 특정 집단에게 국왕이 부여하는 특혜나, 구체적 양허사항을 담고 있는 문서를 말한다. 도시, 직업 집단, 대학교 등에 국왕이 부여하는 특혜(libertates; liberties)를 규정한 문서들이 바로 그것이다. 마그나카르타도 이 범주를 넘어서는 것은 아니며, 따라서 현대적 의미의 인권선언과는 거리가 멀다. 그러나 법제도의 변천과정에서 흔히 그러하듯이, 과거의 문서가 담고 있는 의미는 후세의 해석자들이 지배하게 되며, 마그나카르타는 후대의 해석을 통하여 민주주의와 시민의 권리를 보장하는 문서라는 역사적 의의를 부여받게 되었다.

14세기의 인권투쟁
_소작농 반란

중세 말기인 1337년부터 1453년까지 116년간 영국과 프랑스 사이에 벌어진 백년전쟁은 양국의 농민과 소작농에게 엄청난 고통을 안겼다. 1358년 프랑스에서는 '자크리의 난'이 터졌다. 귀족들과 기사들의 수탈, 포로가 된 귀족들의 대속금을 농민들이 부담한 것에 대한 불만이 폭발한 것이다. 농민들은 모든 귀족을 박멸해야 한다고 주장하면서 신분 차별이 없는 세상을 만들고자 봉기했다. 그러나 봉기는 2주 만에 실패했다. 3백 명의 농민들이 잔혹하게 처형당했다.

자크리의 난으로부터 23년 뒤인 1381년에 잉글랜드를 휩쓴 대규모의 민란인 '소작농 반란(Peasants' Revolt)'은 '와트 타일러의 난(Wat Tyler's Rebellion)' 또는 '대봉기(Great Rising)'라고도 한다. 민란의 원인은 1340년대 흑사병으로 발생한 경제적 정치적 긴장, 백년전쟁으로 인한 높은 세금, 런던 중앙정부의 지방 통치의 불안정화 등 다양했다.

배에 탄 리처드 2세에게 자신들의 요구사항을 전달하는 와트 타일러의 농민군

당시 농민들 사이에 의적 '로빈 후드'의 무용담이 널리 퍼져 농노제를 폐지해야 한다는 자각이 높아진 것도 원인 중 하나였다.

민란을 직접적으로 촉발시킨 것은 1381년 5월 30일에 왕실 관리인 존 뱀프턴(John Bampton)이 에식스에서 미납된 인두세를 걷으려한 사건이었다. 뱀프턴의 인두세 징수 시도는 폭력적인 충돌 사건으로 끝났다. 사건의 영향은 잉글랜드 동남부 일대에 빠르게 퍼져나갔다. 지역 장인에서부터 동네 구실아치에 이르기까지, 다양한 종류의

와트 타일러의 참살을 묘사한 그림

농촌사회 구성원들이 봉기에 동참하여 재판 기록을 불사르고 감옥
문을 열어젖혔다. 난민들은 세금의 삭감과 소위 농노제라 알려진 비
자유 노동의 철폐, 국왕의 고위 관리들과 법관들의 제거를 요구했다.

급진적 성직자 존 볼(John Ball, 1338~1381)의 "아담이 경작하고 이브
가 길쌈할 때 도대체 귀족은 어디 있고 평민은 어디 있었습니까?"라
고 하며 귀족이나 영주라고 하는 모든 차별을 철폐해야 하야 한다
는 설교가 난민들을 고무시켰고, 켄트 주에서 봉기한 농민군의 지
도자인 와트 타일러(?~1381)가 이끄는 봉기군은 런던으로 진격했다.
타일러는 농노해방, 인두세 및 강제부역의 폐지, 농노제 폐지 등을

주장했다. 그해 11월까지 최소 1,500명의 반란군이 죽임을 당하며 반란은 끝났다.

와트 타일러의 난은 이후 의회가 프랑스와의 전쟁을 위해 세금을 올리는 것을 단념케 함으로써, 백년전쟁의 판도에 큰 영향을 미쳤다. 또한 뒤의 농노제 폐지에 결정적인 영향을 미쳤다. 19세기에는 윌리엄 모리스 등의 사회주의 문학에서 널리 사용하는 소재가 되었고, 좌익에게 강력한 정치적 상징으로 남았다. 1980년대에 있었던, 영국 정부가 지역 주민세 도입을 추진한 것과 관련하여 발생한 충돌에도 영향을 미쳤다.

12세기
한반도 최초의 인권투쟁

한반도에서 노예제는, 다른 여러 나라들의 역사가 그러하듯 고대로까지 거슬러 올라간다. 고조선의 법금 8조에서는 "남의 물건을 훔친 자는 그 집의 노비로 삼는다"라는 기록이 남아 있는 만큼 다양한 형태의 노비가 오래전부터 존재했을 것이나 통일신라와 고려의 노비 비율은 노예제 사회였던 조선보다 낮았을 것으로 추측된다. 일찍이 성현(成俔, 1439~1504)은 조선 시대에 인구의 절반이 노비라고 주장했다.

한반도에서도 일찍부터 인권투쟁이 있었을 터이지만, 역사에 남아 있는 최초의 인권투쟁이라고 할 수 있는 것은 고려시대 '무신란' 이후, 특히 명종(明宗)과 신종(神宗) 조의 민란의 시대에 발생한 '망이·망소이의 난(1176)'과 '만적의 난(1198)'이다. 당시 만적 등은 존 볼과 유사한 말을 남겼다.

무신란 이후 많은 천예 출신이 장상이 되었다. 장상(將相)이라고 따로 씨가 있겠는가. 결국 때가 오면 누구나 할 수 있는 것이다. 우리들 노비만이 어찌 매질 밑에서 고역을 다하라는 법이 있겠는가. 우리는 최충헌 등 집정자를 죽이고 천적(賤籍)을 불태워 삼한에 천인을 없게 하면 공경장상은 우리들이 모두 할 수 있는 것이다.[1]

이처럼 천적을 불태우고 천인 신분을 없애자는 것이 노예들의 목적이었다. 그리고 집권자를 교체하여 장상이 되겠다는 것은 노예해방의 방편이었다. 그러나 만적과 노비들은 관군에게 포위되어 저항하다가 참살 당하고 말았다. 만적의 난은 실패했으나 그 뒤에도 노예 반란은 계속되었다.

1894년, 갑오개혁으로 법적인 노비 계급은 사라졌으나 모든 노비들이 자유를 얻은 것은 아니고, 실질적으로 사회 전반에서 사라진 건 한국전쟁 이후라는 게 일반적인 시각이다. 갑오개혁에서 문무, 반상(班常)의 구별을 폐지하는 신분 제도의 개혁이 이루어졌으나 실질적으로 사회적 평등이 이루어진 것은 훨씬 뒤였다.

---

1   변태섭, 만적란 발생의 사회적 소지, 『전통시대의 민중운동』, 상권, 풀빛, 1981, 34쪽.

3.
정신적 인권
_15~17세기

나의
정신적 인권

로댕의 〈생각하는 사람〉을 모르는 사람이 있을까? 적어도 자신을 호모 사피엔스, 즉 '인간은 생각하는 동물'이라고 생각하는 사람이라면 알 것이다. 그런데 인간의 생각은 어디까지 가능한 것일까? 아니 생각에 불가능이란 게 있을까? 생각 자체로는 생각하지 못할 게 없다. 그러나 그 생각을 표현하는 것은 다른 문제다. 아니, 생각 자체에 한계를 두면, 생각을 표현하지도 못할 것이다. 여기서 내가 '생각'에 대해 '생각해보'는 이유는 대한민국의 정신적 인권 수준이 '생각하는 것 자체에 한계를 두고 있다'고 느꼈기 때문이다.

내가 아홉 살 때 아버지가 교원노조 사건으로 감옥에 끌려갔는데, 그때부터 나는 나의 신체적인 인권 문제뿐만이 아니라 정신적 인권 문제까지 인지했던 것 같다. 그 무렵부터 비슷한 사건들에 관심을 가졌으니 말이다. 그런 탓인지 중학교 2학년이었던 1965년, '반공도덕' 수업 시간에 남북한 체제 모두 변하여 앞으로 남북한이 서로 같아져 통일을 이루게 될 것이라는 내용의 글을 썼다가 정신병원에 끌려간 적이 있다. 성년이었다면 반공법이나 국가보안법 위반으로 감옥에 끌려갔을지 모른다.

누구에게나 몇 번쯤 초등학교 시절에 일기 쓰기를 강요당하거나 일기를 검사 받거나 혹은 평가받은 적이 있을 것이다. 어려서부터 일기 쓰는 버릇을 들이면 나중에 좋은 글을 쓰게 된다는 미명 하에 그런 일들이 벌어진다. 그러나 처음부터 남에게 읽히고 게다가 평가까지 받아야 하는 일기란, 원래 내면의 은밀한 기록인 일기의 본래 뜻에 적합하지 않다. 강요한다고 해서 일기 쓰는 버릇이 생기는 것도 아니고, 그런 방법으로 훌륭한 글쓰기가 가능해지는 것도 아니다.

이러한 일기 쓰기의 강요와 검사나 평가가 중고등학생이나 대학생, 나아가 성인에게도 강요된다면 이를 참을 사람은 거의 없으리라. 가령 국가가 '일기 법'을 만들어 그것을 강요한다면 우리는 당장 헌법이나 국제인권법에서 말하는 인권, 즉 '사생활의 비밀의 자유(헌법 제17조)' 와 '양심의 자유(동 제19조)' 등에 위배된다고 할 수 있을 것이다.

그런데 그러한 인권이 초등학생에게는 인정되지 않는 것일까? 그렇지 않다. 초등학생만이 아니라 어떤 나이의 국민에게도 인권은 동등하게 인정된다. 그래서 2005년 4월, 국가인권위원회는 '일기 쓰기의 강요와 검사'가 인권을 침해할 우려가 크다는 이유에서 교육인적자원부 장관에게 이를 개선하도록 의견을 냈다. 비슷한 사례로 중고등 학생에 대한 두발과 복장의 규제 문제가 있다. 2005년 6월, 국가 인권위원회가 중고교의 두발 제한에 대해 인권 침해라고 했다. 과거에는 중고등학생만이 아니라 성인에게도 장발과 미니스커트가 규제되었다.

나는 고등학교에 다니면서 데모를 했다고 경찰에 처음 끌려갔고, 대학교에 다니면서는 수시로 경찰서 등에 끌려 다녔다. 나이 50이 넘어서는 명예훼손 혐의로 경찰과 검찰에서 3년 정도 조사를 받았다.

나는 양심적 병역거부를 하고 싶었지만 용기가 없어 군에 입대했다. 고등학교나 대학교에 다니면서 군사교련도 거부하고 싶었지만, 용기가 없어 그저 훈련을 받았다. 한국의 양심적 병역거부의 역사는 일제강점기부터 시작되었다. 1938년 최초로 구속된 사람은 '여호와의 증인' 신도 중 한 명이었고, 지금까지 수만 명의 양심적 병역거부자가 구속되었다.

나는 그동안 신문 잡지에 글을 쓰고 책도 여럿 썼지만 언제나 자기 검열에 스스로 시달려야 했다. 그러니 평생 온전한 생각으로 글을 써본 적이 없다. 사실 온전하게 독서를 해본 적도 없다. 읽어서는 안 되는 책들이 너무 많았다. 1983년 외국 유학을 결심한 것은 마음껏 책을 읽고 싶어서였다. 그러나 2년 뒤 귀국해서는 원래대로 돌아가야 했다.

1983년 일본에 유학했을 때, 재일교포들이 시달리는 가장 심각한 인권문제가 '지문날인제도'라는 것을 알았다. 그것은 지문날인을 강요당하지 않는 일본인과의 차별임은 물론 자기정보를 스스로 관리

할 수 있는 사생활의 자유와 신체의 자유를 침해하는 것이고, 적법
절차의 원칙과 무죄추정의 원칙, 과잉금지의 원칙 등을 위배하는 것
이었다. 한국의 지문날인제도는 1968년 박정희정권이 국민감시와 통
제를 목적으로 도입한 이후, 법률적 근거도 없이 지금껏 적용되었다.
주민등록법에는 지문날인을 단지 주민등록증에 수록할 내용으로
규정하고 있을 뿐, 열 손가락 지문을 '강제로' 날인하게 하는 법률적
근거는 없다. 더욱이 지문이 경찰청으로 넘어가 자료화돼 관리되고
있는 실정에 비춰볼 때, 지문날인제도는 국민을 잠재적 범죄자로 취
급하고 있는 것이나 다름없다.

우리 헌법의
정신적 인권

인간은 생각하고, 생각한 것을 말하거나 쓰는 '표현하는 존재'이고, 타인과 의사를 나누는 '대화하는 존재'이다. 이 모든 정신활동은 인간의 존엄과 가치를 뒷받침하는 기본적인 조건이다. 동시에 그것은 국민의 의사에 기초하는 민주주의의 기반이다. 인간의 정신활동은 끝없이 이어지는 것이므로 그 어느 하나가 정지되어서도 안 된다. 생각하는 것이 표현되어야 의미가 있는 것이며, 그 어느 경우에도 표현의 자유는 침해되어서는 안 된다.

정신적 인권은 양심의 자유(제19조)를 핵심으로 삼고 있다. 그리고 외부를 표현의 자유(제21조)가 둘러싸는 구조를 갖는데, 그 특수 영역으로 종교의 자유(제20조)와 학문 및 예술의 자유(제22조)를 보장하고 있다. 따라서 제20조와 제22조는 제19조와 제21조의 자유의 특수한 영역이다.

그러나 현행 헌법의 정신적 자유 조항 체계에는 문제가 많다. 무엇보다도 중요한 것은 양심의 자유와 함께 정신적 자유의 내부적 핵심인 '사상의 자유'가 규정돼 있지 않다는 점이다. 따라서 앞으로 사상의 자유가 명시돼야 한다.

인간의 정신활동으로는 종래 적극적인 측면만이 문제되었으나 이른바 정보화시대로 돌입하면서 모두가 표현의 능동자이자 수동자가 되었다. 또한 국가에 정보가 집중되고 보도기관이 거대화, 독점화되면서 시민의 '알 권리'가 새로운 정신적 인권으로 부각되었다. 그러나 우리 헌법의 정신적 인권에서 무엇보다 문제가 되는 것은, 그것을 극단적으로 제한하고 있는 '국가보안법'이다.

1. 양심의 자유

우리 헌법은 제19조 '양심의 자유'부터 정신적 인권을 규정한다. 양심(良心)이란 말은 한자어 자체로 뜻을 따지는 경우 '선량한 마음'이라는 의미이기 때문에 문제가 있다. 왜냐하면 헌법에서 말하는 양심의 자유는 내심의 '불량한 마음'도 포함하기 때문이다. 따라서 헌법상 인권으로 보장되는 것은 마음의 자유라고 할 수 있다.

그런데 우리 헌법에는 양심의 자유만이 규정되고 사상의 자유는 규정되어 있지 않다. 양심과 사상은 구별된다. 사상은 국어사전에서 "생각, 판단과 추리를 거쳐서 생긴 의식 내용, 통일 있는 판단의 체계, 사회와 인생에 대한 일정한 견해, 특히 정치적 사회적 견해"라고 풀이된다. 즉 양심이란 주로 도덕적 판단의 기초가 되는 윤리적 규범의식을 말하는 것이고, 사상이란 주로 개인의 정치적 판단의 기반이 되는 세계관적인 것의 사고방식을 말하는 것이므로 구별된다. 이러한 사상의 자유를 명시적으로 보장하지 않은 우리 헌법은, 입법례로서는 보기 드문 사례다. B규약 제18조도 양심과 함께 사상의 자유를 인정한다.

양심의 자유보다도 사상의 자유를 보장하는 것이 정신적 자유 보장에 있어 더욱 중요하다. 인류 역사나 우리 역사에 나타난 사상 탄압의 결과를 보라. 그 자체로 사상의 자유를 보장하는 것이 얼마나 중요한 일인지 보여주지 않는가? 사상의 자유를 명시적으로 헌법에 규정해야 한다고 강조하는 이유다. 제헌헌법 이래 사상의 자유를 명시하지 않은 것은, 그것을 보장하면 사회주의 사상을 갖는 사람들을 보호하게 된다는 우려 때문이었는지도 모른다. 그러나 사상의 자유는 우리에게 절실하다.

양심과 사상의 자유는, 특정한 양심과 사상을 국가가 강요하는 것을 금지한다. 따라서 '국가보안법'은 양심과 사상의 자유에 가장 근본적으로 상충한다. 양심과 사상의 자유는 국가만이 아니라, 기업과 노동자 관계에서도 보장돼야 한다. 가령 특정한 사상 경향을 갖는 기업이 아닌 한, 노동자의 사상을 이유로 고용을 거부한다면 이는 사상의 자유를 침해한 것이다. 학생운동을 한 경력이 있다는 이유로 채용을 거부한 경우도 마찬가지다.

양심과 사상을 가질 자유만으로는, 양심과 사상이 국가 등에 의해 침해될 우려가 있다. 따라서 '침묵의 자유'를 보장해야 한다. 침묵의 자유는 사상 조사처럼 '(어떤) 양심과 사상을 가졌는지 밝히라고 촉구하는 국가의 행위를 금지'하는 것이다. 예를 들어 대한민국에는 분단 이후 '특정 사상'에 대한 사회적 차별이 존재했다. 국가기관이 굳이 그 차별에 참가하지 않아도 사회 구성원들이 암암리에 어떤 사상을 가진 자에게 불이익을 부여하는 식이다. 하지만 국가는 이러한 부조리를 해결하기는커녕 도리어 특정 사상의 소유자임이 명백하게 드러나도록 강제해왔다.

사회주의자에게 전향을 강요하는 것은 사상의 고백을 강제하는 것으로 역시 위헌이다. 그러나 장기수에게 요구되는 '준법서약서제도[1]'는 한때 합헌으로 판시되었다. 미결수용자에게 신문 구독을 금지하는 것도 양심의 자유를 침해하는 것이나 역시 합헌으로 판시된다. 양심의 자유를 침해하는 규율이 합헌으로 인정되는 것이 참으로 개탄스럽다.

양심과 사상의 자유는 외부적 행위의 영역에서도 인정된다. 따라서 양심적 병역의무도 인정된다. 최근 우리나라 하급심에서는 양심의 자유가 입영을 거부할 수 있는 병역법상의 '정당한 사유'에 해당한다고 보고 양심적 병역 거부자에게 무죄를 선고해왔으나, 대법원은 양심의 자유가 국방의 의무에 우선할 수 없다는 이유에서 유죄를 선고했다.

---

1 사상 전향제도가 군부권위주의의 산물이라는 이유로 폐지하면서 대체된 제도로, 좌익수나 양심수가 준법서약서를 작성하면 가석방을 가능케 하는 제도이다. 그러나 이 역시 사상의 자유를 침해한다는 이유로 현재 폐지된 상태다.

또 사회주의자로서의 활동을 금지하는 것은 그것이 국가안전보장에 '명백하고 현존하는 위험'을 초래하는 경우에만 인정된다. 국가보안법 7조와 같이 애매한 규정으로 양심의 자유를 침해하는 것은 명백히 위헌이다.

마지막으로 양심의 자유는 그것에 의해 발생할 수 있는 다른 법적 의무와의 충돌로부터 해방될 자유를 포함한다. 예컨대 양심에 따른 병역과 군사비의 거부, 직무명령 거부, 계약 불이행 등의 문제이다. 그러나 헌법재판소는 전투경찰에 대한 시위진압명령은 양심의 자유를 침해하는 것이 아니라고 결정했다. 이것이 과연 정당한 판결인지 우리는 의심해봐야 한다.

2. 종교의 자유

헌법 제20조는 종교의 자유를 보장하고 정교분리의 원칙을 규정한다. 종교가 무엇이냐에 대해서는 여러 가지 논의가 있으나, 가능한 한 넓게 해석해야 한다. 특히 정통이냐 이단이냐 하는 것은 해당 종교 내부의 교리 문제일 뿐이므로, 정통이든 이단이든 사회나 개인에게 해악을 끼치지 않는 이상 모두 종교로 인정해야 한다.

종교의 자유는 내심의 신앙만이 아니라 종교적 행위를 할 자유, 같은 신앙을 갖는 자가 모여 종교적 행위를 하는 자유도 포함한다. 내심의 신앙에는 어떤 제한도 있을 수 없다. 종교적 행위의 자유에는 신앙고백의 자유, 종교적 의식과 집회의 자유, 종교의 전파와 교육의 자유, 종교적 결사의 자유 등이 포함된다.

종교교육을 위해 사립학교를 설립하여 자발적으로 입학한 학생을 상대로 특정 종교를 교육하는 것은 인정된다. 그러나 사립학교라고 해도 강제로 배정되어 입학한 경우, 특정 종교를 교육함은 그 학생의 종교의 자유, 사상과 양심의 자유, 사생활의 자유를 침해하는 것이다. 종교학교에 입학하는 것을 원하지 않는 학생을 종교학교에 강제로 배정함도 마찬가지다. 그 경우 부모가 원했다고 해도 마찬가지다.

3. 언론 출판의 자유

언론 출판의 자유는 '의사형성의 자유'와 '의사표현의 자유', 그리고 '보도의 자유'를 포함한다. 의사의 표현은 실명이든 익명이든 무관하다. 또 보도매체를 이용하여 자기의 입장을 밝히고 여론형성에 기여할 수 있는 액세스권도 언론 출판의 자유에 포함된다. 의사표현의 자유에서 그 표현 및 전달의 형식에는 제한이 없다.

언론 시설 등에 대한 제한에 대해 헌법 제21조 3항은 "통신 방송의 시설 기준과 시문의 기능을 보장하기 위하여 필요한 사항은 법률로 정한다"고 규정하는데 이는 언론 출판사의 무분별한 난립 등을 막는다는 이유로 1980년 헌법에 신설됐고 이는 언론 출판의 자유를 제한한 '정기간행물 등록에 관한 법률'의 근거규정으로 악용됐으므로 삭제함이 옳다.

헌법 제21조 4항은 "언론 출판이 타인의 명예나 권리 또는 공중도덕이나 사회윤리를 침해하여서는 아니 된다. 언론 출판이 타인의 명예나 권리를 침해한 때에는 피해자는 이에 대한 피해의 배상을 청구할 수 있다"고 규정한다. 이 조항은 1962년에 삽입된 것인데 그 추상적인 내용으로 인해 오남용이 우려되는 점에서 삭제함이 옳다.

국제인권규약 B규약 20조에는 전쟁선전 등의 금지 규정이 있으나 우리 헌법에는 없다. 규약의 내용은 "전쟁을 위한 어떤 선전도 법률에 의하여 금지된다. 차별, 정의 또는 폭력의 선동이 될 민족적, 인종적 또는 종교적 증오의 고취는 법률에 의하여 금지된다"는 것이다. 이는 평화적 인권과도 관련된다.

4. 집회와 결사의 자유

집회란 다수가 일정한 장소에서 공동목적을 가지고 회합하는 일시적 결합체를 말한다. 이를 구체적으로 규정하는 '집회 및 시위에 관한 법률'에는 사전신고의무(6, 7조), 야간집회 및 시위와 교통소통에 방해가 되는 집회 및 시위의 금지(10, 12조), 옥외집회의 시간과 장소의 제한(10, 11조), 집회 시위 장소의 경찰관의 자유로운 출입(17조) 등 명백히 위헌인 규정들이 포함되어 있다. 또한 도로교통법상의 집단행동 규제도 위헌이다.

국가보안법은 '반국가단체'를 처벌한다. 북한을 제외한 반국가단체에 대한 처벌은 결사권과 모순된다. 한국은 국제인권규약의 비준시 결사의 자유를 유보했으나 헌법상 문제는 여전히 남아 있다. 독일에도 이런 종류의 결사금지법이 있다. 그러나 그 금지의 형량이 1년 이하에 그친다는 점에서 한국의 국가보안법과는 비교가 안 된다. 게다가 그 사례는 대부분 신나치적 결사를 대상으로 한 것들이다.

선거법은 국회의원 선거에 있어서, 지역선거구에서 5명 이상의 당선자를 냈거나 유효투표 총수의 5% 이상을 득표한 정당에게만 전국구 의석배분에 참여하게 하고 있다. 이를 기회균등에 어긋나지 않는다고 보는 견해가 있으나, 이는 선거에 참여하는 정당의 권리를 부당하게 제한하는 것이므로 위헌이다.

5. 학문과 예술의 자유

우리 헌법은 제22조에서 학문과 예술의 자유를 보장한다. 학문의 자유에는 연구의 자유, 학술활동의 자유(교수의 자유, 연구결과 발표의 자유, 학술적 집회와 결사의 자유), 대학의 자유(인사의 자치, 관리와 재정의 자치, 학사의 자치)가 포함된다.

헌법 22조는 학문연구인 진리탐구와 그 발표의 자유를 국가가 보장해야 한다는 것이 중요한 내용임에도 현행법에서는 형법이나 국가보안법 등을 이유로, 연구의 자유를 제한하는 것을 합헌이라고 보는 경향이 있다. 그러나 이는 부당하다. 대학에서만 교수의 자유가 보장되고 초중고교의 교사에게는 인정되지 않는다는 것도 문제다.

6. 교육을 받을 인권

헌법 제31조 1항에서 모든 국민이 교육을 받을 인권이 보장된다. 즉 "모든 국민은 능력에 따라 균등하게 교육을 받을 권리를 가진다." 헌법에서는 그 교육의 목표에 대해 규정하지 않으나 A규약 13조는 "교육이 인격과 인격의 존엄성에 대한 의식이 완전히 발전되는 방향으로 나아가야 하며, 교육이 인권과 기본적 자유를 더욱 존중하여야 한다.""교육에 의해 모든 사람이 자유 사회에 효율적으로 참여하며, 민족 간에 있어서나 모든 인종적, 종족적 또는 종교적 집단 간에 있어서 이해, 관용 및 친선을 증진시키고, 평화유지를 위한 국제연합의 활동을 증진시킬 수 있도록 하는 것"이라고 규정한다. 즉 교육의 목표가 인권과 참여 및 평화라는 기본원리를 규정한 것이다.

교육권은 먼저 자유권적 성격을 갖는다. 이는 어떤 방해도 받지 않고 교육을 받을 자유(교육시설에 접근하는 자유), 합리적인 이유 없이 정학이나 퇴학을 당하지 않을 자유, 취학이나 출석을 거부할 수 있는 자유, 전체주의 교육 등 현저히 부적절한 내용의 교육을 받지 않을 자유 등을 포함한다.

이는 교육의 내용과 방법에 대해 부모나 교사와 같은 국민이 결정권을 갖는가, 아니면 국가가 교육의 내용과 방법에 대해 개입할 수 있는가의 문제다. 즉 국민의 교육권이냐 국가의 교육권이냐 하는 문제인데 헌법상 국가의 교육권은 인정될 수 없다고 보아야 교육권의 자유권적 성격의 이해와 일치한다.

교육권은 사회권적 성격도 갖는다. 교육조건의 정비와 충실을 국가에 요구할 수 있는 권리를 교육권에 포함하는 것이다. 이는 국가의 권한이 교육조건을 정비하고 이를 충실하게 만드는 데 한정돼야 함을 뜻한다. 일반적으로 한국에서는 '교육조건 정비와 충실'을 일종의 프로그램으로 보는 견해가 있지만, 이는 구체적 권리로서 인정해야 한다. 그래야만 헌법 제31조 3항의 무상의무교육 조항이 국가의 조건정비 의무의 내용을 헌법상 명시한 것으로 이해될 수 있다.

헌법 제31조 2, 3항에서는 '적어도 초등교육과 법률이 정하는 교육'인 '의무교육은 무상으로 한다'고 하여 교육권을 최저한으로 보장하는 것에 그치고 있다. 게다가 현재 초등학교와 중학교 교육이 의무교육으로 되어 있지만, 중학교 교육의 경우 완전한 무상교육이 아니다. 이를 위헌으로 볼 수도 있겠으나, 헌법재판소는 위헌이 아니라고 하여[1] 문제다. 앞으로는 당연히 중학교 교육도 완전 무상이 되어야 한다. 또 A규약이 규정하듯이 고등학교나 대학교도 점진적인 무상으로 나아가야 한다.

헌법 제31조 4항은 "교육의 자주성, 전문성, 정치적 중립성 및 대학의 자율성은 법률이 정하는 바에 의하여 보장된다"고 규정하고 있다. 교육의 인권 문제에서 핵심은 헌법 제31조 4항이 규정하는 교육의 '자주성·전문성·정치적 중립성'에 있다고 해도 과언이 아니다. 이는 그 뒤에 나오는 대학의 '자율성'과 구분되어 있으나, '자주성'과 '자율성'의 차이는 불분명하다. 여하튼 교육의 '자주성' '자율성'이란 교육의 '자유'와 '자치'를 말한다.

여기서 특히 국가가 획일적으로 교육 내용을 정하는 국정 교과서 제도는 교육의 '자주성'에 어긋나는 것인데도, 헌법재판소는 이를 합헌이라고 판단한다. 외국에는 국정 교과서란 것이 아예 존재하지 않는다. 출판사가 다양한 교과서를 만들면 학교 측에서 재량껏 선

---

1   헌재 1991.2.11, 90헌가27.

택한다. 또한 초중고 학교나 대학에서의 교육 방법이 기본적으로 다르지 않다. 우리도 그렇게 바뀌어야 한다.

헌법 제31조 1항에 근거하여 국가에 대해 교육제도를 충실하게 하여 적절한 교육을 받을 수 있도록 정비할 의무가 부과된다. 그래서 헌법 제31조 5항은 "국가는 평생교육을 진흥해야 한다"고 한 뒤 동 6항은 "학교 교육 및 평생교육을 포함한 교육 제도와 그 운용, 교육 재정 및 교원의 지위에 관한 기본적인 사항은 법률로 정한다"고 규정하고 있다.

15~17세기의
세계적 인권 유린

우리가 흔히 읽는 세계사는 16세기 이후의 세계사를 유럽 중심으로 서술하는 것이지만, 적어도 그 전반기인 18세기까지의 세계에서 유럽은 중심이 아니었다. 도리어 이슬람권, 인도의 무굴 제국, 중국 제국이 중심이었다. 각각은 이슬람교, 힌두교, 유교 등에 의해 제한적이나마 자유를 추구했다. 우리는 그 어느 것에 대해서도 우열을 말할 수 없다. 특히 서양 기독교와 비교하면 더욱 그렇다. 가령 16세기 인도의 아크바르(Akbar, 1542~1605) 황제는 출신에 관계없이 인재를 등용했고, 종교의 자유를 인정했으며, 노예제를 비롯한 비인도적인 풍습을 금지했고, 예술을 사랑하고 학문을 보호했다. 그리고 그 후계자들은 반세기 이상 힌두교와 이슬람 문화를 융화시키고자 노력했다.

15~17세기는 서양 근현대의 시작이라고 한다. 종래 서양의 15~17세

기는 르네상스와 종교개혁의 시대로서 '인간의 자유', '개인의 자유'가 강조된 시대로 이해되었다. 르네상스와 종교개혁과 함께 16세기는 소위 '지리상의 발견'의 시대라고 한다. 그러나 이 시대에 제국주의가 발생했다. 이 시대에 가장 중요했던 점은 비서양 세계의 자유에 대한 침탈이 세계적으로 이루어졌다는 것이다. 그런 점에서 이 시대는 고대 그리스 로마 제국주의의 부활이었다.[1] 그러니 이는 '비서양 세계에 대한 인권 침탈'의 시대라고 바꿔 부르는 것이 옳다. 여기서도 고대 그리스 이래 '특별하게 우월한 인민'을 자처하는 백인의 인권만이 인권이고 나머지 비백인은 인권을 가질 수 없는 노예라고 보는 전통이 이어졌다.

영국 제국은 12세기의 아일랜드를 비롯한 소위 켈트 변경의 지배 확대, 그리고 그 지배에 따른 인종 우월 의식과 문명화의 사명 등 이데올로기의 생성에서 시작되었다.[2] 그리고 16세기부터 식민지 착취가 본격적으로 이루어졌고 17세기에는 더욱 광범하게 전개되었다. 이는 앞서 우리가 살펴본 그리스 로마와 중세의 전통에 근거한 것이다. 과거부터 쌓아올린 비백인 노예화는 18세기 이후 더욱 강화되는 제국주의 침략의 근거가 되었다. 르네상스 지식인 중 지극히 일부, 라스카사스(Bartolomé de Las Casas, 1474~1566) 신부처럼 식민지 착취에 반대하는 견해를 볼 수 있지만 그 역시 아프리카인을 노예로 만드

---

1   이러한 관점에서의 르네상스관은 박홍규, 『인간시대 르네상스』, 필맥, 2009 참조.

2   D. Armitage, *The Ideological Origines of the British Empire*, Cambridge University Press, 2000, pp. 6-7.

다양한 종교의 집회를 허락하는 아크바르 황제

는 것에는 찬성했다.

16세기 서양이 비서양 세계를 침략했을 때, 비서양 세계는 국가도 사적 소유도 없는 원시적 자유의 상태였으나 서양 사람들은 비서양 사람들을 노예로 만들었다. 최초의 서양인 침략자인 콜럼버스는 최초의 원주민들을 보고 "그들은 좋은 노예가 될 것이었다. 우리는 50명의 병사만으로 그들을 정복하여 마음대로 부릴 수 있었다"라고 했다.[1] 이어 콜럼버스의 아들은 말했다. "아버님은 섬사람 몇 명을 포로로 만들라고 명령하셨다. …그래서 기독교인들은 12명의 [원주민] 남자와 여자, 아이를 붙잡았다." 그러나 당연히 저항하는 원주민도 있었다. 그들을 콜럼버스는 '식인종'이라고 부르며 무력 진압이 필요하다고 주장했다.[2] 여기서 노예화를 위한 식인종 신화가 날조됐고 이는 20세기까지 이어졌다.

물론 콜럼버스의 원래 목표는 원주민을 노예로 만드는 것이 아니라 황금을 발견하는 것이었다. 원주민 노예화는 그 일환이었다. 콜럼버스는 지금의 아이티 땅에 요새와 교수대를 갖춘 일곱 개의 정착촌을 건설한 뒤 14세 이상의 모든 인디언들에게 황금을 바치도록 강제하고 이를 어기면 두 손을 잘라 출혈로 죽을 때까지 방치했다. 그러나 황금의 확보가 어려워지자 그는 노예장사를 하고자 1492년 최초 항해 시에 그를 최초로 환대했던 1,600명의 타이노족을 2년 뒤에 붙잡아 그중 550명을 스페인으로 보냈다. 이어 콜럼버스는 식민

---

1   하워드 진·레베카 스테포프, 김영진 옮김, 『살아 있는 미국 역사』, 추수밭, 2008, 17-17쪽 재인용.
2   크리스 하먼, 위의 책, 224쪽 재인용.

지 정착민에게 인디언을 강제로 노동시키게 한 엥코미엔다 제도를 확립했다. 그 결과 당시 아이티에 살았던 25만 명의 인디언이 20년 뒤에 약 2만 7천 명으로 줄어들었고 다시 30년 뒤에는 2백 명만이 남았다.

이러한 콜럼버스의 원주민 노예화를 시작으로 400년 이상 원주민의 자유를 박탈하는 만행이 이어졌고 원주민의 나라들도 무참하게 파괴되었다. 여기에 기독교가 가세했다. 가령 1530년 스페인 군대가 남미를 침략했을 때 동행한 수도사는 원주민들에게 교황이 그 지역을 스페인에게 할당했기 때문에 기독교로 개종하고 스페인 국왕에게 공물을 바치라고 요구했다. 원주민들이 자기 소유물도 아닌 나라를 남에게 나누어준다는 교황의 주장을 부당하다고 반박하고 그런 요구를 거절하며 성경을 내던졌다. 그러자 수도사는 군대에 공격을 명령하면서 그들의 죄를 용서하겠다고 했다. 그 결과 원주민이 1만 명 이상 죽었고 스페인 군대는 황금을 뺏은 뒤 인디언 황제를 처형했다. 죄목은 일부다처제를 이유로 한 간통과 중혼, 우상 숭배, 스페인에 대한 반란 선동이었다. 이러한 만행은 그 뒤에도 이어졌다. 엥코미엔다는 인디언 남자들에게 1년 9개월 스페인인을 위해 일해야 한다는 스페인 법에 의해 시행되었고 이를 위반하면 처자식은 노예가 되고 재산을 몰수당했다.[1]

---

1   앞의 책, 231-232쪽 재인용.

콜롬버스와 자메이카인들

콜롬버스의 침략은 스페인 국왕의 지원 하에 이루어졌고 그 뒤의 침략도 마찬가지였다. 그러나 여기서 국왕의 국가라는 개념은 오늘날 우리가 사용하는 그것과는 달리 영토도 주민도 주권도 확정되지 않은 지극히 애매한 것이었음에 주의할 필요가 있다. 스페인만이 아니라 중세 유럽 전역이 그러했다. 그러나 이는 스페인이 남미를 정복할 무렵부터 변했다. 즉 국왕이 대영주들을 제압하고 권력을 강화하고 일정한 국경 속에 국가를 구축하고 상업을 확장했다. 스페인 국왕이 콜롬버스를 지원한 것도 그 일환이었다.

그 과정에서 국왕들은 갖은 음모, 살인, 납치, 고문 등의 인권 침해를 자행했다. 특히 스페인은 그 전의 이슬람 왕국과 달리 종교 재판을 이용해 기독교로 개종하거나 스페인에서 떠나는 것을 거부한 이슬람 사람들과 유대인 등을 무참하게 살해했고 17세기 초에는 이슬람 사람들과 유대인들을 완전히 추방했다. 영국과 프랑스에서도 마찬가지의 만행이 이어졌다. 농촌에서 추방된 농민들은 범죄자로 처벌되고 강제 노동에 처해졌다.

이러한 변화의 저변에는 기술과 경제의 변화가 있었다. 먼저 중세 말부터 기술의 변화가 두드러졌다. 중국에서 온 나침반 없이 콜럼버스의 항해는 불가능했다. 인쇄기의 발명은 르네상스와 종교개혁을 낳았다. 또한 시장이 발달했다. 항해는 물론 군대를 확보하기 위해서도 거액의 돈이 필요했다. 도시와 농촌에 돈벌이 열풍이 불었다. 콜럼버스를 비롯한 침략자들의 황금욕은 그 단적인 표현이었다. 교회도 황금으로 타락했다. 바야흐로 돈이 지배하는 시대가 된 것이다.

종교개혁과
인권투쟁

흔히 종교개혁에 의한 종교의 자유를 근대적 인권의 시초로 인정하지만 이는 앞에서 본 세계적 차원의 인권 유린 속에서 서구에서 이루어진 것에 불과한 것임을 주의해야 한다. 18세기 말에 터진 프랑스 혁명 이전의 서구는 종교에 의해 지배되었다. 가톨릭교회는 서구를 1000년 동안이나 지배했다. 고위 성직자에 대한 저항은 철저히 억압되었고 이단자나 이교도로 몰려 죽음을 면치 못했다.

이에 대한 저항으로서의 종교개혁도 르네상스와 마찬가지로 자치도시를 기반으로 발생했다. 프로테스탄티즘, 특히 독일과 스위스의 그것은 도시에서 발생했다. 이탈리아 도시와 같이 그 도시들에서도 1인의 지배자가 없이 시민의 자치로 통치되었고 그 밖의 점에서도 유사했다. 그러나 이탈리아 도시와 달리 그 도시에서는 종교가 강조되었다. 즉 도시를 복음이 지배하는 성스러운 공동체이자 집단적 구제의 도구로 생각했다. 그래서 종교개혁 이전부터 도시에서는 철저한 기독교 윤리가 강요되었다.

정치적 자유의 배경이 된 문화적 변화는 이탈리아 도시와 같이 급격하지는 않았어도 독일과 스위스의 도시에도 나타났다. 이는 특히 교회의 권위에 대한 도전에 집중되었다. 그 상징적 인물인 에라스무스(Desiderius Erasmus, 1466?~1536)는 이탈리아 휴머니스트들과 마찬가지로 전통 문화를 파괴하고 자유를 사랑하는 태도를 전파했다. 당시의 스콜라 신학을 거부한 그는 『우신예찬(愚神禮讚)Encomium Moriae(Laus Stultitae)』(1511)에서 기독교는 속세의 지혜일 수 없고, 더욱 개인적이고 내면적인 마음의 종교라고 주장했다.

그는 뒤에 등장할 루터나 칼뱅과 달리 종교적 관용을 주장했다. 그를 이은 세르베투스(Michael Servetus, 1511~1553)는 기독교 이단은 물론 유대교와 이슬람교에 대해서도 관용을 주장했으나 칼뱅에 의해 이단으로 처형되었다. 재세례파도 관용을 주장했다. 후브마이에(Balthasar Hubmaier, 1480~1528)는 1524년 완전 관용을 주장한 유럽 최초의 글을 썼으나 1528년 화형에 처해졌다.

반면 종교개혁을 시작한 사람으로 칭송되는 루터(Martin Luther, 1483~1546)의 경우 자유에 대한 태도는 복잡했다. 그가 기독교인의 자유를 자발적 선에서 찾고 권위주의적인 교황제를 비판한 것은 분명하지만, 영적 세계와 속세를 철저히 구별해 기독교인으로 하여금 권위주의적인 정부에 복종시키고 정치적 자유와 적대했다. 칼뱅(Jean Calvin, 1509~1564)도 대중에게 순종하라고 가르쳤다. 지배자와 피지

루터

칼뱅

배자로 구분된 사회 질서는 신의 섭리이고 원죄를 갖는 인간에게 그런 질서가 필연이라고 했다. 따라서 루터나 칼뱅은 어떤 의미에서도 자유주의자가 아니었다.[1] 루터가 신과 인간의 직접적 관계를 인정한 것이 신앙의 자유를 인정하게 하는 계기가 되었고 기독교인의 자유라고 하는 루터의 교리는 자유의 역사의 기초가 되는 개인과 개인적 경험의 가치 향상에 크게 기여했음은 분명하지만 그 자체가 신앙의 자유를 비롯한 자유를 주장한 것이 아니었다.

기독교인의 자유라고 하는 루터의 교리는 율법에 대한 복종에 기

---

1 루터가 뮌저에게도 자유롭게 설교할 수 있게 해야 한다고 주장한 것을 이유로 '확실한 자유주의'와 '관용의 시대'를 주장했다고 보는 견해가 있으나(강정인 외, 153쪽) 루터는 뮌저를 처벌하라고 요구하여 그를 사형에 처하게 했다. 그는 가톨릭만이 아니라 기독교의 이단이나 기독교 외의 이교에 대해서도 가혹했다. 유대인은 팔레스타인으로 추방해야 하고 그렇지 못하면 유대인 교회인 시나고그를 불태워 유대교를 금지시켜야 한다고 주장했다. 적어도 루터를 일반적인 의미의 자유주의자로 보기는 어렵다.

인하고 공포와 이기심에서 나오는 외적 미덕에 불과한 것과, 자유롭게 기쁨에 찬 자발적 선이라는 신앙의 과실을 구별하는 것에 근거했다. 루터에 의하면 그 자유란 율법에 의해 강제되는 것이 아니라 선행에 의해 얻어지는 즐거움에서 나오고 바르게 사는 것에 있으며, 따라서 이는 영적 자유이며, 신앙은 자기애로부터 인간을 해방하는 신을 진심으로 신뢰하는 것을 뜻했다. 루터는 그 밖의 모든 자유는 인간을 자기 불안의 노예로 만들 뿐이라고 보았다. 이처럼 칼뱅과 루터는 자유를 불신했지만, 평등은 믿었다. 루터가 말한 기독교인의 자유는 '개인적인 것이고 개인이 도달할 수 있는 것'이라는 의미에서 정치적이거나 종교적인 지배를 정당화하기 위해 사용되는 계층제도를 전복했다. 그의 '만인사제설'도 인간의 평등을 주장한 것이었고 모든 직업과 지위가 신에 의해 부여되었다고 본 그의 교리도 모든 직업의 평등을 주장한 것이었으며, 이에 근거하여 그는 정치적 권위를 존중했다.

칼뱅도 적절히 행사되도록 질서 있고 지속 가능하게 정착한 자유를 인정했고, 이를 실현한 정치가 가장 행복한 것이며 이를 누리는 인민이 가장 행복하다고 보았다. 그는 인간의 종속은 사회 질서의 유지에 유효하다고 보면서도 계층제에 유래하는 권위가 사물의 본질이라고 본 전통적 사상을 거부했다. 그도 루터처럼 인간 평등을 믿었고 하층민이 더욱 도덕적이라고 주장하기도 했다. 나아가 그는 학문이나 예술만이 아니라 인간이 이룬 모든 것을 찬양했다.

칼뱅은 마키아벨리와 달리 권력이 특정인에게 집중된 로마 제국

같은 거대 제국을 혐오했고, 시민이 통치하는 공화국이 최선이라고 주장하면서도 마키아벨리처럼 혼합정(그러나 마키아벨리와 달리 군주정의 요소는 제외했다)을 선호했으며 전제정을 비난했다. 그는 개인의 저항권은 인정하지 않았지만 권력을 위임받은 위정자가 권력을 행사하는 것은 인정했다. 또한 신도들에 대한 신앙 훈련의 강제를 요구하고, 세속 지배자들에게 종교적 의무를 부과했다. 이는 신앙의 강제이자 도덕의 강제와 감시까지 요구한 것이었다. 그는 국가가 교회에 복종하고 위정자는 목사에게 복종해야 한다고도 요구했다. 그는 이를 성직자로 구성된 장로회를 통해 강요하고 성직자들에게 신도의 행동과 신앙을 감시하며 훈련시키게 했으며, 위반자를 파문했다. 그러나 그는 신 앞의 남녀평등을 주장하고 여성의 종교교육을 강조했다. 또한 간통 시에 여성만을 처벌하는 것에 반대했다. 이처럼 칼뱅의 교리는 이중적이었다. 그는 공화주의를 신봉하면서도 신을 절대 군주로 보았다. 이를 보여주는 그의 '예정론'은 신이 자의적으로 구제 또는 파멸을 선택한다는 것이었다.[1]

칼뱅과 루터는 사회 투쟁을 말하지 않았으나 그들의 교리는 사회

---

1   막스 베버가 『프로테스탄트 윤리와 자본주의 정신』에서 프로테스탄트 윤리, 특히 칼뱅의 윤리가 검소하고 절약하는 자본주의적 인간형을 만들어 자본주의 발전에 크게 기여했다고 했다. 그러나 자본주의는 그런 종교적 윤리에 의해서만 발전된 것이 아니라 다른 비종교적 요소에 의했다고 봄이 오늘의 일반적인 견해다. 루터가 모든 직업을 신의 소명으로 보았고 상업의 비도덕성을 강조한 반면 칼뱅이 루터의 직업 소명성을 더욱 철저히 하고 상공업과 이자 및 사유재산제를 옹호하며 부의 편재와 소유의 불평등을 신의 섭리로 본 것은 사실이다. 이는 당시 일부 재세례파의 공유제 주장과 대립되었다. 그러나 재산에 대한 칼뱅의 생각은 앞에서 본 그의 다른 생각과 마찬가지로 이중적이었다. 즉 베버가 말한 측면과 함께 칼뱅은 노동과 이익을 개인의 것으로만 보지 않고 자신을 위한 최소한 외에는 사회를 위해 사용해야 하며 교회 수입의 절반 이상을 빈민의 몫으로 삼아야 한다고도 주장했다.

투쟁을 촉발했다. 먼저 도시 중산층이 궐기했다. 루터나 칼뱅은 그들을 믿지 않았으나 경제적으로 어려웠던 그들은 종교개혁에 앞장섰다. 지배층은 성직자들을 시민 기구로 흡수하고 의회를 통한 적당한 개혁으로 그들의 요구를 억제했다.

그러나 뒤이어 격렬한 농민전쟁이 터져 수도원을 약탈하고 성을 습격했으며 도시를 정복했다. 그들은 지역공동체의 독자적인 사제 임명권, 십일조 사용 방법의 결정권, 농노제 폐지, 영주에게 바치는 부과금 폐지, 공유지의 잠식 중단, 자의적인 재판 금지 등을 요구했다. 이는 그다지 혁명적인 요구가 아니었으나 영주 계급은 군대를 동원해 10만 명 이상의 농민을 살해했다. 루터를 포함한 종교개혁가들도 대부분 영주 편에 붙어서 폭도들의 자유를 축소하라고 했다. 유일한 예외는 토마스 뮌저(Thomas Müntzer, 1489~1525)였는데, 그는 다음과 같이 말했다.

가난한 사람들을 곤궁에서 구제할 사람이 아무도 없다는 사실이야말로 이 땅에서 가장 혐오스러운 일이다. …모든 고리대금업자, 도둑, 강도 중에서 우리의 국왕과 지배자들은 그야말로 최악이다. …그들은 가난한 농부들과 수공업자들을 억압한다. …이 가난한 사람들은 사소한 법률을 하나만 어겨도 그 대가를 치러야만 한다. 이 모든 것에 대해서 거짓말 박사는 그저 이렇게 말한다. '아멘.'[1]

---

1 하먼, 위의 책, 256쪽 재인용.

위에서 거짓말 박사란 루터를 말했다. 뮌처는 결국 28세의 나이로 참수 당했고 반란은 분쇄됐으며 농민들은 농노로 되돌아갔다. 그 결과 제후들은 종교개혁을 가톨릭 황제에 저항하는 무기로 삼았고 동시에 피착취 계급을 지배하는 수단으로 삼게 되었다. 이는 기독교 가 최초에 로마 제국의 위기에 반발해 나타났다가 제국의 이데올로 기로 변한 것과 같았다. 독일의 경험은 30년 뒤 프랑스에서도 그대 로 나타났다.

종교개혁으로 인한 개신교와 가톨릭의 갈등은 16세기 말부터 17세 기 전반까지 유럽 전역의 종교전쟁으로 확대되었고 이는 1648년 베 스트팔렌 조약(Peace of Westphalia)으로 일단락되었다. 흔히 이 조약에 의해 종교의 자유가 인정되었다고 하지만 일반적인 의미에서 종교의 자유가 인정된 것이 아니라 종교적 망명의 권리를 인정한 것에 불과 했다. 베스트팔렌 조약은 최초의 근대적인 외교 회의를 통해 나온 것으로, 국가 주권 개념에 기반을 둔 새로운 질서를 중부 유럽에 세 웠다. 베스트팔렌 평화회의를 '국제법의 출발점', 베스트팔렌 조약을 '근대 외교조약의 효시'라고 하며 그 원인이었던 30년 전쟁을 '최초 의 국제전쟁'이라고 부른다.

종교분쟁으로 일어난 30년전쟁의 비참함을 묘사한 프랑스 화가 자크 칼로의 그림.

베스트팔렌조약을 비준하는 대표자들

17세기
영국의 인권투쟁

유럽 전체에서 영국은 16세기까지 후진국이었으나 1500~1650년 사이에 인구가 두 배로 늘어나고 섬유업의 생산이 급증하면서 서서히 발전했다. 그러나 그 전까지의 사회 구조는 변하지 않았다. 1628년 영국 하원은 "자유민이란 자기의 기본 재산을 갖고 신분상 기본 자유를 갖는다"고 했으나 그 자유민에는 여성, 하인과 도제, 임금노동자, 노예 등은 제외되었으므로 극소수의 성인 남성에 불과했다. 따라서 고대 그리스 이래의 전통적인 재산을 가진 자를 중심으로 한 사회 구조는 변하지 않았다. 이는 네덜란드에서도 마찬가지였다.

따라서 그로티우스나 홉스나 로크가 말한 인간이나 사람, 백성이나 시민이란 플라톤이나 아리스토텔레스가 말한 그것과 크게 다른 것이 아니었다. 물론 상업과 재산에 대한 인식은 변했다. 플라톤 이래, 학자들은 상업을 경멸했지만, 1604년 영국 하원은 모든 백성에

게 토지의 자유 상속처럼 자유로운 상업 활동도 허용되어야 한다고
주장했다.

상업 활동이 자유로워진 가운데, 1608년 제1차 인클로저 법이 통
과되어 중세에 전통적으로 인정되었던 공동 경작지가 부유한 농민
들의 수중에 들어갔다. 가난한 대부분의 농민들은 농촌에서 쫓겨나
도시로 이동해 빈익빈 부익부가 나타났다. 결국 부유한 소수 지주와
상인들이 하원을 지배했다.

당시 하원은 이러한 사상을 가진 소지주와 상인들이 지배하면서
전통적인 지배계급인 국왕과 귀족과 소지주(젠트리, gentry)와 국교회
가 장악한 상원과 대립했다. 국왕을 중심으로 여전히 봉건적인 착취
자로서 이해관계를 함께 한 지배세력과 하원은 17세기에 접어들어
충돌했다. 하원의 통제를 받지 않는 새로운 세금 등을 국왕이 만들
었기 때문이다. 이에 하원이 반대하자 국왕은 반대파를 처벌하기 위
한 특별 법원을 만들어 하원 없이 통치했고 교회가 국왕 편을 들었
다. 그 결과 두 차례의 내란이 터지고 청교도 크롬웰(Oliver Cromwell,
1599~1658)을 중심으로 한 하원 세력이 결국은 승리했다.

이를 1640년대의 영국혁명 또는 청교도혁명이라고 한다. 그러나
이를 과연 '혁명'이라고 부를 만큼 근본적인 변화로 볼 수 있는가에
대해서는 의문이 있다. 그 혁명이란 지배 계급의 주도권을 국왕이
쥐느냐 하원이 쥐느냐의 권력 다툼에 불과했기 때문이다. 가령 당시
밀턴 같은 사람이 언론의 자유를 주장하고 지상 천국의 유토피아로
공화정을 찬양한 것이 사실이지만, 아래에서 보듯 그가 말한 언론

올리버 크롬웰

군대를 이끄는 올리버 크롬웰

자유란 당대 개신교의 반대 세력인 가톨릭을 철저히 배제했다. 공화정도 가톨릭과 결탁된 국왕에 반대하기 위한 것이었다.

크롬웰은 홉스가 말한 자연권으로서의 생명권은 재산권과 다르다고 보았으나 수평파(Levellers)는 재산권도 생명권과 마찬가지로 신성하다고 주장했다. 또 크롬웰은 토지에서 나온 재산이 있는 사람만이 투표권이 있다고 보았으나, 수평파는 하인이나 걸인이 아닌 모든 사람에게 투표권이 허용되어야 한다고 주장했다.

반면 윈스턴리(Gerrard Winstanley, 1609~1676)를 비롯한 빈곤한 농민 중심의 디거스(Diggers; 땅 파는 사람들) 파는 재산을 얻기 위한 자유 경쟁은 결국 모든 사람과 세계를 분열시키고 전쟁과 유혈의 원인이 된다고 비판하고 재산공유제와 극빈층의 토지 경작권과 함께 법적·정치적 민주주의를 요구했다. 그들은 다음과 같이 주장했다.

> 그 누구도 다른 사람 위에 군림하는 영주나 지주가 될 수 없으며, 대지는 인류의 모든 아들딸들이 자유로이 살도록 개방되어 있다.[1]

나아가 디거스 파는 국교회의 폐지도 요구했다. 그러나 디거스 파의 운동은 지주와 정부의 탄압에 의해 1650년에 끝났다. 모든 사람의 자유와 평등을 향한 그들의 노력은 유산계급의 정치적 성장으로 인해 완전히 무산되었다. 이는 영국혁명의 부르주아적 한계를 명백

---

1 세이빈, 하권, 635쪽 재인용.

히 보여준 것이었다.

17세기는 또한 영국이 해외에 식민지를 건설하고 무역로를 확대한 시기이기도 했다. 노예무역을 포함한 당시의 무역 상인들도 국왕파와 의회파로 나누어졌다. 가령 홉스는 국왕파, 밀턴은 의회파에 속했다.

17세기 영국의 인권문서
_권리청원, 인신보호법, 권리장전

앞에서 본 마그나카르타 이후 영국에서는 문서로 인권을 보장하는 역사가 정착되었다. 17세기 영국의 인권문서로는 권리청원, 인신보호법 및 권리장전이 있다. 권리청원(Petition of Rights)은 1628년 영국의회가 찰스 1세의 승인을 얻은 국민의 인권에 관한 선언이다. 1625년 즉위한 찰스 1세가 프랑스 및 에스파냐와의 잦은 전쟁으로 그 비용을 강제 기부나 상납금 등에 의존하는 악정을 펼쳐 국내의 불만이 고조되자 하원의원 에드워드 코크(Edward Coke, 1552~1634) 등이 중심이 되어 국왕에게 청원 형식으로 국민의 자유를 보장하기 위한 권리선언을 한 것이다. 세계 최초로 법치주의 또는 법의 지배를 주장한 에드워드 코크는, 재판관으로서 군주의 권력에 맞선 최초의 사례를 남겼으며, '보통법의 수호자'라고 불린다.

권리청원의 내용은 누구도 함부로 체포되거나 구금될 수 없고, 국민의 군법에 의한 재판을 금지하고, 군대가 민가에 강제 투숙할 수 없으며, 의회의 동의 없이는 강제 기부나 과세 및 증여 등을 부과하지 않을 것 등이다. 특별세 승인을 필요로 한 찰스 1세는 마지못해 이를 재가했으나, 1629년에 의회를 해산시킨 뒤 11년간 의회를 소집하지 않고 전제정치를 단행하여 청교도 혁명의 원인을 제공했다.

1679년의 인신보호법은 '헤이비어스 코퍼스 법'이라고 한다. 헤이비어스 코퍼스(habeas corpus)란 '몸을 데려와야 한다'는 뜻으로 타인의 몸을 구속하는 자에게 피구속자를 법원이나 법관 앞에 데려오라는 명령이나 그 명령 영장을 가리킨다. 법원이나 법관은 구속의 사유를 듣고 석방 여부를 결정한다. 이는 앞에서 본 마그나카르타 제39조의 영향을 직접 받은 것이었다.

인신보호법이 제정되고 10년 뒤에 나온 권리장전(Bill of Rights)은 명예혁명의 결과에 의한 인권선언의 성격을 띤 것으로, 청교도혁명과 관련된 인권선언인 권리청원과 구별된다. 권리장전은 영국의 국가제도를 규정한 마그나카르타 및 권리청원과 함께 헌정사상 가장 중요한 의미를 가지는 의회 제정법이다. 명예혁명이 일어난 다음해인 1689년, 영국 의회가 윌리엄 3세에게 즉위의 조건으로서 승인시킨 권리선언이다. 영국 국왕의 존재를 절대 전제군주로 규정하고, 국왕에 충성을 맹세하는 영국 의회와 영국 국민만이 누릴 수 있는 권리와 자유, 그리고 영국 국민이 예로부터 이어온, 국왕이라고 해도 부정할 수 없는 제반 권리를 확인했다.

의회의 동의를 거치지 않고 법률의 적용, 면제, 집행, 정지를 금지하고, 의회의 동의 없는 과세, 평시의 상비군을 금지한다. 선거의 자유, 의회의 발언의 자유, 국민 청원권을 보장하고 의회를 소집한다. 국민의 청원권, 의회의 의원의 면책 특권과 신체의 자유를 규정한다. 왕위 계승자에서 로마 가톨릭 교도를 배제한다. 왕이 의회의 승인 없이 법의 정지·과세·군대의 징모 등을 하지 않고, 의회의 언론의 자유를 승인한다. 이는 뒤에 미국 독립선언에 지대한 영향을 끼쳤다.

그러나 17세기까지 영국의 인권문서는 영국인이나 그 일부의 인권만을 보장한 것이지 보편적인 인권을 보장한 것은 아니었다. 또 그것은 어떤 권력에 의해서도 불가침의 인권을 보장한 것도 아니었다. 즉 명예혁명 이후 확립된 의회주권으로 인해 의회는 인권을 제한할 수 있었다. 따라서 입법권에도 대항할 수 있는 인권이 확립되기 위해서는 17세기의 인권사상인 자연법사상이 필요했다.

17세기의 인권사상
_라 보에시, 홉스, 스피노자, 로크

17세기 인권사상가로는 그동안 홉스, 스피노자, 로크가 주목되었지만 나는 그 누구보다도 라 보에시가 중요하다고 생각한다. 에티엔드 라 보에시(Étienne de La Boétie, 1530~1563)는 프랑스의 판사이자 작가로 『자발적 복종Discours de la servitude volontaire』을 집필하였다. 그 책에서 그는 다음과 같이 주장했다.

> 우리 모두가 태어나면서부터 자유로운 존재이며, 그 점에서 우리 모두가 평등하다는 사실을 어떻게 단 한 순간이라도 의심할 수 있겠으며, 우리 모두를 하나의 무리로 만들어준 자연이 그 무리 가운데서 누군가를 노예로 예정해두었다고 누가 감히 생각할 수 있겠는가? [⋯] 자유는 자연의 길이고, 내가 보기에 우리는 자유를 지니고 태어났을 뿐만 아니라, 자유를 지키려는 본성을 지니고 있다.[1]

---

1 이보 프레미옹, 김종원 남기원 역, 『역사의 격정』, 미토, 2003, 91-94쪽 재인용. 단 번역은 저자가 수정함.

따라서 인간은 모두 자유롭고 평등하게 태어났으므로 그것을 막는 권력이나 재산에 반대하라고 주장했다. 반면 라 보에시 이전의 정치이론이란 모두 신권(神權)에 근거한 것으로, 그 위에서 모든 불평등과 구속이 정당화되었다. 따라서 라 보에시의 주장은 그야말로 '코페르니쿠스적 전환'이었다.

에티엔 드 라 보에시

라 보에시에 비해 여타의 17세기 사상가들은 재검토를 필요로 한다. 흔히 홉스는 전제주의자로, 밀턴과 스피노자와 해링턴은 공화주의자로, 그로티우스와 로크는 자유주의자로 분류된다. 그러나 최근에는 이러한 일반적 평가에 대한 이의가 많다.[1] 그리고 그들은 모두 17세기 부르주아의 특별한 관심 사항이었던 제국과 소유의 자유를 중시했다는 점에서 공통되었다. 그런데 국내외에 이 점에 대한 지적이 전혀 없어서 문제다. 이는 앞에서 본 그리스 로마나 중세는 물론이고 뒤에서 보는 20세기까지의 서양 자유사상에 대한 논의에서 전혀 지적되지 못한 점이다.

앞에서 보았듯이 중세는 대영주에게만 소유의 자유를 인정했다. 중세 말에 등장한 소지주와 상인들이 자신들에게도 그런 자유를 인정해달라고 하면서 현대가 시작되었다. 그러나 여성이나 농민이나

—

1 　로크는 이미 당대에 홉스와 스피노자를 "비난받아 마땅한 인물들"이라고 보았다. 바커, 앞의 책, 205쪽.

장인이나 노예는 여전히 소유의 자유를 비롯한 자유를 인정받지 못했다. 홉스나 로크도 여성의 자유를 인정하지 않았다. 참정권도 소유 정도에 따라 결정된다고 보았다. 이는 당시의 현실이기도 했다.

17세기에는 중세 이래 전통적 지배계급인 국왕과 귀족 등에 저항한 소지주와 상인들이 소유의 자유를 둘러싸고 투쟁했다. 앞의 국왕파를 대표한 것이 홉스고, 뒤의 부르주아를 대표한 것이 로크와 스피노자였다. 그러니 세 사람은 소유의 자유를 둘러싼 지배계급 내부의 권력 투쟁을 각각 대변한 이데올로그에 불과했다. 따라서 그런 그들을 인류의 스승이니, 그들의 책을 고전이니 하며 영국인이나 네덜란드인도 아닌 우리가 하늘처럼 받들 필요는 조금도 없다. 그럼에도 로크나 스피노자는 여전히 자유주의의 아버지 격으로 받들어지고 있고 심지어 과거에는 반자유주의자로 평가되었던 홉스마저도 자유주의자로 받들어지는 기이한 현상이 벌어지고 있어서 문제다.

우리는 앞에서 중세와 르네상스의 자유의지론을 보았다. 그러나 17세기에 와서 자연과학의 역학적 세계관이 성립됨에 의해 새로운 자유관이 나타나 자유의지론을 부정했다. 이는 홉스와 로크 그리고 스피노자 등의 결정론 내지 필연론으로 나타났고 이는 18세기 계몽사상에도 영향을 미쳤다.

홉스는 벌린이 말하는 소극적 자유, 로크와 스피노자는 적극적 자유라는 구별을 각각 대표하는 사람들이기도 하다. 벌린은 소극적 자유는 자유주의, 적극적 자유는 전제주의의 기초라고 주장했으나 이는 홉스를 자유주의자, 로크나 스피노자를 전제주의자라고 간주하지 않는 한 맞지 않는 말이다. 홉스는 소극적 자유는 무제한적인 개인주의를 초래한다고 보고 그것을 강력한 군주정에 의해 제한해야 한다고 주장한 반면, 로크는 자연법에 의한 적극적 자유를 인정해야 한다고 주장했다. 그러나 두 사람 모두 소유의 자유를 주장한 점에서는 같았다. 따라서 소극적 자유냐 적극적 자유냐 하는 것은 소유의 자유를 인정하기 위한 이론적 틀에 불과한 것이다.

홉스를 자유주의자, 로크를 전제주의자라고 보는 것은 누구도 주장할 수 없는 잘못된 것이지만 홉스가 전제주의자인 것과 마찬가지로 로크도 전제주의자라고 볼 수 있는 가능성은 충분히 있고 그렇게 본 사람도 많다. 홉스나 로크가 말하는 자연상태란 서로 다른 것이기는 하지만 로크가 말한 자연상태에서도, 사람들은 로크가 말하는 자연법에 의하지 않거나 그렇게 하지 못해 결국 로크가 말하는 무법 상태가 될 수도 있다. 그러나 이론적으로는 그럴 수도 있지만 역사적으로는 인류학이 밝히는 바, 홉스가 말한 것보다 로크가 말한 자연상태가 실제의 원시사회와 더욱 가깝다.

홉스와 로크는 자연상태라는 것을 상정하고 사회계약에 의해 그것에서 벗어나 국가를 세운다고 주장한 점에서는 같다. 위에서 보았듯이 사회계약론은 고대 그리스에서부터 존재했다. 이에 대해서는 바커(Ernest Barker, 1874~1960)가 말했듯 "그 관념이 정치적 삶의 해석에 있어서 유기적이 아니라 기계적이고, 정치적 의무의 정당화에 있어서 윤리적이 아니라 법률적이며, 정치적 사회와 정치적 권위의 설

토마스 홉스

존 로크

명에 있어서 역사적이 아니라 선험적"[1]이라는 비판이 가능하지만 "자유를 촉진하는 변수로 작용"[2]한 점도 사실이었다. 그 점에서 로크의 공헌은 홉스의 공헌에 비할 바 없을 정도로 크다. 사실 로크와 달리 홉스는 당대에는 물론 그 뒤로도 무시되었다. 따라서 역사적 의의의 차원에서 홉스는 거의 무가치하며 로크의 역사적 의의라고 하는 점도 로크에 대한 정확한 이해가 아니라 어떤 신화나 이데올로기에 의한 측면이 크다고 볼 수 있다.

또한 두 사람이 말하는 사회계약을 통해 공동체 수립에 동의하면 모든 개인은 다수의 결정에 따라야 한다. 그 경우 로크가 '최고의' 권력이라고 부른 입법부는 홉스의 '리바이어던'이나 루소가 말

---

1 어네스트 바커 외, 앞의 책, 11쪽.
2 같은 책, 12쪽.

한 '일반 의지'와 마찬가지로 개인에게 강력한 통제력을 행사할 수 있기 때문에 역시 크게 다르지 않다고도 볼 수 있다. 그러나 세습의 전제 군주와 강력한 입법부를 같이 본다는 것은 반드시 옳지 않다. 따라서 홉스와 로크는 구별되어야 한다.

두 사상가의 또 하나의 동질성은 영국 시대상이 반영되었다는 것이다. 영국은 1642년 내란 발발 이전부터 법적 전통이나 재산법, 가족적 삶의 모습, 도덕 문화에 개인주의가 스며들어 있었다. 홉스나 로크는 개인주의적 사회 질서를 체계화했다. 특히 로크는 신이 부여한 자연법 아래 자유권과 신성불가침의 재산 소유권을 갖지만 여전히 인간은 신의 소유물이므로 자신의 자유를 노예 계약처럼 원상 복구할 수 없을 정도로 완전히 양도해서는 안 되고, 자살을 통해 생명을 버려서도 안 된다고 보았다. 이러한 일신론적 자유주의적 소유권은 3백 년간 영국 자유주의의 특징이 되었다.

17세기 말 영국에서는 종교대립이 더욱 복잡해졌다. 영국 국교회와 비국교가 대립한 가운데, 가톨릭이 복권할 가능성도 있어서 앞으로 어떤 종교가 정부 권력과 결탁할지 알 수 없는 미묘한 상황이었다. 여기서 로크는 앞으로 어떤 일이 생기든 개신교와 비국교의 신앙의 자유를 확립하기 위한 이론이 필요하다고 생각했다. 즉 국왕과 영국 의회의 대립, 종교 대립의 정치적 타협의 결과로 어떤 종교의 존재도 허용하는 불안정한 관용이 아니라, 어떤 상황에서도 관용을 인정하는 원리가 필요했다. 그래서 종교의 '자연권'을 주장했다.

나아가 로크는 정치와 종교를 분명히 구별했다. 시민으로서의 의무는 의회라는 인민의 합의에 그 근거가 있었다. 그러나 이러한 합의는 신이 정한 의무의 질서에는 영향을 줄 수 없다고 주장했다. 나의 영혼을 구제하기 위해 어떤 종파를 선택하는 것은, 인간이자 기독교도인 나의 자유라고 보았다. 영혼에 대해서는 내가 재판관이라는 것이었다. 로크는 신앙의 자유를 신으로부터 부여받은 자연권이라고 주장했다. 따라서 의회도, 인민의 정치적 합의도, 이러한 나의 '양심의 자유'에는 개입할 수 없다고 보았다.

여기서 다음 두 가지가 중요했다. 하나는, 정치 세계와 종교 세계를 명확하게 양분하여, 종교 세계에 대해 다른 힘이 개입하는 것을 금지하는 것, 즉 가치의 다원론이다. 또 하나는, 종교 선택의 문제를, 종파 지도자나 성직자로부터 개인의 차원으로 완전히 해체한다는 것이다. 나아가 로크는, 사회에는 누구도 관여할 수 없는 사적인 세계가 있음을 명백하게 밝히고, 자기 결정과 자기 책임에 의한 개인의 자립을 주장했다.

그러나 로크의 정교분리의 원칙은 국교회로부터 형벌과 강제 가입을 배제하는 정도에 그쳤으며 그 자신 영국 국교제도를 용인하고 스스로 평생 그 신도였다. 그 점에서 로크는 국교회의 폐지를 주장한 밀턴이나 제퍼슨과는 달리 보수적이었다. 특히 로크의 주장에는 검열이나 출판물의 통제에 대한 논의가 없었고 이는 결국 가톨릭교도나 무신론자를 배제하는 결과를 초래하여 사실상 종교의 자유를 부인한 결과를 낳았다.

밀턴의
자유와 제국주의

흔히 셰익스피어에 버금가는 대시인으로 평가되는 밀턴(John Milton, 1608~1674)은 홉스와 달리 의회파 공화주의자였다. 그는 대표작인 『실락원(失樂園)$Paradise\ Lost$』(1667년 초판)에서 모든 인간의 타고난 자연적 자유와 평등을 노래했다. 또한 『아레오파지티카$Areopagitica$』(1644)에서는 검열제를 비판했다. 즉 밀턴은 자유주의자였다는 인식이 일반적이다.[1] 특히 『아레오파지티카』는 출판의 자유를 옹호한 고전으로서, 진리와 오류가 연구와 토의를 통해 자유롭게 검증될 경우에 진리가 오류를 극복한다는 지적 자유주의에 대한 신념에서 검열의 우둔성과 무용성에 반대한 책으로 사상의 자유를 주장한 고전으로 대단히 중요하게 평가되어 왔다.[2] 그가 주장한 다음의 웅변은 지금도 의미심장하다.

---

1 박상익, 『아레오파지티카』, 소나무, 1999, 123쪽 이하.
2 임상원, 역주 『아레오파지티카』, 나남, 1998.

다른 어떤 자유보다도 내게 '알 수 있는 자유', '말할 자유', 그리고 '자유롭게 논쟁할 수 있는 자유'를 달라. …자유롭게 풀려난 진리는 모든 오류의 가능성을 극복하고 승리할 것이다.[3]

그가 말한 승리는 그가 죽고 20여년이 지난 뒤인 1695년 사전 검열제가 폐지됨에 의해 이루어졌다. 그러나 그 책의 그러한 역사적 의의를 충분히 인정한다고 해도, 그를 자유와 인권의 옹호자로 보기는 쉽지 않다. 그 책에서 밀턴은 가톨릭에 대한 철저한 불관용을 주장했고 그 자신도 정부 공인 신문의 검열자였기 때문이다. 즉 그가 주장한 언론의 자유란 당대의 종교개혁을 주도한 개신교에게만 허용된 것이고 그것에 반대한 가톨릭을 철저히 배제한 것이었다. 이를 과연 언론 자유라고 할 수 있는가? 이는 지금 남한에서 사회주의를 규제하면서 자본주의 차원의 언론 자유만을 허용하는 것과 같다. 21세기 남한도 그런데 17세기 영국에서야 당연한 것이었다고 볼 여지도 있으나 그렇다고 해도 밀턴을 자유의 옹호자라고 볼 수는 없다. 또한 밀턴은 왕정의 타도를 주장했지만 인민의 정치를 주장한 민주주의자도 아니었다.

그가 주장한 종교적 관용이 스스로 우상 숭배자라 비난한 가톨릭교도에게는 적용하지 않은 점을 17세기 현실의 한계로 이해한다고 해도, 사실 그의 사상 자체는 당시 사상의 자유에 대한 일반적

---

3   박상익, 앞의 책, 128쪽.

인 이념을 장엄한 문체로 표현한 정도 이상이 아니었다. 그 장엄한 문체로 인해 밀턴이 문학적으로 높이 평가되는지는 모르지만, 그런 장엄성에 별로 감동을 받지 못하고 도리어 역겨움을 느끼는 경우, 더욱더 흥미가 없어진다. 영국의 전통을 존중한 보수적 시인 T. S. 엘리엇(Thomas Stearns Eliot, 1888~1965)도 밀턴의 과도한 형식주의를 비판하지 않았는가? 이러한 문제점은 밀턴의 모든 작품, 가령 『실락원』이나 『복락원(復樂園)Paradise Regained』 등에도 해당된다. 아니 상당수 고전에 해당된다.

그러나 더욱 큰 역겨움은 도덕성과 지적 우월성의 강조로 나타나는 밀턴의 귀족주의에 있다. 폭군에 반대한 그의 공화주의 사상의 배경에는, 권위에 대한 진정한 정당화란 도덕적, 지적 우월성이라고 하는 플라톤의 철인 정치 같은 공허한 원리가 깔려 있기 때문이다. 그래서 "자연은 현명한 사람이 어리석은 사람을 지배하도록 명한다"는 말로 상징되는 '가장 훌륭한 인물들'에 대한 그의 교조적인 신뢰와 대중에 대한 경멸이 나타난다. 그런 차원에서 특수한 계급의 지적 자유주의란 비현실적인 이상 외에 무슨 현실적인 의미를 갖는 것일까? 따라서 플라톤을 서양 고전의 최초 신으로 모시는 전통적인 서양의 귀족적 지식인들의 사고 유형과 달리 플라톤을 싫어하는 나는 당연히 밀턴도 '나의' 고전으로 모실 수 없다.

게다가 밀턴은 대영제국을 준비한 제국주의자이기도 했다. 그는 살루스티우스에 따라 영국의 위대함을 추구하기 위한 자유의 강화, 혁명에 의한 공화 체제의 강화를 요망했다. 그러나 그러한 기대는 크롬웰의 호국경 취임과 함께 환멸로 끝났다. 밀턴과 동시대인인 네덤 (Marchamont Nedham, 1620~1678)은 자유는 권력의 분산에 의해서만 확보될 수 있다고 보고, 살루스티우스와 마키아벨리의 경고, 즉 로마가 자유로부터 예속으로 전락한 일이 영국에서도 발생할 수 있다고 주장했다. 밀턴도 크롬웰의 식민지 침략 계획을 비판했으나 이는 무시되었고, 공화국의 자유가 독재로 바뀔 위험을 느꼈다. 그러나 이를 밀턴이나 네덤이 제국주의를 부정한 것으로 오해하면 안 된다. 영국 내부의 공화제에 의해 네덜란드처럼 강국이 되어야 한다는 주장에 불과했기 때문이다.

17세기 아메리카의 인권

영국의 식민지에서 비롯된 미국을 흔히 자유의 나라라고 한다. 미국의 국가(國歌)에도 나오듯이 말이다. 미국인들은 자신들의 선조가 자유를 찾아 미국에 왔다고 말한다. 그러나 이는 동시에 미국에 살았던 선주민인 인디언을 죽이고, 자유가 아니라 노예로 팔려온 수많은 흑인을 희생하며 누린 자유였다. 또한 백인 사이에서도 여성과 노동자 등은 오랫동안 자유롭지 못했다. 한국인을 비롯한 아시아인들은 흑인보다도 더 극심한 인종차별을 당했다.

미국의 역사는 콜럼버스가 인디언을 만나는 것으로 시작되어 그 계승자들이 인디언을 철저히 말살하는 것으로 이어졌다. 미국만이 아니라 캐나다, 남미의 역사도 마찬가지다. 또한 미국의 역사는 흑인 노예에 대한 인종차별과 함께 시작되었다. 뿐만 아니라 미국의 역사는 가난한 이주 노동자의 고통으로 시작되었다. 그 모두는 선거권도 갖지 못했고 배심원도 될 수 없었다. 그래서 미국의 역사는 그들의 반항사로 점철되었다. 우리는 이를 하워드 진(Howard Zinn, 1922~2010)의 『미국 민중사*A People's History of the United States*』 등에서 충분히 읽을 수 있다.

미국에 처음 정착한 청교도들은 자유를 고대 기독교 세계의 정신적 자유, 즉 자기 부정과 도덕적 선택으로 이해하고 언론, 종교, 이동, 행동의 자유에 엄격한 제한을 가했다. 개인의 욕구는 사회의 욕구에 복종해야 했고, 기독교도의 자유란 신만이 아니라 세속적 권위인 법에 대한 종속을 요구했다. 이는 자유의지에 의한 것이면서도 완전한 복종을 요구한 것이었다. 식민지 시대 법정의 가장 일반적인 범죄는 '권위 모독'이었다.

특히 시민적 자유는 법을 준수하는 것이었다. 법은 자유의 구원자이지 그 적이 아니었다. 이는 앞에서 본 플라톤이나 아리스토텔레스 같은 고대 서양인만이 아니라 홉스나 로크를 위시한 근대 서양인들의 공통된 생각이었다. 나는 이러한 자유론이 구한말의 한반도에도 상당한 영향을 미쳤다고 생각한다.

영국인이 자유의 몸으로 태어났다고 하는 '창조된 전통'은 식민지 아메리카 정치의 중요한 특징이었고 그것이 식민 활동을 정당화했다. 17세기부터 영국에서 아메리카로 온 사람들은 영국의 경제적 불평등과 광범한 경제적 종속으로부터의 해방을 기대했다. 그러나 18세기에도 영국에서는 물론 아메리카에서도 대다수 사람들에게 경제적 독립은 불가능했으므로 대부분에게는 실질적인 자유가 없었다. 영국에서와 같은 세습 귀족제가 없었으므로 아메리카에는 '자유인 이상의 신분'이 없다고 아메리카인들은 말했지만 18세기 초 자유인 밑에는 50만 명에 이르는 노예가 있었고, 백인 여성들에게도 경제적 자립의 기회는 전혀 주어지지 못했으며, 백인 남성 중에도 노동자 계층에게는 아무런 자유가 없었다.

식민지에 온 사람들의 반 이상은 '연한(年限) 계약 노동자(indentured servant)'였다. 그 계약에는 아메리카로 가는 항해 비용을 5~7년간 주인에게 봉사하여 갚는다는 조항이 포함되었고, 출항 이전에는 도망을 우려하여 감금되기도 했다. 아메리카에 도착한 뒤에는 노예처럼 팔렸고, 다른 식민지로 탈출한 경우 반드시 돌려주어야 했다. 이는 뒤에 미국 헌법에서도 명시되었다. 그 밖의 사람들은 자유민이라는 증서를 가지고 있어야 했다. 식민지 시대의 아메리카에는 차차 빈부의 차에 의한 계급이 명확해졌다.

17세기까지 서인도제도와 북아메리카의 농업 생산은 낮은 수준이었으나 당시 영국의 공업과 농업이 역동적으로 변하면서 담배와 설탕 소비가 증대되어 노예무역이 더욱 필요해졌다. 그래서 15세기에 포르투갈에서 시작된[1] 노예무역은 18세기부터 더욱 번성하여 자본주의 체제에 중요한 역할을 했다.[2] 이와 함께 아프리카 산업은 약화되었다.

—

1   최초의 노예무역은 1442년 포르투갈에서 10명의 흑인들을 끌고와 판 것이었고 아메리카에서는 1619년 20명의 흑인이 제임스타운에 끌려와 팔린 것이었다.(진, 『살아 있는 미국 역사』, 32쪽.)

2   1700년 버지니아 식민지에는 인구의 12분의 1에 해당하는 6천 명의 노예가 있었고 1763년에는 인구에 반인 17만 명의 노예가 있었다.(진, 『살아 있는 미국 역사』, 37쪽.)

18세기 노예무역을 위한 노예선 단면도

근대 중국의 사상과 인권

조선이 소중화를 자처하며 중화의 모범으로 삼은 명(明)은 중국의 전제정치사 중에서 가장 가혹한 왕조였다. 게다가 명의 과거(科擧)제가 인재를 말살하고 주자학이 사상을 속박한 것도 조선에서 그대로 모방되었다는 점에서 그것들을 긍정적으로 평가하는 견해에는 찬성할 수 없다.

중국 고대로부터 하늘(天意)-유덕자(有德者-聖人)-덕치(德治)가 하늘(理法)-지성(至誠-爲政者)-선치(善治-政治)로부터 자연법칙(理法)-도덕(天理)-정치질서(理)로 변화하면서 자연(하늘)과 도덕과 정치가 하나로 관념화했다. 주자학을 수립한 주자(朱子, 1130~1200)는 리(理)에 대한 새로운 사고방식을 전개했다. 즉 주자에 의하면 자연의 이법이 천의로부터 자립하여 모든 것의 중심에 있고, 그것에서 성(性)이 나오는데 인간에게는 본연의 성과 기질의 성이 있고, 기질의 성은 본

연의 성인 삼강오륜에 의해 억제되어야 한다. 이는 당대의 관료화된 사대부 계층의 이데올로기로 기능했다.

명에서는 이에 반발하는 학문이 왕수인(王守仁, 1472~1528)[1]에 의해 시작되어 이지(李贄, 1527~1602)에 의해 발전되었다. 이황을 비롯하여 조선 성리학에서는 양명학을 불교와 같다고 보고 철저히 배척했다. 왕수인은 오늘의 지방자치에 해당하는 향약을 보급한 것으로도 유명하지만 공맹을 비판하고 노자와 석가, 양자와 묵자를 존중했다.[2]

왕수인의 양지(良知)설은 자유와 평등의 이념을 어느 정도 포함했다. 마음이 구하여 얻으면 모든 외재적 표준이 권위를 상실하고, 언어와 행위가 모두 순수하게 개인의 자발적 결정에서 나온다고 보았기 때문이다. 그러나 이는 전통사상의 권위를 동요시키는 것으로서

—

1 사람들이 양명(陽明)이라고 불러 '왕양명'이라고도 한다.
2 소공권, 최명·손문호 옮김, 『중국정치사상사』, 서울대학교출판부, 1998, 935쪽.

이단으로 몰려 후대에 영향을 미치지 못했다.

예외적으로 양명학을 받아들인 이지사상의 기본 관념은 개인의 자유였으나 그것은 왕수인이나 노장의 경우와 마찬가지로 마음의 자유를 뜻했다. 그리고 간섭하지 않고 번거롭게 어지럽히지 않는 무위의 정치가 최상의 정치라고 본 점도 노장과 같았다. 따라서 언론과 사상에 간섭하는 것도 부당하다고 보았다. 그러나 이를 언론과 사상의 자유를 보장하라고 요구한 것이라고 보기는 어렵다.

중국의 루소라고도 불리는 청의 황종희(黃宗羲, 1610~1695)도 왕수인이나 이지와 유사한 개혁적인 생각을 가졌으나 역시 자유에 대한 근대적 관념을 갖지는 못했다. 그는 군주제의 개혁을 주장했지만 군주제 자체를 부정하지는 못했다. 황종희가 루소에 비교되는 것은 루소와 같이 '자연으로 돌아가라'고 주장했다든가 사회계약론을 주장해서가 아니라 루소가 프랑스 사상사에서 갖는 역사적 의의를 황종희가 중국 사상사에서 갖기 때문이다.

4.
정치적 인권
_18세기

나의
정치적 인권

나는 20세에 처음 투표를 했다. 그러나 그보다 훨씬 이른 나이에 정치적 의견을 나름대로 가지게 되었다. 고등학교 시절부터 데모에 참가했는데 나의 선배들 중에는 중학교 시절에 분명한 정치적 의견을 가진 사람들도 많았다. 일제강점기에는 더욱 빠른 나이에 3·1운동을 비롯하여 여러 독립운동이나 사회운동에 참가했다. 가령 유관순은 17세에 3·1운동에 참가했다. 그래서 최근 논의되는 있는 18세 투표권 부여가 옳다고 생각한다.

내가 1983년 일본에 유학했을 때 재일교포들의 가장 큰 인권문제가 지문날인과 함께 선거권 확보라는 것을 알고 한국에서도 외국인의 참정권을 비롯한 인권침해가 문제라는 걸 깨달았다.

나는 평생을 정치와 무관하게 살아온 탓으로, 정치적 인권의 중요성을 피부로 느끼지 못했지만 선거 등 여러 정치활동에 관여하는 사람들에게는 그것이 너무나도 중요할 것이다. 그런데 우리나라 법은 선거 등 정치활동에 대해 많은 제한을 두고 있다.

우리 헌법의 정치적 인권

정치적 인권이란 종래 '참정권'이라고 부른 것으로 공권력의 행사방법을 결정하고 그것을 행사하는 과정에 참가하는 국민의 인권을 말한다. 정치적 인권의 보장과 확충은 국가권력을 민주적으로 통제하기 위해 불가결하다. 이러한 정치적 인권은 평등권, 신체적 인권, 정신적 인권 등과도 밀접하게 관련된다. 우리 헌법의 정치적 인권으로는 선거권, 피선거권, 청원권 및 국민투표권(통일정책에 대한 헌법 제72조, 헌법 개정에 대한 제130조 2항)이 있다.

정치적 인권은 헌법의 주권원리와 대표제원리 등과 관련되는 점에서 다른 인권과 구별된다. 첫째, 주권원리는 흔히 국민주권론과 인민주권론으로 설명된다. 우리 헌법은 인권이 국적보유자인 국민에 의해 행사된다고 규정하지만, 인민주권에 입각한 1793년 프랑스 헌법은 일정 조건을 갖춘 외국인 남성에게도 시민권을 보장했고 최근

유럽에서도 그런 경향이 나타나고 있다. 우리나라에서도 앞으로 고민해야 할 문제다.

둘째, 대표제원리에는 여러 가지 주장이 있으나, 종래의 순수대표제는 더 이상 유지될 수 없고 그 대표제에는 제한이 가해질 수 있다고 봄이 옳다. 즉 주권자의 의사가 대표에 대해 사실상의 구속력을 갖는다고 보아야 한다. 따라서 대표의 소환도 헌법상 가능하다. 또 의회의 구성이 유권자의 의사를 가능한 한 반영해야 한다는 입장에서 보면 선거제도는 국민여론에 가장 가까운 결과에 이르러야 하는 것으로 기대된다. 따라서 저소득자에게 사실상 입후보를 단념하게 하는 고액의 공탁금제도는 대표를 경제적인 강자에게만 허용하는 것으로 부당하다. 또 투표율과 의석의 괴리를 낳는 소선거구제도 부당하다.

선거권의 제한사유로서 금치산자, 수형자, 전과자 등을 인정하는 선거법은 위헌이다. 전과자는 형사처분을 마친 자이므로 어떤 이유로도 차별될 수 없고, 수형자는 현재 수형 중이지만 형사처분과 정치능력이 연관될 수 없으며, 재산법상 능력이 부인되는 금치산자라고 해서 그 정치적 판단이 부정될 이유가 없다. 금치산자는 물론 선거 이전의 일정 기간 거주를 요건으로 하는 선거법 규정도 당연히 위헌이다. 외국인의 선거권을 제한함도 위헌이기 이전에 상식 이하다.

선거운동의 자유에 대해서도 선거법(공직선거 및 선거부정방지법)은 너무나도 많은 제한을 두고 있다. 즉 사전운동의 금지, 호별방문의 금지, 서명운동의 금지, 선전벽보, 인쇄물, 신문·방송광고, 방송연설의 제한, 선거사무소 수의 제한 등등이다.

피선거권을 규정하는 헌법 제25조는 피선거권이라는 말을 사용하지 않고 '공무담임권'이라는 용어를 사용한다. 여기서 공무란 헌법 제7조의 공무원보다 그 범위가 훨씬 넓다. 즉 선거로 뽑히는 대통령이나 국회의원 등도 공무로 포함한다. 한편 공무담임권에서 공무의 대부분은 그런 피선거자만이 아니라 사실은 제7조의 공무원, 즉 피선거되지 않는 전문 공무원이다. 따라서 그들은 여기서 말하는 정치적 인권 또는 참정권의 대상이 아니다. 그러한 공무원의 공무담임권은 참정권이 아니라 직업선택권이라고 보아야 한다.

정치적 인권과
계몽

18세기를 다루는 4장의 제목을 '정치적 인권'의 시대라고 한 것은 19세기를 다루는 5장의 '경제적 인권', 20세기를 다루는 6장의 '사회적 인권'과 대비하기 위해서다.

18세기 유럽사상을 보통 계몽주의라고 한다. 계몽주의란 영어의 'enlightenment'를 번역한 말로 이를 '계몽'이라면 몰라도 계몽'주의'라고 번역하는 것은 적절하지 않다. 학문이나 예술에서 하나의 주의를 말할 때 그 말은 그 주의의 특징을 말하는데 '계몽'이라는 말에서 어떤 특징을 보기 어려울 정도로 서로 다른 복잡한 사상들이 공존하기 때문이다. 계몽주의에는 프랑스, 영국, 독일 등 다양한 유파가 있고 서로 간에는 차이가 있다. 그래서 그냥 '계몽철학자'라고 부르는 경우도 있지만 그렇게 불러도 계몽이 무엇인지를 해명해야 한다.

계몽주의를 상징하는 『백과전서』표지. '진리'를 상징하는 인물이 빛으로 둘러싸여 있고, 양편에서 각각 이성과 철학을 상징하는 인물이 진실의 베일을 벗기고 있다.

우선 그러한 사상이 태어난 배경을 살펴보자. 그 배경은 앞 3장에서 본 16세기 이후 자본주의 내지 시장의 발전이라고 할 수 있다. 17세기의 그로티우스, 홉스, 로크, 스피노자의 사상도 그런 배경에서 생겨났지만, 18세기에 자본주의는 더욱 확대되고 심화되었다. 즉 '자유'와 '평등' 이념은 자본주의 시스템을 성립시키기 위한 전제였다. 구매자와 판매자는 물건을 두고서 평등한 관계에서 자유롭게 거래하고 계약한다. 거래에는 원하는 가격이 있게 마련인데 이는 거래에 따라 정해지며 이익도 이때 결정된다. 주의할 점은 여기에 그 밖의 자의적인 방해물이 끼어들어서는 안 된다는 것이다.

이러한 계몽사상을 벌린은 다음과 같이 요약했다. 첫째, 모든 올바른 문제에는 답이 있을 수 있고, 답이 없다면 문제 자체가 잘못된 것이다. 이는 기독교, 스콜라 철학, 계몽주의, 20세기 실증주의에 공통된다. 둘째, 모든 답은 인식할 수 있고 타자에 의해 배울 수도 있으며 가르칠 수도 있다. 셋째, 모든 답은 양립할 수 없으면 혼돈이 생기기 때문에 서로 양립할 수 있다. 즉 모든 심각한 문제가 해결된 보편적 세계의 존재를 인정한다.

벌린에 의하면 이상 세 가지 명제가 기독교이든 아니든, 유신론자든 무신론자든 합리적인 서양의 전통을 지배한 공통의 일반적 전제다. 그리고 계몽주의가 이 세 가지 명제를 완성시켰다. 계몽주의가 정답을 발견하는 유일한 방법이라고 한 것은 수학의 경우 연역적으로, 과학의 경우 귀납적으로, 이성을 올바르게 사용하여 확보하는 방법이지만 정치학, 윤리학, 미학에도 같은 방법을 사용했다.

계몽주의는 어떻게 살아야 하고 무엇을 해야 하는가, 무엇이 선이고 악인가 등등의 근본문제에 대한 객관적인 답을 발견할 수 있다고 믿었다. 그리고 그런 답은 특정 사상가에 의해 추천된 특별한 방법으로 확보될 수 있다고 했다. 그리고 모든 답은 명제의 형태로 내릴 수 있고 그런 명제는 그것이 옳다면 다른 명제와 양립하고 이상적이고 완전한 사물의 상태를 구성한다는 원리를 확립했다.[1]

그러나 이러한 계몽주의가 18세기 사회 자체를 말한 것으로 오해되어서는 안 된다. 왜냐하면 앞에서 본 고대 그리스 로마나 18세기 이전 사회와 마찬가지로 자본주의나 시장경제란 흑인 노예제와 백인 노동제 위에서 가능한 것이었기 때문이다. 계몽철학자들이 커피숍에 모여 계몽철학을 논했을 때 그들이 마신 커피는 흑인 노예가 재배하고 백인 노동자가 가공한 것이었다.

18세기에 아프리카에 팔려간 농부는 약 1천 2백만 명이었다. 그중 영국령 카리브 제도로 끌려간 노예는 1백 60만 명이지만 18세기 말까지 살아남은 사람은 60만 명에 불과했고, 미국의 노예 인구는 18세기 초에 50만 명이던 것이 18세기 말에 3백만 명, 1860년대에는 6백만 명으로 늘어났다. 앞에서 보았듯이 고대 이후 노예는 계속 있었으나 흑인 노예가 이렇게 많아진 것은 18세기 이후였다.[2]

정치적 자유는 '시민적 자유'와 '국민적 자유'로 나눌 수 있다. '시민'이란 영미의 발달된 자본주의의 부르주아를 뜻하고 이는 18세기

1 이사야 벌린, 강유원·나현영 옮김, 『낭만주의의 뿌리』, 이제이북스, 2005, 41-44쪽.
2 하먼, 앞의 책, 326쪽.

독일과 프랑스의 발달되지 못한 시민 부르주아로 인한 '국민'적 국가와 대응되며, 또한 19세기에 등장하는 '경제적 자유'와 대응한다. 그러나 이러한 설명은 국내적 차원의 것이지 국제적 차원의 것은 아니다.

　여기서 말하는 '시민적 자유'와 '국민적 자유'는 각각 벌린이 말한 '소극적 자유'와 '적극적 자유'의 전통이라고 할 수 있다. 더욱 엄밀하게 말하면 '적극적 자유'에 해당되는 '국민적 자유'는 독일의 18~19세기 자유론에 국한된다고도 볼 수 있다. 반면 18~19세기 프랑스의 몽테스키외, 볼테르, 콩도르세, 콩스탕, 스탈 부인 등은 '소극적 자유'론을 대표한다. 18세기 프랑스의 루소나 로베스피에르, 그리고 19세기의 스탕달과 미슐레, 20세기의 베르그송, 사르트르, 푸코 등은 자유를 시민과 시민 사회 전체의 '자율' 상태라고 본 점에서 앞선 세대와 구별된다. 이들은 군주의 개별 의지가 아닌 '인민의 일반 의지'를 내세워 국가의 기능을 시민 사회 모든 구성원들의 '자율적인 개성'을 보장하는 데 사용하도록 재편할 것을 주장했다.

18세기 영국의 인권

18세기는 대영제국이 명실 공히 확립된 시기였다. 17세기에 네덜란드에게서 우위를 확보한 영국에게 떠오른 새로운 적은 프랑스였다. 영국은 프랑스와의 네 번의 전쟁에서 승리하여 식민지를 확대했다. 특히 7년전쟁(1757~1763)의 승리로 영국은 북아메리카와 인도에서 프랑스 세력을 쫓아내고 북아메리카, 서인도제도, 서아프리카, 동인도에 이르는 거대한 제국을 수립했다. 그러한 방대한 식민지에서 필요한 노동력을 공급하기 위해 아프리카 흑인을 노예로 끌고 왔다.

18세기 서양에서 가장 선진국이었던 영국에서도 여전히 인권은 제한적이었다. 유권자는 성인 남자 인구의 5% 미만이었고, 19세기에 와서야 투표권은 조금씩 확대되었을 뿐이다. 생활 수단을 갖지 못한 대부분의 사람들을 처벌했고 주종관계법은 노동자에게 엄격한 복종을 요구했으며 노동계약의 파기는 민사적 손해배상만이 아니라

형사적 처벌을 받았다. 이러한 상황에서 노동자 등의 민중은 더 큰
인권을 요구했다. 그러나 당시 대부분의 지식인은 경제적으로 독립
한 소수에게만 인권이 허용되어야 하며, 노동자에게는 허용될 수 없
다고 생각했다.

19세기 산업혁명 당시 혹독한 노동환경

18세기 말 영국에서는 신체의 자유와 재산권에 이어 토론과 출판
의 자유가 인정되었으나 결사의 자유와 투표권에 대해서는 거의 관
심이 없었다. 이는 당대의 부르주아의 관심을 보여준 것이다. 프랑스
혁명에서는 결사의 자유를 뺀 인권이 열거되었으나 19세기에 바로
그런 인권이 보장되지 못했다.

19세기는 부르주아의 세기라고 하고 '고전적 자유주의의 시대'라
고도 하는데, 영국을 중심으로 자유주의적 정치체제와 자유무역 경
제가 세계를 뒤덮었다. 20세기의 특징인 전쟁과 동원, 조직과 이데올
로기, 강력한 국가의 개입이라는 반자유주의적 분위기와 달리 19세

기를 자유주의의 황금기라고 본다.

그러나 20세기 말에 등장한 신자유주의가 모델로 삼은 것은 19세기가 아니라 스미스를 비롯한 18세기 스코틀랜드 계몽사상이었고 뒤에서 보듯이 19세기의 벤담이나 J. S. 밀은 고전적 자유주의에서 벗어난 사람들이었다는 점에서 19세기를 단순히 자유주의의 황금기라고 보기는 어렵다. 18세기의 스미스야말로 고전적 자유주의자라고 볼 때 19세기의 J. S. 밀은 그런 자유주의의 범주에 속하는 사람이 아니다.

이는 역사적으로 시민혁명을 보아도 마찬가지다. 시민혁명이란 아직 산업화를 겪지도 않았고 인구의 태반이 농업에 종사하며 일부 숙련 수공업자와 상인들이 활동한 시대에 성립되었다. 따라서 고전적 자유주의는 시민혁명에 앞서서 당시의 보수파와 급진파에 대항하여 특정한 당파에 의해 나타났다. 산업혁명이 일어났을 때 그 주도세력은 로크의 정치적 자유사상과 스미스의 경제적 자유사상을 원용했다. 그러나 그런 사상은 산업혁명 이후의 사회 현실과 반드시 부합되지 못했다. 여기서 새로운 사상이 나타나야 했다. 그러나 그 시대에 가장 날카로운 혜안을 가졌던 토크빌조차 산업화의 문제점에 대해서는 충분히 알지 못했다.

18세기
미국의 인권

중세의 기독교에서는 '자연권'을 확립했고, 17세기의 학자들은 인간의 자유에 대해 논의했으며. 1628년의 권리청원이나 1679년의 인신보호법이 자유를 어느 정도 확보시켰다. 그러나 그러한 유럽의 전통은 1776년의 미국 독립선언에 특별한 영향을 주지 못했다. 신앙의 자유나 양심의 자유에 대한 인간의 타고난 권리라는 생각은 그 전에는 논의되지 못했다.[1]

1776년의 독립선언은 종교적 관심에서 나온 것이 아니었다. 청교도주의는 개인의 해방과는 전혀 다른 것이었다. 세속적 자기 교육, 개인의 독립, 자기에 대한 집중과 자기규정은 종교나 사회와는 별도로 시민 계층에 의해 형성되었다. 따라서 18세기 미국의 자유는 유

---

1 반 뒬멘, 앞의 책, 275쪽.

럽의 전통과는 별개로 이해되어야 한다.

1700년대, 식민지 아메리카는 급속히 성장했다. 식민지 인구는 1700년에 25만 명이던 것이 1760년에는 160만 명으로 늘어났다. 농업과 제조업도 크게 신장되었다. 그러나 성장에 따른 이익의 대부분은 상류계층에 집중되었다. 가령 보스턴의 경우 1770년에 상위 1%에 속하는 사람들이 부의 44%를 차지했다. 그에 반해 기아에 허덕이는 흑인 노예의 수는 압도적이었다. 아메리카의 노예 인구는 18세기 초에 50만 명, 18세기 말에 3백만 명, 1860년대에는 6백만 명으로 늘어났다.

미국의 헌법 제정을 둘러싼 혁명도 마찬가지였다. 우리나라에 '미국 혁명'이란 말은 그다지 잘 알려져 있지 않으나, 미국에서는 1763년부터 1788년까지를 그렇게 부른다. 그리고 이는 1763년부터 1776년 독립선언까지의 전기와 그 후 미국이 성립되는 후기로 나누어진다. 전기는 영국 정부와 미국 식민지 사이의 정치적 투쟁의 시기로 혁명논쟁기라고 하고, 후기는 영국에서 독립한 미국이 최초의 헌법(초기 연방헌법 또는 혁명기 헌법)을 만들어 국가를 세우는 시기를 말한다.

혁명논쟁은 영국의 식민지 정책이 영국 헌법에 적합한가를 둘러싼 영국과 식민지의 싸움이었다. 어느 쪽이나 당시 영국 헌법이 가장 자유주의적인 헌법임을 인정했으나, 영국은 명예혁명 체제의 의회주권을 강조한 반면, 식민지는 명예혁명 체제의 핵심인 자유와 재산의 불가침을 강조한 점에서 달랐다. 혁명 논쟁은 영국 측의 일방

미국혁명을 이끈 혁명군

적인 과세 강화에 대한 항의로부터 일어났다. 식민지는 '대표 없이 과세 없다'고 주장했다. 또한 과세 위반이 배심제가 아닌 관료재판에 의하는 것에도 항의했다. 당시 식민지측이 근거한 사상은 유럽 대륙의 계몽주의 법학이었다. 미국 역사에서 자유가 가장 빈번하게 사용된 시기는 독립전쟁 시기였으나 과거의 자유와 다른 자유를 주장한 것은 아니었다. 아메리카에서도 1606년부터 영국인과 같은 '자유, 참정권, 세금과 의무 등의 면제'가 인정되었고 그 후 100년 이상 아메리카인들은 영국 정부에 충성했으며, 1760년대의 저항도 영국법 내에서 이루어졌다. 그러나 1766년 페인이 쓴 『상식』은 당시의 영국처럼 정체의 균형을 자유의 필요조건으로 보는 전통적 관념을 비판하고 영국으로부터 독립할 필요성을 단순히 인민주의적인 관념에서가 아니라, 영국 정체에 대한 비판에서 구했다는 점에서 근본적인

'혁명'이었다. 페인은 "영국 정체는 군주 전제정과 귀족 전제정 및 공화정의 복합이고, 그것들이 서로 견제하는 연합체라고 함은 웃기는 짓이므로, 아메리카는 그런 군주정을 벗어 던지자"라고 주장했다. 페인은 1066년의 노르만 정복까지 거슬러 올라가 영국 군주제의 위선을 폭로했다.

18세기
인권사상_페인

계몽주의의 가장 급진적인 사상가인 페인은 『상식』 처음에서 국가와 사회를 구분하고[1] "어떠한 상태에서도 사회는 축복이다. 그러나 최선의 상태라 하더라도 정부는 단지 필요악일 뿐이다"라고 했다. 사

토마스 페인

회는 자연상태이고 국가 및 정부는 인공상태다. 즉 자연상태인 사회로부터 인민은 자발적이고 자유로운 계약에 의해 국가를 형성한다. 따라서 국가란 정치적으로 조직된 사회일 뿐이다. 국가를 형성함에 의해 인민은 자연상태로부터 정치공동체 구성원으로 넘어가고, 이 단계에서 국가 업무 수행의 상설적 대행기관인 정부를 형성한다.

---

1   토머스 페인, 박홍규 옮김, 『상식 인권』, 필맥, 2004, 21쪽.

COMMON SENSE:

ADDRESSED TO THE

INHABITANTS

OF

AMERICA,

On the following interesting

SUBJECTS.

I. Of the Origin and Design of Government in general, with concise Remarks on the English Constitution.

II. Of Monarchy and Hereditary Succession.

III. Thoughts on the present State of American Affairs.

IV. Of the present Ability of America, with some miscellaneous Reflections.

Written by an ENGLISHMAN.

Man knows no Master save creating HEAVEN,
Or those whom choice and common good ordain.

THOMSON.

PHILADELPHIA, Printed.

BOSTON, Re-Printed,
And Sold by EDES & GILL and T. & J. FLEET.

MDCCLXXVI.

1776

사회는 정의와 양심이 지배하는 한 지속되나 그것에 결함이 나타나 그것을 보완하기 위해 국가 조직의 필요성이 생긴다고 페인은 본다. 따라서 국가는 필요악이고, 문명화 정도에 따라 그 필요성은 줄어진다. 사회로부터의 국가에의 전환은 구성원의 계약에 의하는 것이지, 통치자와 피통치자 간의 계약에 의한 것이 아니다. 구성원 간의 계약에서 개인은 정신의 자유를 비롯한 여러 자유와 인권을 그대로 지닌다.

그러한 사회계약에 의해 성립된 국가가 선거와 대표에 의한 대의제 공화국이고, 이에 반하는 것이 세습적 계승에 의한 전제국 또는 귀족국의 독재국가이다. 『상식』이나 『인권』의 상당 부분이 영국과 프랑스의 전제주의를 비판한 글임에서 알 수 있듯이 페인의 최대 관심은 전제주의의 타파와 공화국의 수립이었다. 그는 『상식』에서 다음과 같이 말했다.

> 영국에서 왕은 전쟁을 일으키고 관직을 부여하는 것 외에 하는 일이 없다. 이런 영국 왕의 일은, 적나라하게 표현하자면 나라를 가난하게 만들고 서로 싸우게 하는 것에 지나지 않는다. …지금까지 왕관을 썼던 모든 악당들보다는 정직한 보통 사람 한 명이 사회에 더 가치가 있고 신 앞에 더 가치가 있다.[1]

---

1 같은 책, 44쪽.

그가 말한 공화국이란 왕보다 더 가치 있는 보통 사람들의 나라로서, 공익, 즉 인권과 정의의 기본적 원리에 의해 창설되고 운영되므로 공익은 사익과 모순되는 것이 아니라 사익의 총화에 불과했다. 그러나 페인은 재산권에 대해서는 그 사회적 책임을 강조함으로써, 나아가 재산가들로부터 빈민층을 보호하는 보호자로서의 기능을 국가에 부여했다.

물론 그는 경제의 사회화를 주장하지 않은 사회주의자는 아니었다. '노동가치설'을 주장한 마르크스가 초과이윤이 노동자에게 돌아가야 한다고 주장한 것과 달리, 페인은 재산이 사회적으로 생긴 것이므로 사회에 반환해야 한다고 주장했다. 이러한 사회민주주의적인 주장은 18세기 말에서는 가장 혁신적인 것이었고, 21세기의 지금에도 의의가 있다. 사실 영국을 비롯한 복지국가나 사회국가, 또는 사회민주주의, 수정자본주의라는 것이 이미 페인이 말한 그대로가 아닌가?

모든 사람이 자유롭고 평등한 자연적 인권을 타고났다는 페인의 인권론은 1775년 『아메리카의 아프리카 노예제』에서 "그들이 자유를 박탈당하도록 선고를 받은 것이 아니기 때문에 그들은 여전히 자유에 대한 자연적이고도 완전한 권리를 갖는다"고 한 점에서부터 나타났다.[1] 이어 1780년의 『노예 해방』에서도 인간의 피부가 다른 것은 신의 창조에 의한 것에 불과하므로 인간이 그것을 이유로 차별

---

[1] African Slavery in America, Thomas Paine, *The Complete Writings of Thomas Paine*, Philip S. Foner (ed.), Citadel Press, 1969, vol. 2, p. 18.

해서는 안 된다고 주장했다.[2]

그가 말하는 자연권은 첫째, 한 국민의 주권으로서 이를 근거로 그는 미국의 독립을 주장했다. 둘째, 개인적 자유권, 셋째, 선거권(따라서 선거권에 대한 재산에 따른 차별은 부당하다), 넷째, 언론의 자유, 다섯째, 혁명권이었다.

이러한 자연상태에서 나오는 자연권과 구분되는 것이, 자연상태로부터 정치공동체로 넘어감에 따라 갖는 시민권이었다. 시민권은 자연권에 근거하는 것으로서, 자유, 평등, 안전, 재산, 사회적 보호, 압제에 대한 항거를 그 내용으로 한다. "자유란 타인의 자연권에 위반되지 않는 것은 무엇이든 할 수 있는 권리"이고, "평등은 모든 사람이 동질의 권리를 누림"이며, "안전은 사회가 모든 시민들에게 그 생명, 재산, 권리를 보존해주는 사회적 보호"를 말했다.[3]

여기서 '주권'과 '혁명권'에 주목해야 한다. 페인은 모든 사람이 사회계약에 참여하므로 그들은 주권을 가지고, 따라서 국민이 싫어하는 정부를 개폐할 권리를 갖는다고 보았다. 그에 의하면 주권은 주권자인 각 개인이 가지지만, 그것을 어느 누구도 독점할 수 없다는 점에서 국민이라는 추상적 존재가 갖는다. 이는 루소의 일반의사와 같은 논리이지만, 루소가 일반의사와 특수의사(전체의사)를 대립시켜 전체주의로 흐르는 반면, 페인은 다수지배의 원리를 통해 주권의 단일성과 최고성을 주장했다.

---

2   Emancipation of Slaves, 같은 책, p. 21.
3   Plan of a Declaration, 같은 책, pp 558-560.

이러한 페인의 다수지배란 민주주의를 중우정치로 조롱한 과거는 물론 오늘날에도 대중독재라는 말이 유행하는 만큼 섣불리 단순화시키기에는 문제가 많지만, 그럼에도 불구하고 그 이상의 원리를 우리가 갖지 못함도 사실이다. 또한 국제적, 경제적, 사회적 문제가 18세기 말의 페인 시대 이상으로 복잡하게 얽히게 된 그 이후에 그의 계몽주의가 완벽하게 답하지 못한 것이 사실이지만, 우리가 그 이상의 원리를 갖지 못한 것 역시 사실이다.

세무원, 교사 등을 거친 가난한 이주자로서 최하층 민중을 대변한 페인의 책은 1776년 출판과 함께 25판이나 찍었다. 그러나 그의 가장 큰 관심은 중간집단의 대변이었다. 그래서 미국 혁명의 과정에서 민병대와 같은 최하층 민중의 집단행동에 반대했다. 대신 그는 헌법 채택에 대한 논의에서 중앙정부를 지지하는 도시 기능공들을 대변했다. 페인은 각각 독립한 국가로서 단원제 의회를 창설하고 더욱 평등한 대의제도를 통해 매년 의원을 선출하며, 영국의 대헌장에 상응하는 대륙 헌장을 만들어 전국적 단원제 의회를 구성하자고 주장했다.

이러한 페인의 주장에 대해 당시의 소위 근왕파는 영국의 정체가 인류가 만든 최선의 것이고, 왕이 없으면 선동가가 좋아하고 부패하기 쉬운 민주정으로 타락하며, 혼란과 내란을 초래하고, 페인이 주장한 정체도 그런 결과를 초래하리라고 비판했다. 그러나 더욱 중요한 반론은 페인과 같이 독립에 찬성하는 사람들에게서 나왔다. 그중 미국독립운동사에 그 이름이 남은 아담스(John Quincy Adams, 1767~1848)는 페인의 생각이 "한편으로 정직한 무지나 어리석은 미혹, 또는 다른 한편으로 고의적인 궤변과 부정적인 위선에서 유래했다"라고 비판하면서 그의 단원제 의회 설치를 비난했다. 그는 『상식』이 "어떤 제약도 없는, 또는 어떤 평형이나 균형도 추구하는 노력조차 없는, 너무나도 민주적인 제안이어서 반드시 혼란과 온갖 폐해를 초래하리라"고 보았다.¹ 게다가 페인에게는 "애국주의의 핵심을 구성하는 어떤 나라도, 어떤 애정도 없다"라고 비판했다. 즉 페인이 종사하는 것은 하나의 나라 자체가 아니라, 그가 서 있는 원칙인 자유와 평등일 뿐이었다.

"자유가 없는 곳에 내 조국이 있다"는 유명한 페인의 말은 "자유가 있는 곳에 내 조국이 있다"는 프랭클린(Benjamin Franklin, 1706~1790)의 말에 대한 대답이었으나, 바로 그 말이 보편적 자유주의자인 페인의 삶과 생각을 단적으로 보여준다. 그는 영국과 프랑스의 압제에 대항하여 자유를 향한 투쟁에 나섰다.

그의 혁명가로서의 생애는 근대 혁명의 변화를 그대로 보여주는 점에서도 흥미롭다. 18세기 중반에 혁명이란 정부의 변화, 특히 정체의 기본적 원리가 변화하는 것을 뜻했다. 그러나 19세기 초에 오면 그것은 급속하고 근본적이며 진보적인 사회적 정치적 변화를 뜻하는 것으로 바뀌었다. 즉 그것은 본래의 고유한 정체나 부패하지 않은 국가를 지향하는 것이 아니라, 계몽의 확산과 인간의 불가침 인권에 대한 인식을 근거로 하여, 인류가 야만으로부터 문명으로 나아가야 한다는 확신으로 바뀌었다.

---

1   버나드 베일린, 배영수 옮김, 『미국 혁명의 이데올로기적 기원』, 새물결, 1999. 330쪽 재인용.

18세기 미국의 인권투쟁
_미국의 사회적 혁명

페인의 혁명은 모든 권력적 사회구조의 혁명을 초래했다. 그 전까지 권위에 복종하여 철저히 질서가 유지된 사회가 별안간 흔들렸다. 통치자에 대한 피치자만이 아니라 남편에 대한 아내의 자유와 평등, 부모에 대한 자녀의 자유와 평등, 노예주에 대한 노예의 자유와 평등, 사용자에 대한 노동자의 자유와 평등이 자연스레 의식되었다. 특히 참정권이 없는 하층 백인 남성이 참정권과 연차 선거, 종교적 관용, 노예제 폐지 등을 요구했다. 하층 백인 남성으로 구성된 민병 부대에서 '병사가 사관의 선출을 요구하는 권리' 행사가 처음 시행되었다. 이는 사회적으로 배제된 집단이 병역을 통해 완전한 자유를 정식으로 요구할 수 있다는 미국의 오랜 전통을 확립해준 사건이었다.

혁명 중 매년 선거와 투표권 확대를 요구한 사람들은 재산과 참정권의 관계를 단절시켰다. 그리고 재산권 자체를 물리적 소유물만이 아니라 자유와 권리를 포함하는 것으로 바꾸었다. 이처럼 모든 사람이 자유와 권리를 재산으로 갖는다면 누구나 정치에 참가할 수 있었다. 당시에는 자유란 무엇보다도 투표권을 뜻했다. 이는 1987년 한국의 민주화에서도 가장 중요한 것이었다. 그것이 그 200년 전 미국에서 주장된 것이다. 한반도에서도 19세기 말 투표권이 처음으로 주장되었으나 당시의 지배계급은 반대했다. 그 후 1948년에 투표권이 주어졌으나 1972년 유신헌법에 의해 박탈되었고, 1987년에 다시 확보되었다. 한국에서는 독재정권이 안보와 경제발전 등을 이유로 이를 정당화했으나 미국과 유럽에서는 재산이 투표권 부여의 가장 중요한 조건이었다.

제퍼슨, 프랭클린,[1] 메디슨, 아담스와 같은 헌법의 아버지들은 모두 재산만이 자유, 즉 독립을 뜻한다고 주장하며 격렬하게 반발했다. 재산이 없는 사람들은 스스로 판단할 수 없고 재산소유자의 명에 따라 투표한다는 것이었다. 그 뒤 재산 자격을 납세로 대체하고 병사에게 참정권을 부여하는 등의 변화가 일었으나 남성의 보통선거권 확보에도 긴 세월이 필요했다. 여성이나 비백인의 경우는 더욱 그러했다.

종래의 강제노동을 포함한 경제적 제도도 쇠퇴하여 남북전쟁에 이르는 갈등은 이미 독립 시부터 나타났다. 남부와 달리 북부에서는 주인(master)과 하인(servant)이라는 말 자체가 인격적 자유에 대한

---

1 프랭클린은 백인의 우월성이라는 관점에서 미국인이 흑인과 결혼하는 것에 반대했다.

모독이라는 이유에서 더 이상 사용되지 않고 고용주(boss)와 도우미 (helper)로 불리었다. 독립선언에서 제퍼슨이 재산을 '행복 추구'로 명시하면서 이러한 변화가 일어났는데, 이는 개인이 자유롭게 행위할 수 있고, 그러기 위해선 기회도 평등해야 함을 뜻했다. 세습적인 특권과 중상주의적 독점이 제거되면 부를 취득할 기회가 재능 있는 모든 사람에게 직업의 완전한 자유로서 보장되어 행복을 추구할 수 있다는 것이다. 제퍼슨을 비롯하여 당시의 많은 사람들은 경제적 자산이 없다면 자유가 없다고 보고, 상속제 폐지와 빈민에 대한 토지의 무상급여를 주장했으나 채택되지는 못했다.

아담스를 비롯한 다수파는 민주적 대중이 부자를 약탈하면 정부는 존속할 수 없다고 보았다. 억제와 균형의 체제와 주권의 분할에 근거한 미국 헌법은 경제적 불균형에 대한 정부의 개입을 막기 위해 설계되었다. 페인은 정부가 필요악이라고 보았으나 다수파는 그렇게 생각하지 않았다. 『연방주의자』에서 엘리트주의자인 메디슨은 "자유는 권력의 남용과 마찬가지로 남용에 의해 위기에 놓일 수 있다"고 했다[1]. 연방주의자들은 자유를 정부에 반대하는 권리가 아니라 권위에 대한 복종이라고 주장하며 진보파들의 자유를 방종이라고 비판했다. 이는 민주주의의 후퇴를 뜻했다.

진보적인 제퍼슨의 공화파는 평등주의적이고 민주적 참가를 자유에 불가결한 것이라고 주장하고 연방주의자들의 국가적 경제 발

---

[1]   Jacob Cooke, ed., *The Federalist*, 1961, p.428.

전계획을 상업자본가 계급을 위한 것이라고 보아 반대했다. 그러나 제퍼슨조차 전쟁에 나가 싸웠거나 세금을 내는 사람에게만 참정권을 확대해야 한다고 주장했다.

18세기 미국의 인권문서
_미국의 '버지니아 헌법'과 '독립선언'

독립전쟁이 진행되면서 버지니아 주는 다른 주에 앞서 1776년 6월, 버지니아 헌법을 제정했다. 이는 인권법으로 제정된 세계 최초의 문서로 인권을 구체적으로 제시하지 않은 '독립선언'과 달리 구체적 인권을 열거했다. 버지니아 헌법의 내용은 다음과 같다.

첫째, 모든 사람은 태어나면서부터 자유롭고 독립적이며 생래적인 권리를 갖는다. 그 권리는 인민이 사회를 조직함에 있어 인민의 자손으로부터 어떤 계약으로도 박탈할 수 없다. 그 권리란 재산을 취득 소유하고 행복과 안녕을 추구할 수단을 동반하며, 생명과 자유를 향유하는 권리다.

둘째, 모든 권력은 인민에 있고, 인민에 유래한다. 행정관은 인민의 수탁자이자 공복이고 언제나 인민에 대해 책임을 진다. 정부는 인민, 국가 또는 사회의 이익과 보호 및 안전을 위해 수립되었고 수립되어야 한다.

버지니아 헌법 대회

미국독립선언서에 서명하는 대표들

그리고 인민의 혁명권, 공직자의 특권 및 세습의 금지, 사법권의 독립, 선거의 자유, 국민의 동의 없는 계엄령 등의 법의 집행 금지, 재판을 받을 권리와 자기에게 불리한 증거를 제출하지 않을 권리, 잔혹한 형벌의 금지, 영장 없는 수사와 체포의 금지, 배심재판, 언론 출판의 자유, 군대에 대한 문민 통제와 평시의 상비군 금지, 통일된 정부를 가질 권리, 신앙의 자유 등을 규정했다.

1776년 7월 4일, 미국 「독립선언」이 발표되었다. 그것은 "모든 사람은 태어나면서부터 평등하고 신에 의하여 양도될 수 없는 권리를 부여받고 있으며, 그 가운데는 생명, 자유 및 행복의 추구라는 권리가 있다는 진리를 우리는 자명한 것으로 주장한다." 그러나 그 모든 사람에는 인디언, 흑인노예, 그리고 여성이 제외되었다. 독립선언에서는 영국왕이 노예 반란과 인디언 습격을 선동했다고 주장했다.

당시 조지 워싱턴은 인디언의 마을을 완전히 파괴할 것을 제안했다. 토마스 제퍼슨은 영국왕이 아프리카에서 식민지로 노예를 실어 왔고 "이러한 저주스러운 상행위를 금지하거나 제한하려는 모든 합법적 시도를 억압하고 있다"고 비난했다. 이러한 비난은 흑인노예의 증가와 이에 따른 흑인 반란의 위협에 대한 공포의 반영이었다. 그러나 그것은 독립선언에 포함되지 않았다. 실제로 제퍼슨 자신은 죽을 때까지 수백 명의 노예를 소유했다. 독립선언에 서명한 사람의 69%가 영국 치하에서 식민지 관리를 지낸 사람들이었고, 대부분 노예를 소유했다.

미국 독립선언의 사상은 1689년에 출판된 로크의 『시민정부론』까지 거슬러 올라가지만 이는 페인의 진보적 견해에 반대되는 보수적 견해였다. 17세기 말 영국은 전제군주에 반대하는 부르주아가 내란을 벌여 의회정부 수립을 요구했다. 비단무역과 노예무역 투자, 대부나 저당으로 큰 소득을 올린 부자였던 로크는 국내외 상업자본주의의 자유로운 발전을 위해 혁명을 옹호했고 그 혁명에 의한 의회최고권의 확립, 법의 지배의 확립은 재산을 가진 자들에게 이익을 가져다주었다. 로크는 캐럴라이나 주의 고문으로 40명의 부유한 지주, 귀족들에 의해 운영되는 노예 소유자의 정부를 제안했다.

1787년 헌법 제정을 위해 필라델피아에 모인 55명의 대다수가 변호사로서, 대부분이 토지, 노예, 제조업 또는 해운업을 운영하는 부자였고 그중 반이 이자놀이를 하였으며 40명이 정부 발행 채권을 소유했다.[1] 그들 대부분은 강력한 연방정부의 수립에 이해관계를 가졌다. 즉 제조업자는 보호관세를, 대부업자는 변제 시의 지폐 사용 금지를, 토지 투기자들은 인디언 토지의 보호를, 노예 주인은 노예 반란과 도망에 대한 보호를, 채권 소지자는 정부가 조세를 통해 그 변제를 요구했다. 반면에 노예, 노동자, 여성, 그리고 빈민은 헌법위원회에 대표를 보내지 못했다. 전쟁이 끝난 뒤 북부의 여러 주에서는 서서히 노예제가 폐지되었으나, 1810년에도 약 3만 명의 노예가 남아 있었고, 1840년에도 1천 명의 노예가 남아 있었다. 반면 남부에서는 쌀과 면화를 생산하는 대농장이 성장하면서 노예는 더욱 늘어났다.

---

1   찰스 비어드, 『미국 헌법의 경제적 기초』

혁명 논쟁을 거쳐 독립 후 제정된 미국 헌법은 급진파인 각주 분권주의가 온건파인 연방집권주의에 패배하는 과정을 통해 성립했다. 그것은 토크빌이 지적했듯이 성문 경성헌법, 연방제, 권력분립제, 사법부의 우위를 핵심으로 한 것이나, 그 핵심은 재산권을 비롯한 인권의 보장과 민주주의를 조화시키는 점에 있었다. 그러나 그 내용에 대해서는 여러 가지 주의할 점이 있다.

사실 영국군에 대한 식민지 미국의 승리는 독립에 대한 열망이 아니라 사전에 무장한 민중들이 있었기에 가능했다. 군대가 가난한 사람들에게 돈과 사회적 지위를 주었기 때문이다. 당시의 군복무는 의무제였으나 5파운드를 내면 면제되었다. 전쟁 기간에 식민지를 통치한 대륙회의는 지연과 혈연을 통해 파벌과 계약으로 결합된 부자들에 의해 지배되었다. 대륙회의는 그것에 돈을 빌려준 부자들에게 더 많은 이득을 보장해준다고 약속했다.

18세기 미국의 인권문서_미국 헌법

미국 헌법의 아버지들은 다양한 정치적 입장을 보였다. 제퍼슨은 급진주의를, 메디슨은 온건주의를, 해밀턴은 보수주의를 표방했는데, 나는 여기에 연방제 등의 인디언적 전통도 포함된다고 본다.[1] 그들 대부분은 영국이나 프랑스의 자유주의자들처럼 '사람의 정부'가 아닌 '법의 정부'를 수립하고자 했다. 그래서 미국 헌법은 로크의 자연법이론에 근거했다. 인간의 불완전성을 인정한 스코틀랜드 계몽주의의 영향도 받았다.

미국 헌법의 아버지들은 중앙 정부가 강력해야 한다고 생각했다. 미국 헌법 제정 뒤 권리장전으로 알려진 일련의 수정안이 통과되었으나, 3권 분립이 자유를 옹호한다고 본 메디슨 등 연방주의자들은

---

1 박홍규, 『인디언 아나키 민주주의』

이에 반대했고 따라서 그 내용도 제한되었다. 권리장전 제1조는 언론과 출판의 자유를 보장하는 것이었으나 영국에서 그것은 정부를 비판하는 권리가 아니라 의회 의원의 기소를 면제하는 권리로 시작되었다. 그래서 미국에서는 언론이 '선동적'이라는 이유로 자주 기소되었다. 언론 자유를 주장한 제퍼슨도 잘못된 사실을 말한 언론은 처벌을 받아야 한다고 주장했다. 언론의 자유가 헌법에 규정된 7년 뒤, 그것에 반하는 보안법(Sedection Act)이 통과되어 반정부적인 언론이 위법시되었다. 이는 제1, 2차 세계대전 후의 '빨갱이 사냥'으로도 재현되었다.

권리장전에서는 종교의 자유와 정교분리도 규정되었다. 과거에는 영국에서 비국교도가 자신들에게 부과된 법적 제한을 철폐하기 위해 주장되었을 뿐 가톨릭과 같은 다른 종교의 자유를 의미하지 않았다. 다양한 신교도의 종교의 자유는 인정되었으나 정교분리는 인정되지 않아서 공직자에게는 개신교에 대한 선서가 요구되어 다른 종교를 믿는 사람들은 차별을 받았다.

무엇보다도 중요한 것은 미국 헌법이나 권리장전에 노예 해방에 관한 규정이 없었고 도리어 20년간 노예무역의 폐지를 금지하고 도망 노예는 주인에게 돌아가야 한다고 규정하여 노예제를 강화했다고 하는 점이다. 노예 거래는 1808년까지 유지되었고 1700년 이래 미국에 수입된 노예의 4분의 1에 해당하는 90만 명의 노예가 유예된 20년 사이에 아프리카에서 수입되었다. 도망 노예법은 노예제가 폐지된 북부로 도망친 노예도 영원히 노예라고 규정했다.

산토도밍고의 흑인 혁명

메리 울스톤크라프트

미국 헌법은 미국 내 인구를 3종으로 구분했다. 노예와 인디언, 그리고 인민이다. 미국 헌법의 주체는 '인민(국민)'이었다. 인민은 정치적 충성과 피에 의해 규정된 백인이었다. 흑인 노예는 1870년 시민권을 가졌으나 아시아인은 1940년까지 갖지 못했다. 백인 중에도 19세기 후반에는 시민권 부여 대상에서 제외된 사람이 많았다.

제퍼슨은 "흑인은 태생적으로 무능하고 노예제로 인해 국가를 불신하며 지속적인 타인의 전제는 자제심을 상실하게 하므로 노예제는 도덕에 악영향을 미치기 때문에 인민에서 배제해야 한다"고 주장하면서도 노예 소유자에게는 어떤 제한도 인정하지 않았다. 이러한 환경결정론과 인종차별론은 당대 지식인 전부가 공유했던 사상으로, '자유를 이성에 의한 것'이라고 본 주장과 모순되지 않았다.

제퍼슨은 1791년 산토도밍고에서 흑인 혁명이 터지자 "이것이 흑인이 자유를 누릴 자격이 없음을 보여준다"라고 말했고, 대통령이 되자 미국에 이어 두 번째로 성립된 공화국을 고립시켜 타도하고자 했다. 그 앞의 대통령인 연방주의자인 아담스가 그 곳의 사탕무역을 프랑스 상인으로부터 미국 상인에게 이전하고자 했기 때문이었다.

한편 백인 중 여성은 정치에서 배제되었고 재산을 소유할 수 없었다. 여성은 태생적으로 능력을 갖지 못한다고 여겨졌다. 1792년 울스톤크라프트의 『여성의 권리의 옹호』 이후 최초의 여성운동이 시작되었다. 1807년 극소수의 여성에게 참정권이 인정되었다. 아직 시민의 정의는 '남성'이었다. 1798년 '외국인법 및 선동죄법'은 위험한 외국인을 추방하고 정부에 비판적인 집회나 출판을 금지했다.

18세기 프랑스의 인권사상
_프랑스 계몽주의의 인권관

프랑스 계몽주의는 이성의 이름으로 종교적 몽매와 싸운 점에서는 일치했고, 철학적으로는 로크를 계승한 경험론적 인식론으로부터 공리주의적 개인주의로 향하는 하나의 흐름으로 나타나 19세기 자유주의 사상에 영향을 미쳤다.

현대 프랑스는 18세기부터라고 한다. 프랑스의 18세기는 '철학자의 세기'라 불린다. 그러나 철학개론은 물론 철학사를 뒤져도 18세기 프랑스 철학자는 등장하지 않는다. 철학사 전체를 보아도 17세기 데카르트 이후 곧바로 20세기로 넘어가 베르그송부터 몇 사람이 나올 뿐이다. 18세기는 물론 19세기도 비어 있다.

프랑스의 철학자는 우리가 보통 말하는 철학자와 좀 다르다. 그러나 철학이란 본래 '지혜를 사랑한다'는 뜻임을 아는 우리는 계몽가나 사상가, 혹은 우리 시대 말로 지식인 또는 지성인이라 부르는 18

세기 프랑스 철학자들이야말로 철학자 본연의 모습을 보여주는 이들이다.

18세기 프랑스 철학자는 그 세기말의 혁명과 관련이 깊다. 철학자들이 혁명의 선구자였다는 것이다. 그러나 모든 혁명이 그렇듯 프랑스 혁명 또한 기본적으로 굶주림에서 나온 것이지 철학에서 나온 것은 아니다. 물론 혁명이 진행되면서 대의명분이 필요해졌고, 그쯤에서 철학이 이용됐다고는 할 수 있을 것이다. 볼테르도 예외가 아니었다.

물론 18세기 프랑스 철학자들이 추구한 이상 사회는 세기말 혁명이 추구한 것과 크게 다르지 않다. 모델은 영국이었다. 이를 통해 혁명 후 프랑스에서는 영국의 민주주의를 계승하는 작업이 이루어졌다. 한편으로 계몽주의는 기독교에 대해 반발하기도 했다. 18세기 이전까지 유럽은 세계를 '신의 것'과 '인간의 것'으로 나누는 기독교적 세계관의 지배를 받았다. 그것을 18세기 계몽사상은 거부한 것이다.

우리는 그 계몽주의를 대표하는 세 사람의 이름을 기억한다. 바로 『법의 정신』(1748)을 쓴 몽테스키외와 『관용론』(1763)의 볼테르, 그리고 『사회계약』(1762)을 쓴 루소이다. 이들은 각각 귀족, 중산계급, 장인계급 출신이었다. 몽테스키외는 권력분립 이론의 선구자였으나, 귀족 출신답게 강력한 귀족정치를 옹호했다. 이러한 몽테스키외를 비판한 볼테르는 당시의 국왕 체제를 전제로 자유주의를 옹호한 정치적 실용주의자였다. 우리 식으로 말하면 실학자였다.

그러나 두 사람은 나라마다 전통, 문화, 역사 등의 차이에 따라 정치체제가 다를 수 있음을 인정했다. 동시에 언론 출판의 자유를 비롯한 인권의 보편성을 믿었다. 두 사람의 차이는 보편성이 몽테스키외는 귀족, 볼테르는 왕에 의해 가능하다고 믿었다는 점이다. 물론 지금 우리는 그런 몽테스키외나 볼테르에 찬성할 수 없다.

우리는 프랑스에 대해 지니는 긍정적인 이미지를 되돌아볼 필요가 있다. 흔히 프랑스를 '혁명, 자유, 평등, 인권, 문화, 예술(특히 미술과 문학)의 나라'라고 하지만 이러한 이미지는 프랑스 대혁명과 인권선언, 인상파를 비롯한 프랑스 미술, 카뮈와 사르트르의 프랑스 문학, 푸코나 데리다로 대표되는 현대 프랑스 사상 등을 통해 형성된 것이다. 여기에 관용이라는 뜻을 가진 프랑스어 '톨레랑스'가 유행을 타면서 프랑스의 이미지를 더욱 긍정적인 방향으로 이끌었다.

그러나 이런 인식 속에 프랑스가 유럽의 어떤 나라보다 더 중앙집권적이고 권위주의적인 정치체제를 갖고 있었다는 사실, 프랑스 사회 속의 차별, 특히 식민지에 대한 억압, 차별, 착취가 만연했다는 사실이 깡그리 배제된 것은 문제이다. 또한 프랑스가 영국과 함께 제국주의의 선봉에 섰다는 역사적 사실을 철저히 무시한 것도 문제다. 사실 톨레랑스란 프랑스 국민 내부에서, 그것도 상부 지배계층에서 제한적으로 통용되었을 뿐 하부 피지배계층, 특히 식민지에서는 거의 적용되지 않았다.

18세기 프랑스의 인권투쟁
_프랑스 혁명

프랑스 혁명은 엄밀히 말해 1830년 7월 혁명과 1848년 2월 혁명을 함께 일컫는 말이지만, 대개는 1789년의 혁명만을 가리킨다. 이때 1789년의 혁명을 다른 두 혁명과 비교하여 '프랑스 대혁명'이라고 부르기도 한다.

절대왕정이 지배하던 프랑스의 앙시앵 레짐(Ancien Régime) 하에서 자본가계급이 부상하고(18세기에 모든 선진국에서 나타난 특징적인 현상), 미국의 독립전쟁으로 자유의식이 고취된 가운데 인구 대다수를 차지하던 평민의 불만을 가중시키자 민중은 흉작이 일어난 1789년 마침내 봉기했다. 도시민과 농민의 개입(대공포)으로 폭력양상을 띤 이 혁명은 2년간에 걸쳐 전 체제를 전복시켰다. 이 혁명은 혁명의 소문을 들은 피지배 민족의 자유와 독립 쟁취 의식을 고취하여 여러 민족을 거느린 주변 상대국을 불안하게 했다. 프랑스 혁명은 앙

프랑스 대혁명 당시 바스티유 감옥을 습격하는 시민들

시앵 레짐을 무너뜨렸지만 혁명 후 수립된 프랑스 공화정이 나폴레옹 보나파르트(Napoléon Bonaparte)가 일으킨 쿠데타로 무너진 후 75년간 공화정, 제국, 군주제로 국가 체제가 바뀌며 왜곡된 정치 상황이 지속되었으나, 역사상으로 민주주의 발전에 크게 기여했다. 프랑스 혁명은 크게 보면 유럽과 세계사에서 정치권력이 왕족과 귀족에서 자본가계급으로 옮겨지는, 역사 분야에서 완전히 새로운 시기를 열어 놓을 만큼 뚜렷이 구분되는 전환점이었다.

프랑스 혁명은 여러 '혁명 문서'를 남겼다. 즉 1789년 8월 26일 '인권선언', 1791년의 헌법, 1793년의 헌법, 1795년의 헌법 등이다. 1791년의 헌법은 입헌군주제, 1793년의 헌법과 1795년의 헌법은 공화주의를 선언했고, 보통선거제를 규정한 1793년의 헌법과 1791년과 1795년의 헌법은 진일보한 민주주의의 가치를 드러냈다. '인권선언'과 세 헌법은 자유, 평등, 박애라는 자연권의 보편적 적용을 통해 새로운 사회 및 세계가 나아가야 할 실질적이고 위대한 원리를 천명했다.

프랑스 혁명의 의의를 한마디로 말하면 인간의 탄생이라고 할 수 있다. 세계사는 프랑스 혁명 이전과 이후가 확연히 다르다. 시에예스가 말했듯, 당시 귀족을 뺀 모든 사람은 아무것도 아니었다. 즉 '인간'이 아니었다. 오랫동안 아무런 권리도 누리지 못하고 비참하게 살아온 사람들이 비로소 인간임을 선언하고 인간답게 사는 길을 열어젖힌 것이 프랑스 혁명이었다. 오늘날 헌법에 명시된 거의 모든 기본권, 인권의 보장은 프랑스 혁명의 성과물이라는 것을 직시해야 하는 이유다. 프랑스 혁명으로 참다운 인간의 역사가 시작됐다. 또 프랑스 혁명부터 여성주의가 시작하였다는 견해도 있다. 그러나 '인간과 시민의 권리선언'에서는 여성이 인간에서 제외되었다.

18세기 프랑스의 인권문서
–프랑스 인권선언

프랑스 인권선언 또는 '인간과 시민의 권리선언(Déclaration des droits de l'Homme et du citoyen)'은 프랑스 혁명으로 만들어진 인권문서로 제헌 국민의회에 의하여 1789년 8월 26일에 채택되었다. 선언이라고 하면 흔히 아무런 법적 효력이 없는 것으로 이해되지만, 프랑스의 그것은 공적인 명령을 뜻하는 것임을 주의해야 한다. 자연법사상의 영향을 받아 자유와 평등, 종교의 자유, 출판과 결사의 자유 등 인간의 천 부적 권리는 장소와 시간을 초월하여 보편적임을 선언한 이 인권문 서는 인권을 억압하던 로마 가톨릭교회를 중심으로 한 구체제의 억 압을 끝장냈다.

조문 수는 모두 17개였는데 이는 모든 인권을 규정한 것이 아니라 추후에 보완을 예정한 미완성이었다. 그러나 1791년 프랑스 최초의 헌법을 제정할 때 인권선언에는 손을 대지 않았다. '인간과 시민의 권리선언'이라는 제목과도 같이 권리를 인간의 권리와 시민의 권리로 나누었지만 구분은 명확하지 않다. 그 구분의 기준은 '국가를 전제로 한 권리냐 아니냐'라는 것으로, 제6조의 법 형성과 법 앞의 평등, 제13~14조의 납세 관련 조항은 국가를 전제로 한 것이어서 시민의 권리로 규정되는 반면 나머지는 모두 인간의 권리로 규정된다.

인권선언의 제1조는 "사람은 자유롭게 그리고 권리에서 평등하게 태어나 생존한다. 사회적 차별은 공동 이익을 근거로 해서만 있을 수 있다"고 규정했다. 여기서 주어가 사람임에 주목해야 한다. 이는 인권선언 이전의 인권문서들이 마그나카르타로부터 권리장전까지 특정 계층의 권리를 보장한 것인 반면 그야말로 모든 사람의 권리인 인권을 보장했음을 뜻한다. 이어 제2조는 "모든 정치적 결사의 목적은 인간의 자연적이고 소멸될 수 없는 권리를 보전함에 있다. 그 권리란 자유, 재산, 안전, 그리고 압제에의 저항이다"라고 규정했다. 제4조는 "자유는 타인에게 해롭지 않은 모든 것을 행할 수 있음이다. 그러므로 각자의 자연권의 행사는 사회의 다른 구성원에게 같은 권리의 향유를 보장하는 이외의 제약을 갖지 아니한다. 그 제약은 법에 의해서만 규정될 수 있다"고 규정한다. 제5조는 "법은 사회에 유해한 행위가 아니면 금지할 권리를 갖지 아니한다. 법에 의해 금지되지 않은 것은 어떤 것이라도 방해될 수 없으며, 또 누구도 법이 명하지 않는 것을 행하도록 강제될 수 없다"고 규정한다. 그리고 제3조는 국민주권의 원리에 대한 조항으로 "모든 주권의 원리는 본질적으로 국민에게 있다. 어떠한 단체나 개인도 국민으로부터 명시적으로 유래하지 않는 권리를 행사할 수 없다"고 규정한다. 제16조에는 권력 분립의 원칙에 관련해서 중요하게 평가되고 있는 조항이다. 즉, "권리의 보장이 확보되어 있지 않고, 권력의 분립이 규정되어 있지 아니한 모든 사회는 헌법을 가지고 있지 아니하다"라는 규정이다.

오늘날의 각국의 성문 헌법은 권리의 보장을 선언한 권리장전과 국가권력의 체계를 규정한 국가법 부분으로 크게 두 가지 규정이 담겨 있다. 제6조 이하에서 개별적 인권을 규정한다. 먼저 평등권을 규정하는 제6조는 "법은 일반 의사의 표명이다. 모든 시민은 스스로 또는 대표를 통하여 그 형성에 협력할 수 있는 권리를 가진다. 법은 보호를 부여하는 경우에도, 처벌을 가하는 경우에도 모든 사람에게 동일한 것이어야 한다. 모든 시민은 법 앞에 평등하므로 그 능력에 따라서, 그리고 덕성과 재능에 의한 차별 이외에는 평등하게 공적인 위계, 지위, 직무에 취임할 수 있다"고 규정한다. 이어 제7~9조는 신체의 자유를 규정한다. 먼저 제7조는 "누구도 법에 의해 규정된 경우, 그리고 법이 정하는 형식에 의하지 아니하고는 고소, 체포 또는 구금될 수 없다. 자의적 명령을 간청하거나 발령하거나 집행하거나 또는 집행시키는 자는 처벌된다. 그러나 법에 의해 소환되거나 체포된 시민은 모두 즉각 복종해야 한다. 이에 저항하는 자는 범죄자가 된다"고 규정한다. 그리고 제8조는 "법은 엄격하게, 명백히 필요한 형벌만을 설정해야 하고 누구도 범죄 이전에 제정·공포되거나 합법적으로 적용된 법률에 의하지 아니하고는 처벌될 수

인간과 시민의 권리선언

없다", 제9조는 "모든 사람은 유죄로 선고되기까지는 무죄로 추정되므로, 체포할 수밖에 없다고 판정되더라도 신체를 확보하는 데 불가결하지 않은 모든 강제 조치는 법에 의해 엄격하게 금지된다"고 각각 규정한다. 이어 제10~11조는 정신적 인권을 규정한다. 먼저 제10조는 종교의 자유로서 "누구도 그 의사의 표명이 법에 의해 설정된 공공질서를 교란하지 않는 한 종교적인 것일지라도 방해될 수 없다", 제11조는 "사상과 의견의 자유로운 소통은 인간의 가장 귀중한 권리의 하나이다. 따라서 모든 시민은 자유롭게 말하고 쓰고 인쇄할 수 있다. 다만 법이 정한 경우의 그 자유의 남용에 대해서는 책임을 져야 한다"고 각각 규정한다. 그리고 마지막 조항인 제17조는 소유권 규정으로서 "불가침의 신성한 권리인 소유권은 합법적으로 확인된 공공 필요성이 명백히 요구하고, 정당한 사전 보상의 조건하에서만 침해될 수 있다"고 규정한다.

이상이 구체적 인권 규정이고, 제12조 이하에서는 인권 보장을 위한 것을 규정한다. 먼저 제12~14조에서는 공공의 무력과 조세를 규정한다. 즉 제12조는 "인간과 시민의 권리 보장은 공공 무력을 필요로 한다. 따라서 이는 모든 사람의 이익을 위해 설치되는 것이지, 그것이 위탁되는 사람들의 특수 이익을 위해 설치되지 아니한다", 제13조는 "공공 무력의 유지를 위해, 그리고 행정의 비용을 위해 공공 조세는 불가결하다. 이는 모든 시민에게 그들의 능력에 따라 평등하게 배분되어야 한다," 제14조는 "모든 시민은 스스로 또는 그들의 대표자를 통하여 공공 조세의 필요성을 검토하며, 그것에 자유로이

동의하며, 그 용도를 추급하며, 또한 그 액수, 기준, 징수, 그리고 존속 기간을 설정할 권리를 가진다"고 각각 규정한다. 이어 제15조는 "사회는 모든 공직자로부터 그 행정에 관한 보고를 요구할 수 있는 권리를 가진다"고 규정한다.

프랑스의 여성과
노동자의 인권운동

지금까지 설명한 '인간과 시민의 권리선언'에는 여성이 제외되었으므로 1791년 올랭프 드 구즈(Olympe de Gouges, 1748~1793)는 프랑스 혁명에서 내건 평등의 권리가 여성까지 확대되지 않는 것을 보고 환멸을 느껴 「여성과 여성 시민의 권리선언」을 발표했다. 로베스피에르의 공포정치를 공격했다는 이유로 1793년 급진 공화파에 의해 단두대에 올라 처형된 올랭프 드 구즈는 "여성이 사형대에 오를 권리가 있다면 의정 연설 연단 위에 오를 권리도 당연히 있다"라는 유명한 말을 남겼다.[1] 그 뒤 프랑스 여성의 인권투쟁에도 불구하고 여성은 1944년까지 참정권을 갖지 못했다. 드 구즈가 여성인권선언을 발표한 1791년, 파리의 목수와 제철공들이 임금 인상을 요구했다. 이에

---

1   브누아트 그루, 백선희 옮김, 『올랭프 드 구주가 있었다』, 마음산책, 2014.

고용주들은 노동자들의 결사가 구체제의 동업조합을 부활시키는 것으로서 혁명이 정한 개인의 자유를 침해하는 것이라고 비난하면서 그것을 금지하는 입법을 청원하여 '르 샤플리에 법'이 제정되었다. 그것은 노사 양측에 적용되는 것이었지만 실제로 사용자에게 적용되지는 않았다. 노동자의 단결이 형사처벌을 면한 것은 1864년에 와서야 가능해졌고 노동조합이 법적으로 인정된 것은 1884년이었다.

처형 당하는 올랭프 드 구즈

프랑스 혁명과
식민지 인권투쟁

17세기, 프랑스는 흑인 노예를 카리브해 식민지의 농장에 배치했다. 노예무역과 노예제에 대해서는 계몽사상가들도 그 잔혹함에 대해 비판했다. 프랑스 혁명가들은 자유와 평등이라는 이념이 노예제와 맞지 않고 노예제의 유지가 혁명 그 자체를 위협한다고 보았다. 그러나 식민지 자체의 영유에 대해서는 비판하지 않았다. 『백과전서』의 '식민지' 항은 "식민지는 본국의 이익을 위해서만 있다"고 하여 그 경제적 이익을 인정했다. 즉 식민지의 영유와 노예제는 별개로 인식되었다. 하지만 노예제가 폐지되면 식민지가 성립될 수 없는 일이었다. 프랑스 혁명에 대해 유럽의 왕국들은 적대적인 태도를 취하여 1792년 오스트리아와의 전쟁을 시작으로 다음 해의 영국, 네덜란드, 스페인 등과의 전쟁으로 이어졌다. 당시 프랑스의 최대 식민지였던 산토도밍고(현재의 아이티)에서 45만 명의 노예들은 섬의 동

쪽을 지배한 스페인과 결탁했다. 반면 식민지의 노예주들은 영국과 결탁했다. 이는 혁명정부에 커다란 위협이 되었다. 그래서 프랑스 혁명 정부는 1794년 노예제 폐지를 최초로 선언했다. 이는 노예를 해방하여 프랑스 측에 끌어들이기 위해서였지 인권선언의 '보편적'이라는 선언을 적용한 것은 아니었다. 그러나 노예들이 영국을 축출하자 프랑스는 영국과 조약을 맺고 1801년 2만 명에 이르는 대규모 군대를 파견하고 1802년 노예무역상의 지지를 받은 나폴레옹은 노예제를 부활시켰다. 그래서 노예들은 10년 이상의 투쟁을 벌여 1804년 최초의 흑인 공화국이 수립되었다. 그러나 프랑스가 그 독립을 인정한 것은 1838년이었다. 나폴레옹의 축출 후 성립된 빈회의에서도 노예무역 폐지를 선언했다. 이를 주도한 영국이 1833년 노예무역을 폐지한 이유는 브라질과 쿠바 등에서 사탕 생산 분야에 진출했고 유럽의 설탕 생산이 높아져 영국령 서인도제도의 수익률이 점차 감소하고 외국산 사탕에 대한 고액의 관세가 국내 수요의 요청에 의해 대폭 인하되어 영국령 카리브 산 설탕이 그 가치를 잃었기 때문이었다. 이어 1848년 프랑스에서 노예해방이 선언되었다.

그 전에 프랑스에서는 콩스탕, 위고, 기조, 토크빌을 비롯한 자유주의자들이 노예폐지운동에 나섰다. 그러나 그 폐지의 이유도 "흑인을 도덕화하고 문명화한다"는 것이었는데 이는 노예폐지에 반대한 사람들이 그 이유로 내세운 것과 같은 것이었고 참된 이유는 식민지를 유지하는 경제적인 이익이었음에 주의해야 한다. 토크빌을 위시한 자유주의자가 알제리를 식민지로 삼는 것에 찬성한 이유도 알제리에 있던 노예제를 폐지하여 문명화를 달성한다는 것이었다. 루이 블랑(Louis Blanc, 1811~1881)을 비롯한 상-시몽주의자 등 사회주의자도 마찬가지였다. 프랑스의 식민지 정책은 영국과는 달리 동화주의를 취해 식민지의 참정권을 인정했으나, 그것은 식민지에 사는 프랑스인에게만 인정된 것이었고 그 밖의 권리는 인정하지 않았다. 또한 문화면의 동화정책도 프랑스어를 강요하는 것 외에 다른 것이 없었고 프랑스어의 강요도 식민지 지배를 위한 것이었다.

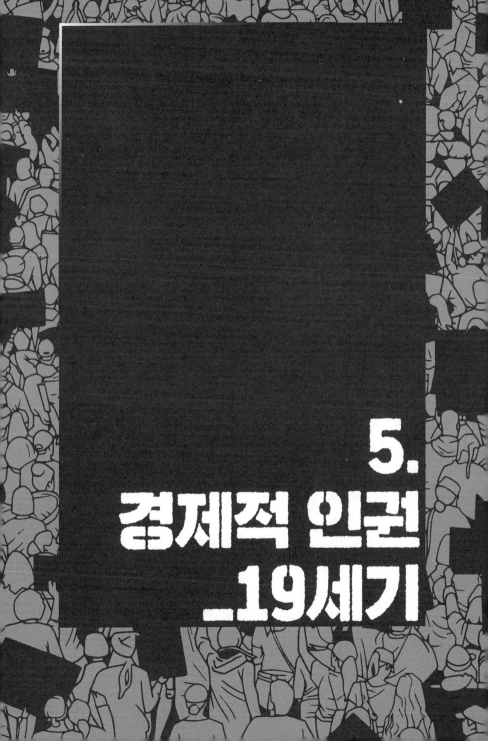

5.
경제적 인권
_19세기

나의
경제적 인권

중학교에 다닐 때다. 도시락을 싸오지 못하는 고아원 친구와 나의 초라한 도시락을 나누어 먹은 적이 있다. 얼마동안이었는지 기억나지 않지만 빈부 차이의 문제에 대해 처음으로 실감하고 분노했다. 고등학교에서는 내가 경멸하는 부잣집 아이들이 공부도 잘한다는 이유로 공부하지 않겠다는 식의 철없는 반항을 한 적도 있다.

내가 재산에 대해 아무런 욕심이 없다고 하면 믿을 사람이 없을지 모르지만 평생 노동자의 아들로 태어나 가난하게 자랐고, 마찬가지로 노동자로 지금까지 살아왔기 때문에 월급을 받고 소비하는 것 외에 재산에 관해서는 아무런 생각 없이, 법적으로도 아무 탈 없이 살아왔다고 해도 과언이 아니다. 월급이 적다고 생각해본 적도 없다. 도리어 대학에서 같이 일하는 시간강사들의 비참한 생활을 보완하기 위해 나 같은 전임교수의 월급을 반으로 깎아서 그들에게 주어도 무방하다고 생각하여 그것을 글로 발표한 적도 있다. 그 뒤로 평생 나보다 주머니 사정이 어려운 사람들과 식사를 하거나 술을 마실 때에는 반드시 내가 비용을 치르고자 노력해왔다.

그러나 평생 남들이 경험하는 경제적 인권의 문제점을 나는 제대로 겪지 못했다. 가령 자기가 살던 집을 강제로 철거당하는 아픔도 겪지 않았다. 한국에서 몇 차례나 끔찍한 사회적 아픔이었던 강제철거는 거주의 자유를 보장하는 헌법에 위배되는 것이자 최소의 '인간의 존엄성'을 침해하는 것이 아닐까?

우리 헌법의
경제적 인권

1. 거주·이전의 자유

헌법 제14조는 "모든 국민은 거주·이전의 자유를 가진다"고 규정한다. 거주·이전의 인권은 제15조의 직업선택의 인권의 전제로서 과거 신분제 사회의 구속을 폐지한 결과 생긴 것이므로 경제적 인권에 포함되지만, 이는 스스로 살 곳을 선택하고 다른 곳의 사람들과 의견을 나누기 위한 조건도 보장하는 것이므로 신체적 인권 및 정신적 인권에도 속한다. 특히 신분제 사회가 사라진 지금은 경제적 인권이라기보다 신체적 또는 정신적 자유라고 보는 측면이 더욱 강조된다.

또한 거주·이전의 자유를 실질적으로 보장하기 위해서는 국가에 의한 적극적 보장이 필요하므로 사회권적 요소도 갖는다. 즉 사회권 규약 제2조 1항이 규정하는 '적절한 주거에의 권리'가 그것이다. 가령 지역적, 신체적, 경제적 조건에서 생기는 교통수단에 대한 접근의 격차를 시정할 필요가 있다. 또 신체적 이유에 의해 이동을 제한받는 사람이 원활하고 안전하게 교통시설을 이용할 수 있게 하기 위한 정책도 필요하다.

2. 직업선택권

헌법 15조는 "모든 국민은 직업선택의 자유를 가진다"고 규정한다. 이는 자신이 종사할 직업을 결정하고 그 직업을 행할 자유까지 포함한다. 이는 자기가 영위하는 직업을 선택하는 자유뿐만 아니라, 자기가 고용되는 직업을 선택하는 자유를 포함한다. 왜냐하면 직업선택의 자유를 자기가 영위하는 직업을 선택하는 자유에 한정하면, 이는 경영능력(자산)이 있는 자의 자유와 같은 것이 되어 헌법상 '모든 국민'에게 그것을 보장하는 의미가 없어지기 때문이다. 따라서 직업선택의 자유는 단순히 경제적 인권이라고만 볼 수 없고 각자 자신이 갖는 능력과 개성을 충분히 발휘하는 인격적 가치와 불가분의 관계를 갖는 보편적 인권으로 간주되어야 한다.

직업선택의 자유는 헌법 제32조의 노동권과 직결된다. 직업이 영업이 아니라 고용된 직업인 경우에는 영업의 자유와는 전혀 무관한 것이 되고, 경우에 따라서는 영업의 자유와 대립될 수도 있다. 그런 점에서 직업선택의 자유에 영업의 자유가 포함된다고 볼 수 없다.

3. 재산권

재산권의 보장은 다른 나라의 헌법 역사에서 중대하게 다뤄지지만, 국제인권규약에는 재산권이 규정되어 있지 않다. 그렇다고 재산권이 인권이 아니라고 보기는 어렵다. 국제인권규약의 전신인 세계인권선언에는 재산권이 규정되어 있다.

우리 헌법도 "재산권의 내용과 한계는 법률로 정한다(제23조 1항)"라고 규정한다. 이는 다른 어떤 인권도 그 내용과 한계를 법률로 정한다고 한 적이 없는 것과 비교된다. 또한 "재산권의 행사는 공공복리에 적합하도록 하여야 한다"(동 2항)고 규정하는데, 개별적 인권에서 이러한 공공복리에 의한 제한을 명백히 규정한 경우도 없다. 그 이유는 그것이 제한된 재화를 대상으로 한 것이므로 다른 어떤 인권보다도 상당 정도로 제한될 수밖에 없다고 하는 점에 있다. 그러나 이러한 제한규정은 헌법 제37조 2항에 의한 일반적 제한으로 충분하므로 별도로 규정될 의미는 없다.

특히 재산권은 노동자의 인권과 관련되어 문제된다. 인권의 역사를 보면 예컨대 1789년 프랑스 인권선언에서 재산권은 절대적인 것으로 규정되었으나, 그러한 절대적 보장에 따른 빈부갈등 등의 사회적 모순으로 1919년의 바이마르 헌법 등에서 재산권을 제한하고 노동자의 인권을 보장하는 규정을 두게 되었다.

우리 헌법은 바이마르 헌법과 같은 구조를 갖고 있는데, 이는 그러한 현대헌법의 보편적 형태임과 아울러 우리 역사로부터 경험한 것을 반영한 것이라고도 보아야 한다. 적어도 현대법을 경험한 일제

이후, 우리는 헌법이라는 것을 갖지 못하고 일제에 의한 민·형법 등을 최초로 경험했다. 그것이 서양 현대법의 것인지에 대해서는 여러 논의가 가능하나, 적어도 재산권을 어느 정도 보장한 민법 등이 우리에게도 경험되었다는 것은 사실이고 일제강점기 하에서 빈부갈등이 존재한 점도 사실이다. 우리 헌법은 그러한 역사적 경험과 더불어 1948년 제헌헌법에서부터 노동자의 인권을 제한된 재산권과 함께 규정했다.

그런데 우리 헌법은 다른 나라의 헌법에서는 보기 어려운 형식으로, 9장에서 '경제'라는 장을 따로 두고 있다. 즉 국가가 '경제에 관한 규제와 조정'을 할 수 있다(119조 2항). 그러나 여기서 말하는 경제, 규제, 조정의 의미가 정확하게 무엇을 말하는지는 명확하지 않다. 특히 그것이 경제적 인권과 어떻게 관련되는지도 명확하지 않다. 헌법상 분명한 것은 특허제도(120조 1항), 농지소작제도의 금지(121조 1항) 등이다.

결국 이러한 경제를 어떤 것으로 볼 것이냐는 매우 주관적이기 마련이다. 경제사상은 자본주의로부터 사회주의에 이르는 매우 복잡한 양상을 보이고 있다. 그 어느 것이 우리 헌법의 태도라고 보기도 어렵다. 대체로 수정자본주의니 사회국가니 하는 관념으로 설명되는 주장에 의하면 헌법상 경제는 자유시장경제를 전제로 하되 사회적 인권의 보장에 의해 그것을 상당 정도 수정하는 것이라고 하나, 그 내용도 보는 사람에 따라 매우 주관적일 수 있다.

19세기 세계의
혁명적 인권운동

19세기를 흔히 질풍노도(疾風怒濤)의 시대라고 한다. 질풍노도란 '몹시 빠르게 부는 바람과 무섭게 소용돌이치는 물결'이라는 뜻이다. 이는 합리적이고 형식적 질서를 중시하는 18세기 계몽주의의 수정을 지향하는 예술적 혁명운동인 낭만주의가 새로운 생활감정과 인생경험을 표현한 것과 관련된다. 질풍노도란 말은 개인적으로는 사춘기를 비유하기도 하는데, 이는 사춘기가 신체적·정신적으로 어린이에도 어른에도 속하지 않는 정서적으로 불안정한 상태로서 감정기복이 심한 시기인 탓이다.

인권의 차원에서 19세기는 제국과 전제적 왕정으로부터의 독립, 노예와 농노의 해방, 노동자와 여성의 참정권을 비롯한 자기주장, 그리고 아나키즘과 사회주의 등이 구시대에 격렬하게 반항하면서 새로운 사회를 추구하는 혁명으로 나타난 점에서 질풍노도와 같았다고 할 수도 있다. 그러나 19세기 인권 운동은 18세기의 계몽주의 인권 운동을 더욱 발전시키고 실질화한 것이라고 보아야 한다.

19세기 세계의 인권 차원에서 가장 주목할 만한 것은 1810년대와 1820년대 사이에 나폴레옹이 스페인을 점령하고 왕을 폐위시켜 스페인의 국력이 약해지자 스페인이 지배한 남아메리카에서 독립운동이 본격적으로 벌어졌다는 점이다. 그 결과 콜롬비아, 베네수엘라, 에콰도르, 페루, 볼리비아, 칠레, 파라과이, 아르헨티나, 우루과이 등이 독립했다. 포르투갈의 식민지였던 브라질도 1822년에 독립했다. 유럽에서도 오스만튀르크의 지배하에 있던 발칸 반도의 그리스와 루마니아 등이 독립했다. 그러나 아프리카 아시아의 식민지들은 독립하기는커녕 19세기에 와서 더욱 엄혹한 지배를 당해야 했다. 그 대부분은 1960년대에 와서야 독립했다.

19세기 서구에서는 노동자와 여성, 그리고 사회주의가 인권 투쟁의 선봉에 나섰다. 그러나 노동자와 여성의 인권 투쟁을 모두 사회주의로 보아서는 안 된다. 자유주의 차원의 인권 운동도 활발했기 때문이다. 물론 20세기의 공산주의 국가에서 자행된 인권 탄압을 이유로 사회주의가 인권 발전에 기여한 점을 간과해서는 안 된다. 이는 자유주의 차원의 인권 운동을 자유주의 국가가 자행한 식민지에서의 인권 탄압을 이유로 부정해서 안 되는 것과 같다.

그러나 19세기 인권을 살펴보면서 질풍노도적 현상만을 보아서는 안 된다. 왜냐하면 질풍노도는 역시 바람과 물결로 그치고 대부분의 주장들은 바람 속으로 사라졌기 때문이다. 현실은 도리어 자본주의적 제국의 지배가 더욱 견고해져 대부분의 식민지는 해방되지 못했고, 자본가들은 노동자나 여성의 인권에 대한 약간의 양보 외에 사실상 거의 아무것도 양보하지 않았다. 사회주의 역시 20세기 초 러시아에서 혁명이 성공하기까지 탄압 일변도의 길을 걸어야 했다. 그러한 자본주의 제국의 선봉은 당시 '대영제국'이라 불린 영국이었다.

19세기
영국의 인권

19세기는 '부르주아의 세기'라고 하고 '고전적 자유주의의 시대'라고
도 한다. 영국을 중심으로 자유주의적 정치체제와 자유무역 경제가
세계를 지배했다. 20세기의 특징인 전쟁과 동원, 조직과 이데올로기,
강력한 국가의 개입이라는 반자유주의적 분위기에도 불구하고, 19
세기는 '자유주의의 황금기'라 불린다. 그래서 5장의 19세기 서양에
서 주류인 인권을 '경제적 인권'이라고 명명했다. 그러나 이 말은 19
세기가 부르주아 중심의 경제적 인권만의 시대라고 보는 뜻은 아니
다. 부르주아의 경제적 인권에 대한 사회주의의 도전까지 포함하는
의미이다. 그렇다고 19세기를 '사회주의 인권관'만 발전한 시기라고
단정할 수는 없다.

—

1   이샤이, 앞의 책, 39쪽, 44-45쪽, 211쪽 이하.

특히 그 '경제적 인권'은 서양의 것으로 비서양에는 해당 사항이 없다. 19세기 영국은 흔히, 거의 완전한 자유(주의)의 나라였다고 하지만 이는 어디까지나 영국 본토의 경우이고, 영국이 지배한 방대한 식민지는 밀이 말한 '부자유의 전제' 그 자체였다. 그 같은 극단적인 모순이 있었다는 사실을 전제로 여기서는 영국 본토의 상황만을 살펴보자.

19세기 영국인은 어떤 증서도 없이 살았고 여권도 없이 세계를 여행했다. 자국의 돈을 외국의 돈과 자유롭게 교환했고 자국에서 물건을 사는 것과 같은 조건으로 세계의 모든 물건을 샀다. 영국에 사는 외국인도 마찬가지였다. 누구에게도 병역 의무가 없었고 군대에 가고 싶으면 갈 수 있었고 배심원의 임무 외에 국가에 대해 어떤 의무도 지지 않았다. 사상의 자유도 있어서 마르크스나 엥겔스를 비롯한 많은 사회주의자들이 유럽에서 영국으로 망명해 살았다.

그러나 경제생활에 대한 국가의 간섭이 전혀 없지는 않았다. 1805년 영국이 프랑스와 스페인의 연합함대를 물리친 뒤, 1807년 대영제국 내에 노예 수입을 금지하는 법이 제정되었다. 그러나 산업화와 인클로저 운동이 경제 질서를 혼란에 빠뜨렸고, 나폴레옹이 대영 봉쇄 정책을 취하는 시기에는 소요가 터졌으며, 전쟁이 끝난 뒤 1811년에는 노동자들의 기계파괴운동(Luddite)이 벌어졌고, 1813년에는 기계파괴운동을 주도한 지도자 17명이 처형되었다.

1815년부터 메테르니히 체제가 성립되면서 영국은 토리당의 장기 집권과 경제난으로 하층민의 삶은 더욱 어려워졌다. 하층민들은 보

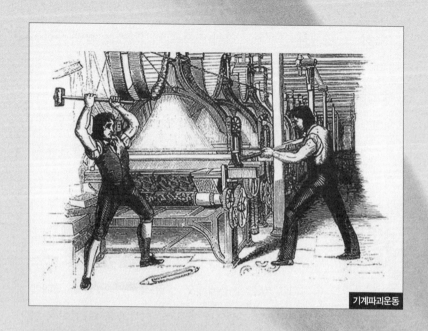

기계파괴운동

차티스트 운동

통 선거를 요구했으며 1832년 제1차 선거법 개정에 의해 선거권이 일부 확대되었다. 선거권이 남성 20만 명에서 1백만 명으로 확대된 것이다. 그러나 이는 성인 남성의 5분의 1에 불과했다.

이어 1829년 영국 내 가톨릭교도 차별을 철폐한 '가톨릭 해방법', 1832년의 개혁 입법인 '제1차 선거법 개정'에 이어 1837년에는 노동자들이 '인민헌장(People's Chart)'을 채택한 차티스트(Chartist) 운동으로 성인 남성의 선거권 확대를 요구했고, 이어 1815년에 제정된 곡물법(수입 곡물에 대한 관세 제도) 폐지의 요구에 의해 1846년 곡물법은 폐지되었다. 이는 부르주아의 정치적 입지의 부여와 스미스의 자유방임주의가 승리한 것을 뜻했으나, 차티스트 운동은 사회주의 운동의 선구가 되었다.

반면 1833년의 '제1차 공장법'은 9세 미만 아동고용을 금지하고 9~12세 아동은 주 48시간, 13~18세 아동은 69시간을 초과하는 노동을 금지하여 자유방임주의를 일부 제한했다. 그러나 이는 자유주의를 훼손할 정도의 문제는 아니었다. 1870년 '초등교육법'이 제정되면서 여성의 자녀 양육 책임이 감소했다.

1867년 제2차 선거법 개정에 의해 도시의 지방세 납부자인 노동자도 참정권을 갖게 되었으나 여전히 남성의 절반에 불과했다. 1869년에는 일부 여성에게도 투표권이 부여되었다. 그래서 프랑스의 자유주의자들이 2월 혁명을 계기로 민주주의와 충돌한 것과 같은 문제는 영국에 없었다. 영국에서 선거권이 확대된 이유에는 그것이 지배계층의 국가 정책 결정권을 위협하지 않음을 깨달았기 때문이다. 즉 국가 권력은 군부, 경찰, 사법부, 행정부 등과 같은 비선출 위계 조직에 있었고 그것들은 의회의 활동 범위를 제한하고 마음에 들지 않는 조치에 대해서는 위헌으로 규정해 거부할 수 있었다. 따라서 선거권의 확대는 민주주의로의 나아가는 것과 무관했다.

19세기 인권사상
_밀의 『자유론』과 제국주의

자유에 대한 최대의 고전은 밀의 『자유론』이다. 『세계의 사상 100선』 같은 책에 등장하는 타이틀 가운데 '자유'라는 제목을 단 책은 이 책뿐이다. 물론 플라톤이나 아리스토텔레스의 책들이 포함되지만 이들은 도리어 자유에 적대적인 사람들이었고, 홉스나 로크, 몽테스키외와 루소, 칸트와 헤겔, 하이에크와 롤스 등의 책이 언급되지만 이 역시 자유만을 다룬 것은 아니다.

그러나 밀은 『자유론』에서도 자유를 다루었지만 그 책에서만 자유를 말한 것은 아니다. 모든 사상에서 평생을 두고 자유의 문제를 화두로 삼았다. 사상과 표현의 자유를 절대적인 것으로 주장한 그의 정치학도, 노사의 상호의존성을 인정하고 노동조합의 자유를 주장한 그의 경제학도 '자유' 없이는 이해할 수 없다. 그야말로 밀은 '자유의 사상가'였다. 그는 인류 역사에 존재한 그 어떤 사상가나 학

자에게서 볼 수 없는 철저하고도 전반
적인 자유의 사상가 그 자체였다.

밀의 『자유론』은 영국에서 출판(1859)
되고 나서 13년 뒤 일본어로, 44년 뒤
중국어로 번역되었다.[1] 우리말 번역은
훨씬 뒤에 나왔으나 일제강점기 전후
한문이나 일본어로 읽은 한국인이 많

존 스튜어트 밀

았으리라. 그래서 19세기 후반 일본과 중국의 변화는 물론 한반도의
변화에도 『자유론』은 상당한 영향을 끼쳤으리라고 짐작된다. 그러
나 당시 일본과 중국의 민권파라는 자유주의자들에게 그 책의 내
용이 정확하게 전달되었다고 평가하기는 어렵다. 도리어 그 책은 일
반인이 아니라 소수의 사람들에게 '개인의 절대적 자유'라는 의미가
아니라 개인의 성공과 출세, 또는 국가의 독립이라는 틀 속에서의
주체성의 발휘 정도로 이해되었다. 그러나 20세기에 들어와 밀은 일
본이나 중국에서 그다지 읽히지 않았다. 왜냐하면 영국 사상의 영
향이 컸던 그 전과 달리 독일의 영향이 강해졌기 때문이다. 1945년
이후에도 밀은 중국은 물론 일본에서도 널리 읽히지 않았다.

한반도에서도 해방 후 『자유론』은 여러 번 번역되어 많은 사람
들이 자유롭게 읽게 되었으나 그 영향은 적었다. 그의 『자유론』이
우리 사회의 자유 개념 형성에 영향을 미쳤다고는 생각하기 어려

---

1 밀의 저서는 19세기 후반 일본에서 어떤 서양사상가의 책보다도 많이 번역되었다.

울 정도로 지금 우리의 자유 개념과 너무나 다르다. 특히 밀이 이미 150년 전에 주장한 사상과 표현의 자유나 노동조합의 자유는 여전히 문제다.

게다가 밀에 대한 오해가 아직도 많다. 가령 앞에서도 인용한 노명식의 『자유주의의 원리와 역사』에서는 밀을 포함한 개인주의자들이 노동조합의 결성이나 집단행동에 반대했고,[2] 밀 스스로 사회주의라고 한 것은 잘못인 것처럼[3] 설명하지만 이는 완전히 잘못된 것이다. 밀은 『자유론』을 발표한 1859년보다 8년 전에 이미 사회주의자로 바뀌었다. 즉 밀은 흔히 말하듯이 반사회주의적인 『자유론』을 쓴 것이 아니라 사회주의적인 『자유론』을 쓴 것이다. 밀은 혁명적 사회주의자가 아니라 점진적 사회주의자로서 그 뒤 영국에서 형성된 페이비언 사회주의의 기초를 이루었다. 페이비언 사회주의는 계급투쟁사관이 아니라 사회진화론의 입장을 취하여 사회·조직의 혁명적 변화가 아니라 민주적인 수단에 의한 점진적이고 유기적인 사회개혁을 강조한 것이다. 밀이 「자유주의자인가, 사회주의자인가?」라고 묻는 글의 결론에서 밀이 "자유주의의 기본원리를 명확하게 해, 민주주의적인 자유주의 내지 진보적인 자유주의의 기틀을 마련했다"고 평가하는 견해도 있으나[4] 나는 밀을 사회주의자로 본다.

---

2   노명식, 앞의 책, 47쪽.
3   같은 책, 227쪽.
4   강정인 외, 위의 책, 708쪽.

또한 밀은 식민지 지배에 반대했다고 보는 견해가 있으나[1] 그 근거로 드는 몰몬교에 대한 밀의 태도는 식민지에 대한 것이 아니라 서양 사회 내부의 문제에 불과하고[2] 밀은 명백히 식민지 지배에 찬성했으며, 그 반생을 동인도회사에서 근무하며 식민지 지배에 헌신했다.

이런 식의 오해는 단순히 밀에 대한 연구 부족 때문이 아니라 밀이나 자유주의에 대한 선입견과 편견에서 나온 것이다. 그런 오해가 하나의 스테레오 타입이 되어 다시 독자들의 선입견이나 편견을 조장한다면 큰 문제다. 자유주의에서는 노동조합 결성이나 집단행동을 금지함이 옳고, 자유주의는 서양의 식민지 침략과는 무방하다는 오해를 계속 낳기 때문이다. 그래서 밀의 『자유론』이 일찍부터 읽혔음에도 불구하고 밀이나 그 책, 나아가 자유와 자유주의에 대한 오해가 지금까지 계속되고 있는 것이다. 그런 점에서 밀과 그의 『자유론』은 다시 검토될 필요가 있다.

또 밀 이전의 자유론이 자유를 주로 개체성과 연관시킨 반면 밀은 거기에 사회성을 포함시켰다고 보고, 그 이유를 법정 증언이나 국방 의무 같은 사회적 의무의 회피에 대한 사회적 제재가 필요하다고 주장한 데서 찾는 것[3]과는 다르다. 밀이 『자유론』에서 그러한 주

---

1   서병훈, 『자유의 미학』, 나남출판, 2000, 55쪽 주4. 서병훈은 1995년에 쓴 밀에 대한 연구서인 『자유의 본질과 유토피아』(사회비평사)에서는 이 문제에 대하여 언급한 바가 없었다.
2   밀이 아일랜드의 독립에 찬성한 것도 그렇게 볼 수 있다.
3   문지영, 54쪽.

장을 한 것은 사실이지만 이를 두고 밀 자유론의 사회성 운운할 수는 없다. 밀은 『자유론』의 목적을 다음과 같이 말했다.

이 에세이의 목적은 사회가 강제와 통제라는 방법으로 개인을 대하는 태도를 절대적으로 규제하는 지극히 단순한 원리를 주장하는 데 있다. 그 사용 수단이 법적 형벌이라는 형태의 물질적 힘이거나 여론이라는 도덕적 강제여도 무방하다. 그 원리란 인류가 개인적이거나 집단적으로 어떤 사람의 행위의 자유에 간섭하는 것을 보장받는 유일한 근거는 자기 보호라는 것이다. 문명사회의 어느 구성원에 대해, 그의 의사에 반해 권력을 정당하게 행사할 수 있는 유일한 목적이란, 타인에 대한 침해를 방지하는 경우뿐이다.[4]

위 문장에서 '문명사회'라는 말에 주의할 필요가 있다. 우리 모두 문명사회에 살고 있다고 생각하기 때문에 이 말을 당연한 것이라고 보고 지나칠 수 있으나 밀이 위 글을 쓸 때 그는 한반도는 물론 백인이 아닌 모든 사람들이 사는 곳은 문명이 아닌 미개로 생각했다. 위 글에 이어 그는 다음과 같이 말한다.

이러한 이론은 그 능력이 성숙한 사람에게만 적용되어야 한다는 점은 두말할 필요가 없다. 우리는 아이나 법적인 미성년자에 대해 말하고 있는 것

4　J. S. 밀, 박홍규 옮김, 『자유론』, 문예출판사, 2009, 42쪽.

이 아니다. 아직도 타인의 감독을 받아야 할 상태에 있는 사람들은, 외부의 침해를 받지 않도록 보호되어야 하듯이 그들 자신의 행동에 대해 보호받아야 한다. 같은 이유에서 인종 그 자체가 아직 유년기에 있다고 볼 수 있는 후진 상태의 사회를 제외해도 무방하다. 자연적인 진보에서 초기에 겪는 어려움은 매우 크기 때문에, 그 극복을 위한 수단에서는 선택의 여지가 있을 수 없다. 따라서 개량의 정신에 충만한 지배자는 그가 달리 달성할 수 없는 어떤 목적을 달성하기 위한 수단이 있는 경우, 그 무엇이든 사용할 수 있다. 야만인을 다스리는 경우, 전제 정치는 그 목적이 야만인의 개량에 있고, 그 수단이 그 목적을 실현하는 데 정당화되는 한 합법적인 통치형태이다.[1]

식민지 사람들에 대한 자유의 보장을 부정하는 이러한 제국주의 논리는 『자유론』을 쓴 해에 함께 쓴 『불간섭론』에 더욱 분명하게 드러났다. 그가 동인도회사 퇴직(1860) 직전에 쓴 『불간섭론』은 영국의 우수성에 대한 주장으로 시작된다.

이 나라는 풍요로운 강국이지만 외교정책의 원칙은 불간섭이다. 영향력을 행사하는 경우에도 국가 간 분쟁의 조정이나 노예무역과 같은 인간성에 반하는 범죄를 교정하여 사람들과 나라들에 도움을 주기 위해서다. 이 나라는 다른 나라의 희생에 의해 자신의 이익을 추구하지 않는다. 배

---

1   같은 책, 43쪽.

타적 통상정책도 채택하지 않는다. 야만인에 의한 침략이 이 나라를 전쟁에 이르게 해도 이는 교역의 자유를 확보하기 위해서이고, 자국을 위해서가 아니라 인류 전제를 위해서다. 그 비용은 우리가 부담하고 그 성과는 인류 전체에 배분된다. …이러한 정책을 택하는 나라가 세계 역사에 없었기 때문에 외국으로부터 그 진의를 의심받고 곡해된다.[2]

이어 그는 간섭의 기준을 설명한다.

다른 나라 사람들이 그 나라의 전제 지배에 의해 자유를 빼앗기고 있어도 외부의 간섭을 용인하기는 어렵다. 또 밖에서 자유가 주어진다고 해도 그 나라 사람들이 스스로 자유를 욕구하고 그것을 지키고자 하지 않는 한, 그 자유는 바로 상실된다. 개입이 있을 수 있다고 한다면 그 나라가 외국에 의해 지배되고 있는 경우 또는 외국의 원조를 받은 독재자에 의해 지배되고 있는 경우 그리고 그들의 다수가 자유와 참된 자유를 희망하여 싸우고 있는 경우이다.[3]

나아가 그는 야만인과 그 지역에 대한 문명국의 개입 필요성을 주장한다.

---

2   J. S. Mill, 'A Few words on Non-Intervention', J. M. Robson ed., *Collected Works on John Stuart Mill*, vol. 21, University of Toronto Press, 1984, pp.111-112.
3   같은 책, pp.121-124.

당사국이 같은 문명 상태에 있는 경우와 일방이 문명화되고 타방이 그렇지 않은 경우를 구별해야 한다. 전자와 후자에 같은 국제적 관습이나 도의를 적용하는 것은 잘못이다. 일반적인 국제 도의상의 룰은 상호적이다. 그러나 야만인에게는 상호성이 요구되지 않는다. 그들은 노력하고 인내하며 장기적인 성과를 기다릴 수 없다. 진보한 사람들의 발전에 결여될 수 없는 독립과 국민성이라는 것은 그들에게는 불필요하고 도리어 방해가 된다.[1]

밀은 로마 제국에서 야만족이 그 지배하에 있었던 것이 타당하고 야만인은 국가라는 권리를 갖지 않는다고 주장하며, 프랑스의 알제리 지배, 영국의 인도 지배를 정당화한다. "문명국은 야만적인 이웃과의 관계에서 방위를 위해 그들을 지배해야만 하는 경우가 있다. 그 경우 지배는 군사적이고 전제적이지 않을 수 없다."[2]

위 글은 인도에서 반란이 일어난 이후에 쓰였으나 그 반란의 인과관계에 대해서는 전혀 언급하지 않았다.

반면 밀은 노예제에 반대하여 남북전쟁 시에 북부를 지지했다. 또 1876년의 자메이카 반란 시에는 총독의 탄압을 탄핵하는 국민운동을 이끌었다. 그러나 그는 자메이카는 물론 인도 등의 인민에 대한 영국의 지배가 인민에게도 영국에게도 필요하다고 주장했고 다만 극단적인 탄압에 반대하는 것에 불과했다.

---

1   같은 책, pp.118-119.
2   같은 책, p.119.

밀은 영국이 비양심적이고 비전제적이라고 주장한다. 이는 스미스, 벤담, 홉슨, 오웰에서도 볼 수 있는 것이다. 반면 전제적인 야만국에 대한 통치는 문명국에 의한 선량한 전제군주적인 것이어야 한다고 주장한다. 밀은 그러한 이상적인 지배의 책임을 포기함은 문명국의 죄라고 말한다.

이러한 밀의 식민지 전제지배론은 당대의 자유주의의 특성인 보편주의에서 나왔다. 그 보편주의는 문명과 진보의 기준에서 타자를 비교 평가하는 것이지 타자를 존경해야 할 대상으로 인식하지 않는다. 이는 스미스, 흄, 버크의 사상이 유연하여 타자의 문화와 관습에 관용적이었고 자유가 전제의 도구가 될 수 있음을 경계했던 것과 달리 관용과 경계심도 없는 것이었다.

19세기
프랑스의 인권

19세기 프랑스의 역사는 복고 왕정기(1815~1830), 7월 왕정기(1830~1848), 제2 공화정기(1848~1852), 제2 제정기(1852~1875), 제3 공화정기(1875~1940) 등으로 복잡하게 이어졌다. 특히 1830년 이후 노동 계급의 인권 주장이 치열해졌다. 개혁을 주장한 블랑 등의 사회주의자들은 프랑스 혁명 당시의 급진주의를 부흥시키고자 했으나 루이 필리프 1세(Louis Philippe ler, 1773~1850) 왕이 반대하여 1848년 2월 혁명이 터졌다. 파리에서는 블랑이 주장한 '사회 작업장(ateliers sociaux)'이 설치되었으나 정부에 의해 곧 폐지되고 대중 집회도 금지되었다. 이에 저항한 6월 혁명으로 1만 명 이상이 죽고 1만 명 이상이 체포되어 식민지로 유배당하고 제2 제정으로 넘어갔다. 그러나 인권에 대한 요구는 계속 이어져 19세기 후반 나폴레옹 3세는 1864년에 결사의 자유, 1868년에 집회의 자유를 인정했고, 이어 의회의원의 권리

확대와 언론법의 자유화 등을 인정했다.

프랑스 자유주의는 복고 왕정기의 콩스탕(Benjamin Constant, 1767~1830), 7월 왕정기의 보수주의자 기조(François Pierre Guillaume Guizot, 1787~1874), 제2 공화정기의 공화주의자 토크빌(Alexis de Tocqueville, 1805~1859)로 이어 졌지만 그 뒤로는 이어지지 못했다. 토크빌은 기조보다는 진보적이었 지만 국가에 노동권 보장을 요구한 블랑 등의 사회주의에는 반대했다. 제2 공화정은 나폴레옹이 부활한 노예제를 폐지했으나 알제리를 병합 했다. 그 두 가지에 관여한 토크빌은 1851년 쿠데타에 반대하여 정계 를 은퇴한 뒤 『구체제와 혁명』을 써서 프랑스 혁명을 비판했다.

따라서 프랑스의 경우 자유와 자유주의는 명백하게 구분되고 자 유에는 공화주의적 자유라는 또 하나의 전통이 있음을 주의해야 한다. 이는 개인과 개인주의, 사회와 사회주의, 인민과 인민주의를 구별할 필요가 있는 것과 마찬가지다. 프랑스에서 개인주의는 보수 주의와 사회주의의 비판을 받았고 토크빌에 의해서도 민주주의의 부정적인 효과로 비판되었다. 개인주의와 가까운 자유주의도 마찬 가지다.

19세기 프랑스 자유주의자들은 프랑스 혁명과 자본주의적 근대화 의 반동 속에서 제한 정부를 주장했다. 그들은 프랑스 혁명이 사적 인 삶을 공적인 삶의 희생으로 요구했다고 비판하고 고대 그리스의 민주정이 유일하게 옳은 정치형태라고 주장했다는 이유로 루소를 비판했다. 혁명주의자들은 구체제와의 싸움을, 인간을 도덕적으로 만들어 고대 민주정을 수립하는 것과 혼동했고, 그런 고대 숭배는 혁명 후 공포정치를 낳았으며, 고대 숭배는 중앙집권적 국가를 해체하기는커녕 권력 집중을 정당화하는 결과를 낳았다고 비판했다. 즉 현대에서 고대의 자유를 주장함은 군주제의 지배보다도 자의적인 부정이고, 현대에 적합한 자유는 간섭으로부터 개인의 자유를 지키는 것이라고 보았다.

파리코뮌의
인권보장 구상

1871년 역사상 최초로 출현한 노동자계급 중심의 인민 권력인 파리
코뮌을 통하여 사회주의자들과 아나키스트들은 생필품 가격과 임
금의 정부 통제와 노동시간의 단축을 비롯한 노동조건의 개선, 노동
자 단결권, 무상 공립교육, 주거권 등을 요구했으나 이는 두 달 만에
실패로 끝났다. 그 유혈 진압에 의해 1주일 사이에 1만 5천 명 이상
이 죽었다.

　그러나 파리코뮌에서 인권보장에 대한 새로운 구상이 나타났다.
대표적 문서는 3월 27일의 '20구 공화주의 중앙위원회 선언'과 4월
19일의 '프랑스 인민에 대한 선언'이었다. 이처럼 파리코뮌의 인권문
서 제목에는 헌법이나 인권선언과 같은 말이 들어 있지 않고, 인권
이 체계적으로 규정되어 있지도 않다. 두 달 정도의 존속 기간이나
엄혹한 국내외 상황을 고려하면 당연하다고 할 수 있다. 그러나 그

(MAI 1871)

N.4

La barricade de la place Blanche défendue

바리케이드 뒤에서 항전하는 파리코뮌 시민들

L'ILLUSTRATION, JOURNAL UNIVERSEL

ENLÈVEMENT DES CADAVRES PAR LES PASSAN

전투 후 사망한 파리코뮌 시민의 시체를 옮기는 병사들

내용은 당시까지의 어떤 인권선언보다 참된 인권보장이었다.

3월 27일의 '20구 공화주의 중앙위원회 선언'은 다음과 같은 내용이었다.

1. **언론 출판 집회 결사의 '가장 완전한 자유'**

    개인의 존중

    사상의 불가침

    종교 연극 출판에 대한 모든 보조금 지급

2. **비종교적 교육의 전면적 보급 또는 직업교육의 보급**

    실업이나 파산을 포함한 모든 위험에 대한 코뮌보험제도의 조직

    '비참한 임금제도나 빈곤과 결별하고 그것에서 비롯되는 숙명적 귀결인 피비린내 나는 요구와 내란의 재현을 영원히 피하기 위하여 생산자에게 자본, 노동용구, 판로와 신용을 제공하는 데 가장 적당한 방법에 대한 끊임없는 검토'

3. **'인민주권' 원리에 의한 광범한 참정권의 보장**

    모든 공무원과 사법관에 적용되는 선거의 원칙(선거에 의한 모든 공무원과 사법관의 임명권)

    수임자의 유책성에 따라서 상존하는 파면가능성(수임자에 대한 정치적 책임추궁권과 국민소환권)

'프랑스 인민에 대한 선언'은 다음과 같은 내용이었다.

1. 개인의 자유, 신앙의 자유, 노동의 자유에 대한 '절대적 보장'

   표현의 자유(정부 비판과 정치선전의 자유를 포함)

   집회의 자유

2. '교육, 생산, 교환과 신용을 발전·보급시켜 당면한 문제를 해결하고 관계자의 희망과 경험에서 얻어진 자료에 따라 권력과 재산을 만인의 소유로 하기에 적합한 여러 제도'의 창설

3. '인민주권' 원리에 의한 광범한 참정권의 보장

   '모든 단계의 코뮌 사법관과 공무원의 선거와 경쟁시험에 의한 책임 있는 선임과 일상적인 통제권과 파면권'

   '자신의 의견을 자유롭게 표명하고 이익을 자유롭게 옹호할 수 있는 코뮌 공무(公務)에 대한 시민의 일상적인 참여. 이러한 표명은 코뮌에 의해 보장되나 코뮌만이 집회와 선전의 권리에 대한 자유롭고 정당한 행사를 지키고 보장한다.'

　위 두 선언에서 1은 전통적인 정신적 인권에 관한 것이고, 2는 사회적 인권에 관한 규정으로 뒤에서 볼 20세기 전반에 여러 헌법에 의해 구현된 사회적 인권의 선구 규정이지만 자본주의적 범위 내의 것이 아니라 자본주의를 부정하는 사회주의의 그것이다. 위 두 문서에 재산권의 보장이 빠져 있는 점, 문서에서 무상교육과 세속교육의 원칙을 규정했다는 점이 19세기까지의 헌법과 다른 점이다. 그리고 3은 인권 보장을 위한 정치체제를 인민주권의 원리로 규정한다. 이를 위해 인민은 모든 공무원을 선임하고 수임자에게 명령적 위임을 부

여하며 모든 공무원을 언제나 통제하고 파면할 수 있다고 규정한다.

파리코뮌의 인권선언 구상은 위에서 설명한 원칙에 그치지 않았다. 가령 3월 29일 법률은 징병의 폐지를 규정했다. 따라서 파리코뮌은 상비군이 없이 민병만의 소군사 국가를 구상했다. 그리고 4월 2일 법률은 공무원을 포함한 모든 노동자의 임금을 동일하게 규정했다. 나아가 4월 6일 기요틴이 볼테르 동상 아래에서 국민위병에 의해 불태워진 것은 사형제도의 폐지 의도를 보여준 것이었다. 또한 '인민주권'의 원리에서 당연히 지방자치도 존중했다.

19세기
독일의 통일과 인권

19세기에 영국, 미국, 프랑스처럼 부르주아 계급이 발달하지 못한 독일과 이탈리아는 분열된 국가여서 강력한 국민국가가 요구되었다. 독일 지역은 19세기 전까지 오랫동안 신성로마 제국으로 유지되었으나 이는 나폴레옹의 침략으로 1806년 해체되었다. 이어 빈 회의에 의해 1816년 300여 개의 영방국과 38개 주로 구성된 독일 연방이 성립되었고 이는 1818년의 관세 동맹에 의해 하나의 경제권으로 발전했다.

독일의 자유와 통일을 향한 운동은 1848년 프랑스 2월 혁명의 영향으로 터진 3월 혁명으로 시작되어 언론 출판의 자유, 그리고 종교적 신조와 무관한 공민권의 향유를 보장했다. 그러나 1850년부터 자유주의자의 집회는 규제되고 언론의 검열이 행해졌다. 결국 봉건적 체제를 타파하지도 못하고 민주정치의 기초를 구축하지 못한 상태

독일 3월혁명, 베를린에서 봉기

비스마르크

에서 약한 부르주아 계급이 노동자 등 혁명 세력에 대한 공포에서 봉건세력과 타협하는 결과를 빚었다. 자유주의적 통일을 주장했던 프랑크푸르트 국민회의가 실패한 이후 독일의 정치적 통일은 프로이센의 비스마르크(Otto von Bismarck, 1815~1898)를 중심으로 철혈정책에 의해 이루어졌다.

1869년 북 독일에서 시행된 영업조례에 의해 경제적 자유는 보장되었으나 1871년 통일 헌법이 여성을 제외한 25세 이상의 남자들에 의해서, 즉 인구의 9%에 의해서만 채택된 것에서 보듯이 정치적 자유는 제한되었고 교회에 대한 국가의 규제가 강화되었다. 또한 사회주의자 진압법을 실시했으나 1883년의 질병보험, 1884년의 산업재해보험, 1889년의 노령자와 장애인 보험을 실시하여 소위 '당근과 채찍' 정책이 이루어졌다. 그러나 1870년대부터 인종차별, 제국의 위대성 강조, 군사국가화, 소수 집단의 불관용 등으로 인해 자유는 크게 제한되었다. 그럼에도 사회주의 운동은 급속하게 발전했다.

19세기 이탈리아의
통일과 인권

르네상스 시대가 지나고, 절대왕정 시대, '중앙집권 시대'가 열리면서 유럽 대륙의 패권은 프랑스 제국과 오스트리아 제국으로 크게 양분되었다. 이탈리아 반도는 여러 지역의 군소 국가들로 나뉘어 두 세력의 끊임없는 지배를 오랫동안 받았다. 그러나 나폴레옹이 몰락하고 빈 체제가 시작된 1815년경부터 통일운동이 시작되어 1871년 프로이센-프랑스 전쟁을 이용하여 교황령을 점령함으로써 통일을 이루었다.

우리는 앞에서 이탈리아 르네상스 공화주의를 설명하면서 19세기 후반 이탈리아 통일에 앞장 선 사람들이 그 전통을 이었다고 했다. 가령 마치니는 통일된 진정한 공화국에서는 빈민, 여성, 흑인을 비롯한 어떤 사람도 배제해서는 안 되며, "모든 시민들이 진정한 시민적 삶에 필요한 존엄성을 가지도록 하기 위해 정치적 평등 외에 교육과 노동에 대한 권리까지도 보장해야 한다"고 주장했다. 그리고 19세기 후반 영국의 여성 평등권 투쟁이나 흑인 참정권에 대해서도 적극적인 입장을 취했다. 그가 1870년 미국인에게 보낸 다음 편지는 감동적이다.

> 당신들은 공화국의 태양은 모두에게 동등하게 내리쪼일 것이며, 신이 하나이므로 자유가 단지 우발적 사건이 아니라 신앙이며, 신의 목소리인 축복 받은 땅 위에서는 인류라는 이름 역시 오직 하나일 뿐이라고 선언했습니다. 당신들은 이 원칙을 왕정들에서 보이는 반쪽짜리 자유에 걸맞은 수준으로 내려버릴 수 있나요? 또한 당신들은 당신들 어느 누구가 반쪽짜리 인간이 되는 것을 참을 수 있나요? 당신들은 반쪽짜리 책임이라는 교의를 선언할 수 있나요? 당신들은 아메리카의 공화주의적 토양 위에 중세 때처럼 정치적 노예라는 특정 신분을 정할 수 있을까요? 그리고 투표 없이 자유가 도대체 존재할 수 있는 건가요?[1]

미치니와 같이 이탈리아 통일에 앞장선 카타네오(Carlo Cattaneo, 1801~1869)는 "인민은 자유를 유지하기 위해 자유를 자신의 수중에 쥐고 있어야 한다"는 마키아벨리의 말을 즐겨 인용하고 "공화국이란 자유다"라고 선언했다. 그리고 "공화국은 다원적이며 복수성이다. 즉 공화국은 연방성이다"라고 했다. 이를 보비오는 다음과 같이 설명했다.

---

1   모리치오 비롤리, 김경희 김동규 옮김, 『공화주의』, 인간사랑, 2006, 87쪽, 주22 재인용.

단원적 국가는 그 본질상 권위주의적으로 되지 않을 수 없으며, 따라서 결국 고압적이며 전제적이 될 수밖에 없는데, 왜냐하면 단원성은 어쩔 수 없이 자율성과 자유로운 창의를, 즉 한마디로 자유를 질식시키기 때문이다. 자유를 진정으로 보장하는 것은 오직 정치적 구심이 다수라는 점, 즉 오직 다원적이며 획일화되지 않은 단합, 즉 무차별적 단합이 아닌 다양성을 함유한 단합이다. 이것이 사회가 번영하고 시민적 발전을 가져오는 유일한 환경이다.[2]

보비오는 카타네오가 콩스탕이나 토크빌의 영향을 받은 자유주의자이자 연방주의자라고 보았으나 미국 헌법의 영향을 받은 공화주의자라고 보는 입장도 있다.

---

2 같은 책, 88쪽 재인용.

19세기
미국의 인권

19세기 초 미국은 '자유의 제국'을 자처하며 서부를 정복해나갔다. 제퍼슨이 대통령이 된 1800년 무렵 인디언 영역인 애팔래치아 산맥 너머에는 70만 명의 정착민들이 들어와 있었다. 서부 정복민들은 인디언을 폭력적으로 억압하고 심지어 몰살하기까지 했다. 제퍼슨과 같은 18세기 미국인은 인디언이 농경과 기독교를 배우면 미국인에 동화하리라고 낙관했으나 그렇게 동화된 인디언들도 1830년대에 강제로 이송되었고 법적인 보호를 박탈당했으며 1890년대에는 대부분 몰살당했다.

1823년 미국의 대통령 먼로는 '먼로 선언'을 발표했다. 이는 아메리카 대륙을 유럽이 간섭해서는 안 된다고 선언한 것이었지만, 1798년부터 1895년까지 약 100년간 미국은 103번이나 외국에 군대를 파견하거나 적극적으로 개입했다.

19세기 아메리카 인디언을 대량 매장하는 장면

1846년 미국은 멕시코를 침략했다. 멕시코는 1821년 스페인에서 독립한 독립국이었다. 그 침략전쟁에 승리한 미국은 텍사스, 뉴멕시코, 유타, 네바다, 애리조나, 캘리포니아, 콜로라도, 와이오밍 등을 얻었다. 자유를 추구한 사람들 중에서도 소로(Henry David Thoreau, 1817~1862) 같은 전쟁 반대자도 있었지만 소수에 불과했다. 오히려 휘트먼(Walt Whitman, 1819~1892)처럼 전쟁을 지지한 사람들이 훨씬 많았다. 소로는 불법에 대한 시민 불복종을 주장하여 노동조합의 권리, 여성참정권, 노예폐지 운동을 고취시켰다.

그러나 미국의 제국주의 침략은 도리어 더욱 강화되었다. 1854년 에는 일본을 강제로 개방시키고 1866년에는 제너럴셔먼호가 한반도를 침략했다. 1895년에는 쿠바인들이 스페인의 지배에 대해 반란을 일으키자 미국은 스페인과 전쟁을 벌여 승리한 뒤 쿠바를 점령하고 이어 스페인 식민지인 푸에르토리코와 필리핀을 합병했다.

19세기 미국의 자유는 국내적으로도 인디언 몰살과 흑인 노예 노동과 여성에 대한 차별에 근거했다. 흑인과 인디언은 기능이 미숙하고 민주적 시민에 필요한 자질을 결여한 미개 인종이라는 이유에서 그 자유를 배제함이 당연하다는 주장은, 밀이 1857년에 쓴 『자유론』에도 나타난 만큼 19세기는 물론 그 이전의 서양에서는 일반적인 것이었다. 에머슨(Ralph Waldo Emerson, 1803~1882) 같이 진보적인 지식인들도 앵글로 색슨 우월주의와 국민의 인종적 정의에 천명을 결부시켰다.

그래도 밀은 여성의 능력과 자유를 주장했으나, 일반적으로는 여성에 대한 차별도 심했다. 이는 남성은 사회적이고 이성적이지만 여성은 가정적이고 감성적이어서 공적 생활에는 부적절하다는 주장에서 비롯되었다. 1830년대부터 여성은 금주운동이나 노예폐지운동 등의 개혁운동에 적극 참여했음에도 그러한 편견은 지속되었다. 법적으로도 여성은 고용계약을 포함한 어떤 계약도 체결할 수 없고 소송도 제기할 수 없었고 남편이 아내의 가내노동에 대한 소유권을 가졌다.

1860년에는 모든 주에서 투표권의 재산 자격은 철폐되었다. 투표권은 미국 시민의 상징이었다. 남북전쟁 이전의 미국인이 정부에 적대적이었다고 보는 것은 전혀 잘못된 것이었다. 도리어 약한 정부는 자유의 부정을 뜻했다. 식민지 시대에 종교적 자유의 고향으로 알려진 펜실베이니아 주에서도 19세기에는 불경한 언동이나 안식일의 모독을 금지하는 엄격한 법률로 유명했다. 그러나 19세기에는 전반적으로 약한 정부를 주장하는 민주당의 입장이 선호되었다. 이는 특히 프랑스 등 유럽과의 비교에서 그러했다.

서부 진출과 도시의 발달은 상업의 발달을 초래했고 물건을 구입하여 소유하면 자유로운 인간이 된다는 믿음이 퍼졌다. 19세기 중엽에는 보스턴과 뉴욕의 노동력 3분의 2 이상이 임금노동자였다. 미국에서 노동자 수가 노예 수를 능가하기 시작했다. 1850년 미국의 노동자는 약 825만 명이었으나 비참한 노동조건 하에서 일했다. 1829년 필라델피아에서 도시 전역의 노동자들이 최초의 집회를 했고, 1835년 다양한 직종 노동자들이 노동조합을 결성해 1일 10시간제를 요구하는 파업을 했다. 그러나 법원은 고용계약을 직장에서의 모든 권한을 사용자에게 부여하는 임의계약으로 정의하고 노동자는 자립한 개인이라는 이유에서 그 조직화는 공모에 해당하는 범죄로 규정해 처벌했다.

이에 대해 노동자들은 "자유라는 이름은 단순한 환상에 불과하다"고 선언하고 자신들을 노예노동자로 불렀다. 이러한 비판은 18세기 초 영국에서도 차티스트 운동에 의해 제기되었으나 미국에서는 더욱 강력하게 전개되었다. 이에 대한 대안이 오원과 푸리에 같은 공동체 사회주의자들에 의해 제기되었는데, 이들은 참된 자유를 얻으려면 사유재산제를 폐지하고 노사의 구별을 없애야 한다고 주장했다. 이를 따라 남북전쟁 전의 미국에서는 많은 공동체가 카리스마적인 지도자와 엄격한 규칙의 금욕생활에 의해 시도되었다. 그러나 대부분의 미국인은 재산을 자유의 위협이 아니라 기초로 보았기 때문에 공동체운동은 한정적이었다.

또 하나의 대안은 1837년부터 1842년 사이의 불황 직후 서부의 자유 토지 획득을 목적으로 하는 경제적 자립 운동으로 나타났다. 그러나 서부는 인디언과 외국인 노동자에게는 노예노동의 땅에 불과했다. 제퍼슨은 미국의 곡물 생산에 대한 유럽의 수요가 경제성장과 소농민의 자립적인 자유노동을 초래하리라고 낙관했으나 곡물보다 면화의 수출 시장이 더욱더 커졌다. 이에 따라 영토의 확대는 노예제의 확대를 초래했다.

자유노동은 토지 등의 재산 소유에 의한 경제적 자립 위에서 정치적 자립을 최고 가치로 추구하는 사회관으로서 19세기 미국에서 노예노동과 임금노동 대신에 미국적인 이상이 된 것이었다. 이를 대변한 링컨(Abraham Lincoln, 1809~1965)은 우리에게 노예해방론자로 알려져 있으나, 그의 노예제 폐지는 북부 사업가의 경제적 이익을 위한 것에 불과했다. 처음에는 노동자 출신으로 노동자를 대변하였으나 차차 중상류 계층을 위한 정책을 폈다. 링컨은 인종 평등주의자도 아니고 인종에 따른 자유의 박탈을 용인하여 흑인의 참정권에 반대했다.

링컨 대통령

BATTLE OF CHICKAMAUGA.

남북전쟁 당시 전투

링컨은 독재자는 아니었지만 그렇다고 자유를 적극적으로 보장한 사람은 아니어서 그가 통치할 때 정치적 박해가 끊이지 않았다.

남북전쟁은 남북 지배 계층의 전쟁이었다. 북부 지배계층이 원한 자유노동, 자유 토지, 자유 시장에 남부의 노예제는 반대되는 것이었다. 이는 남북전쟁이 끝난 뒤에도 24개 북부 주 가운데 19개 주가 흑인의 투표권을 부정했고 흑인의 경제적 사정은 조금도 나아지지 못했음에서도 알 수 있다. 결국 남북전쟁은 미국의 자본주의를 크게 성장시키면서 흑인과 함께 백인까지도 노예로 만들었다는 평가도 있다. 1900년경 남부의 모든 주가 흑인들의 투표권과 평등권을 박탈하는 법을 만들었다.

19세기 남북전쟁과
인권의 확대

그럼에도 남북전쟁은 자유의 확대에 어느 정도 기여했다. 물론 그저 주어진 것은 아니었다. 가령 흑인의 자유 확대는 남북전쟁 후반에 20만 명의 흑인이 연방군에 입대했다는 사실에 의한 것이었다. 1865년 연방헌법 수정 13조에 의해 노예제는 폐지되었고 전후 흑인은 투표권을 포함한 자유를 요구했으나 남부 백인들은 이를 거부하고 도리어 자유를 더욱 제한한 '흑인 규제법(Black code)'을 제정했다.

1866년에 연방의회가 승인하고 2년 뒤에 비준된 연방헌법 수정 14조가 미국에서 최초로 보편적인 시민권과 평등권을 규정했고, 1866년 시민권을 규정한 법이 최초로 제정되어 미국에서 태어난 모든 사람에게 시민권이 부여되었으나 흑인에게만 적용되고 인디언과 아시아계 이민은 제외되었다. 이어 수정 15조가 흑인에게 투표권을 인정했다. 그러나 여성은 제1차 세계대전 후에야 참정권을 확보했고 18세의 경우는 베트남 전쟁 뒤에 확보되었으나 그러한 진보의 선구는 역시 남북전쟁에 의한 노예제 폐지였다.

이와 함께 계약의 자유가 주장되었다. 1861년 영국의 법학자 메인(Henry James Summer Maine, 1822~1888)이 '진보적' 사회의 역사는 '신분에서 계약으로' 변한다는 명제가 나온 뒤에 8시간 노동제의 주장이나 정부에 의한 경제 개입에 대한 비판이 자유주의에 의해 제기되었다. 이러한 자유방임주의는 영국의 다윈이나 스펜서에 의한 '자연도태,' '적자생존,' '생존경쟁'이라는 사회진화론에 의해 과학의 이름으로 정당화되었다. 이러한 논리에 의해 임금제도의 폐지를 주장하는 노동자 측의 요구는 철저히 탄압되었다.

반면 대기업의 독과점은 더욱 강화되었다. 이러한 독과점이 유럽에서와 같은 사회주의나 아나키즘을 초래할 것을 두려워한 사람들이 1877년 반(反)트러스트법을 만들었다. 그러나 그 20년 뒤 대법원은 이를 무의미하게 되도록 해석했다.

이에 대한 가장 강력한 반발이 1879년에 나온 조지(Henry George, 1839~1897)의 『진보와 빈곤Progress and Poverty』이었다. 노동자 출신으로 독학자인 그는 부의 근본이 토지이므로 토지세를 통해 예산을 조달하여 빈곤문제를 해결할 수 있다고 주장했다. 또 벨라미(Edward Bellamy, 1850~1898)는 사회주의적 미래를 보여주는 『돌이켜보면Looking Backward』을 썼다. 1906년에 나온 런던(Jack London, 1876~1916)의 『강철군화The Iron Hill』와 싱클레어(Upton Sinclair, 1878~1968)의 『정글Jungle』도 사회주의를 지향했다.

1880년대와 1890년대에는 노동자 농민의 파업이 전국을 휩쓸었다. 1883년에는 피츠버그에서 아나키스트가 대회가 열려 "성별과 인종에 따른 차별이 없는 모든 사람들을 위한 평등권"을 주장하고 "전세계의 노동자들이여, 단결하라! 여러분은 그 속박에서 벗어나야 한다. 승리의 세계를 쟁취해야 한다!"고 했다. 마지막 구호는 1848년 마르크스와 엥겔스가 쓴 『공산당선언Communist Manifesto』의 일절이었다.

1886년 결성된 지 5년째인 미국노동조합총연맹(American Federation of Labor: AFL)은 1일 8시간제가 거부되는 곳에서 총파업을 하자고 주장하여 1만 5천 여 곳에서 35만 명의 노동자들이 파업을 했다. 그해 5월 1일 시카고의 헤이마켓에서 파업이 시작되었고 5월 4일 광장에서 폭탄이 터져 경찰 7명이 사망하고 다수가 부상을 당하자 경찰이

헤이마켓 사건

총격을 가해 200명이 죽거나 부상을 당했다. 그 집회에 참석했다는 이유로 8명의 아나키스트들이 유죄 판결을 받고 7명이 사형 선고를 받았으며 4명이 교수형을 당하자 반대 시위가 벌어졌다. 그로부터 5월 1일을 전 세계가 노동절로 기념하여 왔다.

이처럼 노동운동은 성장했지만 AFL에는 흑인들이 배제되었고 여성노동자도 극소수였고 인원들의 권위주의도 회사의 경우와 다르지 않았다. 그래서 성별, 인종, 능력에 차별을 두지 않는 세계산업노동자동맹(Industrial Workers of the World: IWW)이라는 새로운 노동조합이 출현했다. 이는 당시 남부 유럽에서 유행한 아나르코 생디칼리즘¹의 영향을 받아 총파업을 중시했기 때문에 엄청난 탄압을 받았다. 1890년대에는 매년 1천 건의 파업이 벌어졌고 1904년에는 4천 건에 이르렀다.

---

1   아나키스트들의 노동자 조합 운동으로 기업은 노동자들이 구성한 노조가 운영해야 하며, 자본가가 그에 대한 권위를 갖는 것을 철폐해야 한다고 주장하는 운동이다.

사회주의적
인권

사회주의라는 말의 'social'은 'society'의 형용사가 아니라 고대 로마의 'socialis'에서 유래한 말이다. 그 뜻은 '동료 구성원인 개인에 대해 평소에는 물론이고 그가 곤경에 처했을 때도 공동체가 지켜주는 것'이다. 즉 상호부조 관계를 뜻했다. 그리고 그 공동소유의 조직을 'association' 또는 'communisme', 즉 공산주의라고 했다. 따라서 사회주의와 공산주의는 원래 같은 말이었으나, 19세기 후반부터 아나키즘을 포함한 사회주의는 공산주의와 대립했다. 한편 독일과 러시아에서 사회주의란 사회민주주의를 뜻하게 되었고, 이는 20세기 초에 사회민주당과 공산당으로 분열했다.

이러한 사회주의의 사회라는 말과 18세기의 사회계약에서 말하는 사회라는 개념은 전혀 다른 의미였음도 주의해야 한다. 후자는 정치 공동체인 국가를 뜻했기 때문이다. 사회계약설은 국가의 최고권력

1912년 노동절, 뉴욕 타임스퀘어 앞의 사회주의자들

(주권)의 원천과 그 구성을 논했다. 즉 주권의 원천은 다수의 민중이 아니라 공적 인격으로서의 인민이고 인민인 공동체를 창출하여 중세 국가를 대체하는 것이 사회계약설의 목적이었다.

이에 반해 사회주의는 국가 없는 사회 또는 국가의 소멸을 주장했다는 점에서 18세기 사상과는 엄격히 구별되었다. 그 최초의 사상가는 프랑스 혁명 이후의 혼란했던 프랑스 사회를 산업주의로 재조직화하고자 한 생-시몽이었다. 이는 인간에 의한 인간의 지배 대신에 인간에 의한 합리적인 사물의 관리를 목표하여 사회를 과학적으로 조직한다는 유토피아였다. 그는 사물의 관리가 자유로운 인간에 의해 성취된다면 국가는 소멸한다고 생각했다. 이는 마르크스주의와 아나키즘에 영향을 미쳤다.

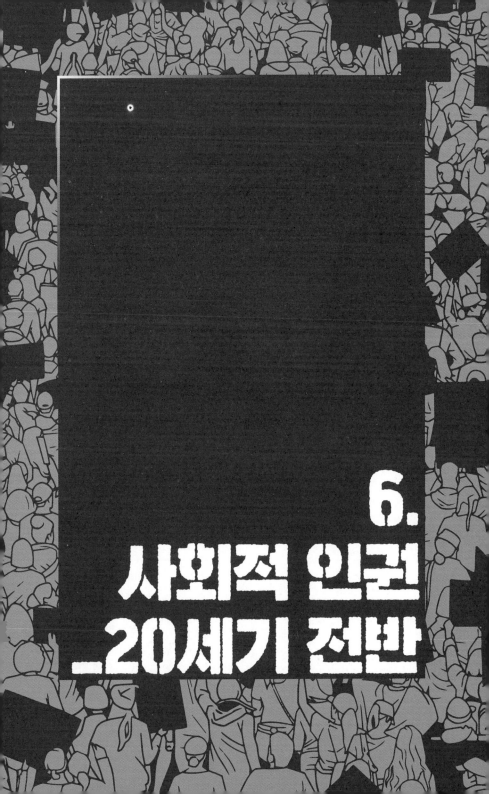

6.
사회적 인권
_20세기 전반

나의
사회적 인권

앞서 말했지만 나는 일곱 살 때, 아버지가 교원노조를 만들었다는 이유로 구속된 것을 최초의 확실한 기억으로 가지고 있다. 나 자신도 대학시절의 노동야학 활동을 거쳐 노동법을 가르치는 일로 평생의 직업으로 삼아왔으며, 스스로 교수노조의 조합원으로 살아왔다. 즉 노동자의 아들로 태어나, 어려서 아버지가 노동조합 활동으로 인해 구속된 탓으로 차별과 가난을 경험했고, 그 때문에 평생 노동법을 공부하고 가르치는 노동법 교수 노동자로 살아왔다. 그러므로 내 삶의 가장 중요한 인권은 사회적 인권이었다.

물론 교수 노동자라는 것은 일반 노동자와 달리 인권 차원의 애로를 많이 경험하지는 않는다. 나도 마찬가지다. 그러나 나는 스스로 노동자라고 생각하고 노동조합에도 들어 있다. 반면 대부분의 교수들은 노동조합에 들지도 않고 자신을 노동자라고 생각하지 않는다. 대학생들도 마찬가지다. 나는 지난 30년 정도 노동법 수업 첫 시간에 노동자의 자녀인 사람이면 손을 들어보라고 하는데 아무도 손을 들지 않는 것이 보통이다. 언젠가 초중등학교에 가서도 그렇게 질문한 적이 있는데 마찬가지였다. 인간은 대부분 노동자의 자녀이고 자신들도 대부분 노동자가 된다고 설명하면 언제 어디서나 이상하다는 반응을 보인다. 오래전부터 초중등학교에서부터 노동법을 가르쳐야 한다고 주장해왔지만 전혀 사회적인 호응을 받지 못한다. 대신 모두 사장이나 국회의원, 판검사 등이 되고자 한다.

나는 정규직이지만 내 주변에는 비정규직 노동자가 너무나 많다. 우리나라 노동 인권의 가장 심각한 문제는 비정규직 문제다. 이는 1997년 IMF 외환위기 이후 1998년부터 본격적으로 도입된 인력 고용 형태로서 함부로 해고시킬 수 없는 정규직과는 달리 해고가 아주 자유롭다. 고용노동부에 따르면 2017년 비정규직의 시간당 임금은 1만 3053원으로 같은 해 정규직 임금의 69.3%였다.[1] 노동시간은 2014년 기준 50.5시간으로 이는 정규직의 47.1시간보다 오히려 길고 휴식시간이 거의 없어 지나친 업무강도가 문제시된다. 게다가 노조 가입이 어려워서 집단적 이익 보호에도 제한이 많다.

한국의 노동조합 조직률이 전반적으로 낮은 점도 문제다. 이 글을 쓰는 2017년에도 우리의 노동조합 조직률은 10% 미만이다. 1987년 이후 30%를 상회한 적이 있지만 그 뒤로 계속 내려갔고, 10% 조직

---

1 연합뉴스 http://www.yonhapnews.co.kr/bulletin/2018/04/27/0200000000AKR20180427220300002. HTML?input=1195m

도 대기업 중심이다. 삼성처럼 노동조합이 없는 기업도 있지만 사회적으로 중요한 노동조합은 소위 대기업의 강성 귀족노조여서 이미지가 썩 좋지 않다. 그래서 앞으로도 노동조합이 발전하리하고 기대하기 어렵다. 남북대결이라고 하는 정치상황 탓도 있지만 사회 전반의 물질주의나 이기주의가 노동조합 활동에도 깊은 영향을 끼친다고 볼 수 있다.

우리 헌법의
사회적 인권

인간은 누구나 생존의 물질적 토대인 재산을 갖는데, 대부분의 사람들이 재산을 형성하게 되는 계기는 직장생활이다. 직장을 갖기 위해서 사람들은 여기 저기 이전하고 거주한다. 이를 보장하기 위해 우리 헌법은 제14조에서 거주·이전의 자유, 제15조에서 직업선택의 자유, 제23조에서 재산권을 규정한다. 이는 경제적 인권으로 앞 장에서 설명했다.

그러나 직장생활은 그러한 자유의 보장만으로 충분하게 보장되지 못한다. 예컨대 직장을 갖지 못한 실업자가 얼마든지 생길 수 있고, 직장을 가져도 저임금 장시간 노동에 시달릴 수 있다. 이는 헌법 제10조에서 말하는 '인간으로서의 존엄과 가치'에 어긋나는 경우까지 이를 수 있다. 따라서 헌법은 제32조에서 노동권을 규정하고 있다.

인간은 영원히 직장생활을 할 수 없다. 늙고 병들거나 다치면 직장생활이 불가능하다. 이 경우에는 더욱더 헌법 제10조에서 말하는 '인간으로서의 존엄과 가치'에 어긋날 수 있다. 따라서 헌법은 제34조에서 사회보장권을 규정한다.

그러나 종래 헌법 제32조의 노동권과 제34조의 사회보장권 및 제35조의 환경권은 제33조의 노동단체권 및 제36조의 가족권과 함께 사회권으로 설명해왔다. 제33조는 정신적 인권에 속하는 결사의 자유의 하나로 볼 수도 있으나 여기서 설명한다.

1. 노동권

노동자로서 갖는 인권으로 헌법 제32조와 제33조가 있다. 헌법 규정에서는 노동이라는 말 대신 '근로'라는 말을 사용하나 '근로'란 '열심히 일한다'는 느낌을 주어 문제가 있다.

헌법 제32조 1항은 "모든 국민은 근로의 권리를 가진다"고 규정한다. A규약 6조 1항에 규정된 노동권은 "모든 사람이 자유로이 선택하거나 수락하는 노동에 의하여 생계를 영위할 권리를 포함하는 노동의 권리"로 "자유로이 선택하거나 수락하는 노동"이란 자신이 원하는 바에 따라 자유롭게 선택하고 수락할 수 있는 직업에 고용되는 권리를 말한다. 따라서 강제노동으로부터 보호되고, 노동자가 그 능력을 충분히 발휘할 수 있는 적절한 직업에 고용될 기회를 확보하는 것이어야 한다. 그리고 이를 위해 교육과 훈련을 받는 권리를 보장해 개인의 능력을 발휘할 수 있게 함과 동시에 공적인 무료 직업 소개에 의해 적절한 직업을 선택하는 기회가 널리 보장돼야 한다.

또 노동기회를 얻지 못한 경우나 불충분한 경우에는 가족을 포함하여 그 생활의 기본적인 필요를 충족하면서 유리한 직업을 가질 수 있게 하는 조치를 요구할 수 있는 권리도 포함된다고 해석된다.

따라서 국가가 적극적으로 각 근로자가 요구하는 적정한 고용을 보장할 필요가 있으므로 적극적인 고용정책을 실시해야 한다. 이를 헌법 제32조 1항 후문은 "국가는 사회적·경제적 방법으로 근로자의 고용의 증진…에 노력해야" 한다고 규정하고 있다. 이에 대해 A규약은 더욱 상세하게 "노동권의 완전한 실현을 달성하기 위하여 취하는 제반조치에는 개인에게 기본적인 정치적, 경제적 자유를 보장하는 조건하에서 착실한 경제적, 사회적, 문화적 발전과 생산적인 완전고용을 달성하기 위한 기술 및 직업의 지도, 훈련계획, 정책 및 기술이 포함돼야 한다"고 규정한다.

노동권에서 특히 중요한 것은 적어도 경제활동의 자유를 전제로 하는 자본주의 국가는 기업에 대하여 특정인을 고용하도록 강제할 수 없으므로 실업자가 여전히 생길 수밖에 없다는 점이다. 이러한 경우에 국가는 차선책으로서 실업자에게 상당한 생활비를 지급해야 그 생활이 가능해진다. 이는 제32조에 명시되어 있지는 않으나, 노동권의 본질에서 나오는 것으로 생각되며, 굳이 다른 헌법적 근거를 찾자면 헌법 제10조의 '인간의 존엄과 가치' 및 헌법 제35조의 '인간다운 생활'을 들 수 있다. 그러므로 노동권은 국가에 대해 노동기회의 제공을 요구하고, 그 제공이 불가능한 경우에는 상당한 생활비를 요구할 수 있다고 보아야 한다. 이를 규정한 법률이 고용보험법이다.

2. 노동조건권

고용된 노동자는 인간의 존엄성을 보장받는 근로조건을 요구할 수 있어야 한다. 이것이 노동조건에 대한 인권이다. 이를 헌법 제32조 3항은 "근로조건의 기준은 인간의 존엄성을 보장하도록 법률로 정한다"고 규정하고 있다. 이에 관한 A규약 7조는 더욱 상세하게 1항에서 "공정하고 유리한 노동조건을 모든 사람이 향유할 권리"라고 하고, 이는 최소한 다음을 확보하는 것이어야 한다고 규정한다. 첫째, 모든 노동자에게 최소한 "공정한 임금과 어떠한 종류의 차별도 없는 동등한 가치의 노동에 대한 동등한 보수, 특히 여성에 대해 동등한 노동에 대한 동등한 보수와 함께 남성이 향유하는 것보다 열등하지 아니한 노동조건의 보장"과 "이 규약의 규정에 따른 근로자 자신과 그 가족의 품위 있는 생활", 둘째 "안정하고 건강한 노동조건", 셋째 "연공서열 및 능력 이외의 다른 고려에 의하지 아니하고, 모든 사람이 자기의 직장에서 적절한 상위직으로 승진할 수 있는 동등한 기회", 넷째 "휴식, 여가 및 노동시간의 합리적 제한, 공휴일에 대한 보수와 정기적인 유급휴일"이다.

노동조건의 범위를 구체적으로 어떻게 할 것인가는 입법에서 결정될 것이나 헌법상 '인간의 존엄성'을 보장하는 것이어야 하고, 구체적으로 적정임금의 보장과 최저임금제의 시행이 명시되어 있다(제32조 1항). 이에 따라 근로기준법, 최저임금법, 임금채권보장법, 산업안전보건법, 산업재해보상보험법, 선원법, '파견근로자 등에 관한 법률'이 제정되어 있으나, 헌법에 명시된 적정임금의 보장을 위한 법은 아직 없다.

노동조건권의 내용으로 노동조건을 노동자와 사용자가 공동으로 결정하는 권리는 기업주의 재산권을 침해할 가능성이 크기 때문에 인정될 수 없다고 하는 견해가 있으나, 이는 독일의 경우 재산권의 침해가 아니라는 이유에서 공동결정이 당연히 인정되는 점과 대조적이다. 노동자의 경영참가의 범위를 어떻게 정할 것이냐 하는 문제는 입법정책의 문제이나, 설령 공동결정제를 인정한다고 해서 위헌으로 볼 수는 없다고 보는 것이 헌법의 해석상 옳다. '인간의 존엄성'을 보장하는 헌법 규정에 비추어보면 근로기준법 등에는 많은 문제점이 있다.

헌법 제32조 4항은 여자의 노동에 대한 특별 보호와 임금 및 근로조건에 대한 차별금지를 규정하고, 동 5항은 연소자의 노동보호를 규정한다. 반면 A규약 10조에서는 더욱 상세한 규정을 두고 있다. 즉 여성에 대해서는 2항에서 "임산부에게는 분만전후의 적당한 기간 특별한 보호가 부여된다. 동 기간 중의 노동임산부에게는 유급휴가 또는 적당한 사회보장의 혜택이 있는 휴가가 부여된다"고 규정하고, 이어 3항에서는 "가문 또는 기타 조건에 의한 어떠한 차별도 없이, 모든 어린이와 연소자를 위하여 특별한 보호와 원조의 조치가 취해진다. 어린이와 연소자는 경제적, 사회적 착취로부터 보호된다. 어린이와 연소자를 도덕 또는 건강에 유해하거나 또는 생명에 위험하거나 또는 정상적 발육을 저해할 우려가 있는 노동에 고영하는 것은 법률에 의하여 처벌할 수 있다. 당사국은 또한 연령제한을 정하여 그 연령에 달하지 않은 어린이에 대한 유급노동에의 고용이 법률로 금지되고 처벌될 수 있도록 한다"고 규정한다.

이에 대해서는 근로기준법, '남녀고용평등과 일·가정 양립 지원에 관한 법률' 등에 여러 가지 조항이 있다.

3. 노동단체권

우리 헌법에서 노동단체권은 제33조에 규정된다. 종래의 자유권과 사회권이라는 인권 구분에서 사회권에 속하는 것이었기 때문이다. 그러나 이는 연혁적인 이유에 불과하고 우리 헌법에서는 1948년 헌법에서부터 자유권과 사회권이 함께 규정된 차원에서는 특별히 구분할 의미가 없다. 도리어 B규약 22조와 같이 결사의 자유의 하나로 함께 규정함이 논리적이다. 물론 A규약에서는 8조로 다시 규정하고 있다.

A, B규약과 우리 헌법의 내용상 가장 큰 차이점은 전자는 공무원의 노동단체권을 군대와 경찰 및 국가행정부의 구성원에 대해서만 제한한다는 점이다. 여기서 국가행정부 구성원이라 함은 'members of the administration of the State'의 번역인데, 공식번역에는 '행정관리'로 되어 있다. 그러나 이는 잘못이다. 이에 대해 ILO 151호 조약에서는 공무원 중에서 "그 임무가 정책결정이나 관리에 관련돼 있다고 보통 생각되는 높은 지위에 있는 사람 또는 그 의무가 고도로 기밀적 성격을 갖는 사람"으로 되어 있음에 주의해야 한다.

헌법 제33조의 노동단체권은 단결권, 단체교섭권, 단체행동권으로 구성된다. 이를 흔히 노동3권 또는 노동기본권이라고 하나 그렇게 부르면 헌법 제32조의 노동권과 구별하기가 쉽지 않다.

단결이란 결사와 같은 말이다. 즉 단결권이란 노동자의 결사권을 뜻한다. 이를 헌법 제21조의 결사의 자유와 구별하여 단결권이라고 한 것에는 특별한 법적 이유가 없다. 이 단결체를 '노동조합 및 노동관계조정법'(이하 노동조합법이라고 함)에서는 노동조합이라고 한다. 그런데 노동조합법에서는 노동조합의 설립요건을 엄격히 규정하여 그것이 헌법 제33조의 단결권 규정과 일치하느냐에 대해 의문이 있다. 따라서 노동조합이 아닌 헌법상의 단결체가 있을 수 있다.

단결체는 타인(단체 포함)과 교섭할 수 있다. 다른 타인과도 당연히 교섭할 수 있으나 사용자와 교섭함이 가장 중요하다. 그것을 헌법상 특별히 단체교섭이라고 한다. 그리고 단결체는 사용자와의 교섭이 결렬되면 그와의 관계를 단절할 수 있다. 그러한 단절은 단결체를 구성하는 노동자에게는 퇴직을 의미하게 된다. 그러나 고용으로 생존해야 하는 노동자에게 그런 단절은 있을 수 없다. 따라서 사용자와 단절해도 생존으로서의 고용은 계속 보장받을 필요가 있다. 즉 그 단절을 이유로 근로자가 해고되어 생존을 위협 당해서는 안 된다. 여기서 인권으로서의 단체행동권이 특별히 보장된다.

헌법이 정한 인권 가운데 노동단체권만큼 특수한 것이 없다. 여기서 특수하다는 것은 인권 가운데 특별한 국민을 대상으로 한 인권이 이것밖에 없는데도, 즉 노동자밖에 없는데도, 따라서 헌법은 노동자의 인권을 특별히 보장한 것인데도, 사실상은 전혀 반대로 그

인권만큼 제한되고 금지된 것이 없다는 한국의 특수한 점이다.

노동단체권의 주체는 노동자다. 노동자란 임금에 의해 생활하는 자이다. 그는 경우에 따라 실업을 당할 수도 있지만 그 경우에도 노동자임에는 틀림이 없다. 따라서 실업자를 노동조합의 조직 대상에서 제외해서는 안 된다. 이를 위배하는 노동조합법은 명백히 위헌이다.

종래 문제된 사립학교 교사도 당연히 노동자다. 따라서 사립학교 교사의 노동단체권을 금지한 종래의 사립학교법은 명백히 위헌이었고, 이를 합헌이라고 한 헌법재판소[1]도 명백히 위헌이었다. 지금은 사립학교 교원만이 아니라 공무원인 공립학교 교원도 '교원의 노동조합 설립 및 운영 등에 관한 법률'에 의해 노동조합을 만들 수 있다. 그러나 현재 교원의 단체행동권은 금지(제8조)됐다.

교원 외의 다른 공무원도 당연히 노동자이다. 헌법 제33조 2항이 "공무원인 근로자는"이라고 규정한 것도 바로 그런 취지이다. 그런데 동항은 이어 "법률이 정하는 자에 한하여" 노동단체권을 가진다고 규정한다.

국가공무원법과 지방공무원법은 그런 공무원을 '단순 노무 종사자'로 규정하는데 그 수는 극히 적다. 따라서 대부분의 공무원은 노동단체권을 금지 당하고 있다. 이러한 대부분의 공무원에 대한 노동단체권의 금지가 합헌인가에 대해 헌법재판소는 입법형성권의 범위를 벗어난 것이 아니고 평등권에도 위반하지 않아 합헌이라고 하나[2]

---

1 헌결1991. 7. 22. 89헌가106.
2 헌결1992. 4. 28. 90헌바 27 등.

부당하다. 여하튼 2004년 '공무원의 노동조합 설립 및 운영 등에 관한 법률'이 제정되었으나 여전히 문제가 많다. 또 헌법재판소가 공무원도 아닌 공단의 단체교섭권을 제한하는 것을 합헌이라고 해서 문제다.

여기서 우리는 다시 현실 민주정의 정치적 다원주의를 고려할 필요가 있다. 공무원도 민주사회의 이익집단 중 하나이고 다른 이익집단과 똑같이 행위 한다. 따라서 공무원의 노동단체권을 입법으로 제약함은 이익집단의 경쟁 속에서 특정 이익집단의 무기만을 불공정하게 박탈하는 것이 된다. 공무원이 '국민 전체에 대한 봉사자'(헌법 제7조 1항)라고 함은 정치적 결정에서 그런 것이지 공무원의 생활에 관한 것이 아니다.

물론 공무원이 이익단체로서 기능하는 경우 국민생활에 중대한 영향을 미치는 서비스를 '인질'로 삼아 정치과정에 영향력을 행사하고자 하는 경우에는 공정한 경쟁조건을 회복시키기 위해 어느 정도 제약이 불가피해진다. 이는 노동단체권의 행사에서 순수한 정치파업이 헌법 제33조의 보호대상이 될 수 없는 것과 같은 논리이다. 사실 공무가 무엇인지에 대한 구분도 민영화가 지속됨에 따라 불분명해지고 있다. 국제인권규약을 비롯한 국제인권법 차원에서 예외가 인정되는 경우는 군대와 경찰에 대해서뿐이나, 공무원 노동조합법은 공무원의 범위를 6급 이하로 한정하고 있다(제6조). 또한 공무원의 정치행위와 단체행동권은 금지되어(제4, 제11조) 문제가 있다. 나아가 헌법 제33조 3항은 주요 방위 산업체에 종사하는 노동자의 단체행동을 금지한다.

반면 ILO는 군인과 경찰에 대해 단체교섭권을 인정하지 않는 경우에도 이는 엄격하게 적용돼야 하고, '국가의 명의로 권한 행사를 하는' 공무원에게는 단체행동권이 제한될 수 있지만 그 제한을 받는 공무원의 범위는 가능한 한 명백하게 좁게 정의돼야 한다고 본다. 캐나다, 프랑스, 노르웨이, 스웨덴, 이탈리아 등에서는 공무원의 단체행동권이 인정된다.

한국의 노동단체법에는 노동단체권을 제한하는 많은 규정이 있다. '3자 개입 금지규정'은 헌법재판소에 의해 합헌으로 판단됐으나 지금은 완화됐을 뿐 문제는 여전히 남아 있다. 또 기업 차원에서 복수노조를 인정하지 않은 것, 노동조합 전임자의 임금지급 금지, 실업자가 노동조합에 가입하지 못하게 한 것 등은 단결권 침해다.

'직권중재규정(노동조합법 62조 3호)'은 2006년 폐지됐으나 그 전에는 단체행동권을 제한하는 것이었다. 그럼에도 헌법재판소는 합헌이라고 했다. 또 단체행동을 형법상 업무방해죄로 처벌하는 것도 합헌이라고 보았으나[1] 이는 ILO에 의해 그 시정이 요구된 바 있다. 그 밖에도 단체행동과 관련한 많은 제한 규정이 있다.

4. 사회보장권

헌법 제34조 1항은 "모든 국민은 인간다운 생활을 할 권리를 가진다"

---

[1] 헌재 1998.7.16, 97헌바23.

라고 규정한다. '인간다운 생활'이란 물질적 최저생활이 아니라 문화적 최저생활을 말한다고 하나, 그것을 최저생활이라고 보는 점에는 문제가 있다. 즉 헌법은 명백히 '인간다운 생활'이라고 규정하지 '인간의 최저 생활'이라고 규정하고 있지 않기 때문이다.

한편 A규약 11조는 이를 더욱 상세히 "모든 사람이 적당한 식량, 의복 및 주택을 포함하여 자기 자신과 가정을 위한 적당한 생활수준을 누릴 권리와 생활조건을 지속적으로 개선할 권리"라고 규정하고 "기아로부터의 해방"을 인권으로 인정한다. 여기서 '생활조건'이란 의식주 외에 규약에 규정된 적절한 노동조건, 건전한 가정의 형성과 모성의 건강 및 아동의 건전한 성장, 사회보장, 신체와 정신의 건강, 교육, 문화적 생활과 과학이용에 의한 이익의 향수 등을 포함하는 것이다.

또한 이 권리가 구체적 권리인가에 대해서도 논쟁이 있으나, 헌법은 제34조 1항에서 그 기준, 그리고 제34조 2항 이하에서 사회보장과 사회복지, 여자의 복지와 권익향상, 노인과 청소년의 복지향상, 생활무능력자의 보호, 피재해 국민의 보호 등을 시책으로 규정하고 있다.

따라서 사회보장권은 이를 추상적 프로그램으로 보는 헌법재판소의 견해[1]와 달리 구체적 권리라고 보아야 한다. 물론 헌법에서 말하는 '기준'과 '시책'이라고 하는 것도 추상적이기는 하다. 그러나 헌

---

1 헌재 1995.7.21, 93헌가13.

법의 인권규정은 추상성을 면치 못하는 경우가 그 밖에도 많다. 따라서 그 내용은 법률과 재판에 의해 확정된다. 법률이 없는 경우에도 재판이 가능하다.

이상 사회보장권에 근거해 제정된 우리나라 사회보장법에는 많은 문제점이 있다.

첫째, 포괄성이 부족하다는 점이다. 사람이 살아가면서 겪을 수 있는 사회적 위험, 즉 인간다운 생활을 위협하는 위험은 매우 다양하므로 이를 포괄적으로 규정해야 한다. 그러나 그런 포괄성이 우리 사회보장법에는 아직도 매우 부족하다.

둘째, 적용범위가 좁다. 사회보장법은 필요한 모든 국민에게 적용돼야 한다. 그러나 우리 사회보장법은 그 적용범위가 좁다. 가령 국민기초생활보장법은 전 국민의 3% 정도에 적용되는데, 이는 우리나라 빈곤인구의 절반에 불과하다. 또 국민연금법은 전체 가입자 중 납부예외, 체불 등으로 보험료를 내지 않고 사각지대에 놓인 사람들이 반에 이른다. 특히 심각한 문제는 취약계층일수록 배제되는 경우가 많다는 점이다.

셋째, 급여수준이 적절하지 않고 평등지향적이지 않다. 우리나라 사회보장비의 GDP 대비 비중은 10% 전후인데 이는 서유럽 국가들의 30% 전후에 비해 턱 없이 낮은 비율이고 우리와 경제수준이 비슷한 국가들 중에서도 하위에 속한다.

그 결과 우리나라에는 여전히 대규모의 절대적 빈곤이 지속되고 있다. 특히 1997년 말 발생한 IMF 외환위기 이후 대량실업과 함께 대량빈곤 문제가 발생하여 빈곤률은 7%에서 20%까지로, 즉 4백만 명에서 1천만 명으로 추산됐다. 노숙인으로부터 쪽방, 비닐하우스, 옥탑방, 지하방에 사는 절대빈곤인구는 극단적인 일부에 불과하다. 그런 비정상 주거지 외에도 주거수준이 열악한 가구는 정부가 발표한 기준에 의해서도 전체 가구의 20% 전후인 3백만 가구가 넘는다.

빈곤의 또 다른 문제는 빈부격차다. 흔히 5%의 상위계층과 95%의 하위계층이 존재한다고 하는 것은 노동시장의 임금격차와 함께 사회보장법에 의한 불평등완화가 제대로 기능하지 못하기 때문이다. 앞에서 보았듯이 사회보장법의 적용범위와 급여수준이 낮고 그 내용이 상대빈곤의 해소를 목표로 하는 평등지향적인 것이 아니기 때문이다.

사회보장법에는 소수자에 대한 차별과 침해가 존재한다. 우리나라의 사회보장법은 공무원과 군인을 최초의 보호대상으로 삼았다. 따라서 노동자 농민은 차별을 받았다. 지금은 노동자 농민에 대한 차별은 상당히 해소됐으나 비정규직이나 빈민에 대한 차별은 사회보장법의 미비로 인해 여전히 존재하고 있다. 비정규직의 임금을 비롯한 사회보장법상의 차별은 여전히 존재한다.

이러한 차별과 함께 여타 인권의 침해가 일반적으로 존재한다. 특히 아동, 여성, 노인, 장애인 등의 인권침해다. 여성에 대한 폭력은 강간, 성학대, 성희롱, 위협, 인신매매, 강제적 성매매, 관습적 폭력 등으로 다양하게 나타난다. 여성을 포함한 가정폭력은 노인, 아동에 대한 가정 내의 학대와 방임 등으로도 발생한다. 특히 사회복지시설에서 발생하는 살인과 폭력, 감금과 암매장, 협박과 공갈, 성폭력과 강제 불임시술, 강제노역과 학대, 무보수 착취와 출입 제한, 급식 제한과 따돌림 등의 문제가 심각하다. 이러한 침해는 치안능력 등에도 원인이 있지만 사회복지시설의 부족 등을 비롯한 사회보장법의 수준 미비에도 그 원인이 있다.

5. 기본소득

우리나라 사회보장제도는 다른 선진국에 비해 매우 늦게 도입되어 여러 가지 문제가 있지만, 최근에는 특히 연금제도의 급부수준 저하를 비롯해 사회보장기금의 고갈 등 제도 자체의 의의와 지속성에 대한 근본적인 의문이 제기되고 있다. 이러한 사회보장제도의 위기는 한국만의 특유한 현상이 아니라 범세계적인 차원에서 문제가 되었다. 중요한 원인은 예상을 초월한 인구 피라미드 구조의 급격한 변화, 특히 노령인구의 급증에 있지만, 그러한 양적 변화의 배후에는 질적인 변화도 존재한다. 즉 노동과 가족의 구조와 함께 사회의 재생산구조가 급격히 변하고 있다는 점이다. 가령 독신세대의 증가, 여성고용율의 증가, 청년실업의 만성화, 비정규고용의 일반화 등여러 가지 새로운 심각한 문제들이 속속 나타나고 있다. 이는 세부적이고 기술적인 개선만으로는 해결할 수 없을 정도로 심각한데도, 그 근본적인 개혁의 논의는 아직 찾아볼 수 없다. 이러한 상황에서 하나의 근본적인 개혁론으로 대두된 것이 기본소득이라는 것이다.

'기본소득'이란 모든 사람에게 아무런 조건 없이 최저한의 소득을 보장하는 것을 뜻하므로 이는 현재의 사회보장제도와 근본적으로 다르다. 즉 현재의 사회보장제도는 스스로 노동하여 임금을 얻는 것을 전제로 사회보험에 가입해 보험료를 납부해야 실업수당이나 연금을 받을 수 있고, 이에 더하여 빈곤한 자가 생활보호나 공적 부조를, 자산조사에 의해 수급자격이 있다는 전제에서만 부여받는 것임에 반해, 기본소득구상은 그런 전제 없이 무조건 기본소득을 지급하자는 것이다. 즉 모든 사람에게 노동, 결혼, 성별 등의 조건을 전혀 묻지 않고 부여하는 소득보장구상이다. 경우에 따라 직접 현금 급부를 받을 수 있고, 지급해야 할 세금을 감면받는 세액공제로 받을 수도 있으며, 급여수준을 연령에 따라 달리할 수도 있다. 가령 연금 수급자는 높은 액수를, 아동에게는 낮은 액수를 지급할 수도 있다. 또한 이는 현재와 같이 사회보험이나 세금으로 사회보장급부금을 만들고 개인소득세제에서 생활보장을 위해 정책적으로 채용한 각종 소득공제도 없애고, 세제와 사회보장제도를 통합하여 소득세에 대한 비례과세만으로 재원을 조달하자는 구상이다.

이러한 기본소득이 구상된 이유는, 종래 사회보장제도의 전제였던 노동과 가족의 구조, 즉 완전고용 하에서 남성이 정규직으로 노동하여 임금을 받고, 전업주부인 여성이 가정에서 무상노동을 한다는 구조가 붕괴되고 있으며, 특히 기업중심 사회에서 사회보장제도가 제대로 기능하지 못한다는 점에 있다. 또한 이를 한국에서도 검토할 필요가 있다고 생각하는 이유는, 다른 어느 나라보다도 강고한 성별분업에 근거하여, 기업과 가족이 사회보장제도의 저수준을 보완하는 것을 통해 더욱더 강고한 기업중심의 사회경제 시스템이 최근 한국에서 형성되어왔으나, 앞으로 개인의 자립과 공동에 근거한 복지사회를 만들기 위해서는 무엇보다도 먼저 기업중심 사회에서 벗어나야 한다고 생각되기 때문이다.

기본소득구상은 누구에게나 최저소득을 보장하여 개개인 삶의 경제적 기반을 형성해줌으로써, 그 위에서 개인은 사업을 할 수도 있고, 돈이 되지 않는 사회공헌에 나설 수도 있게 한다. 특히 지금까지 그 활동이 경제적으로 충분히 평가받지 못했던 사회봉사·문화·예술·학문 활동 등이 활발하게 이루어질 수 있으며, 또한 비정규직처럼 불안정한 노동임금에 의존한 사람들에게도 안정된 생활을 보장할 수 있다. 또 "임금취득자로서의 남성+전업주부로서의 여성"으로 형성된 기존의 노동과 가족의 구조를 해체할 수 있고, 나아가 생활보호나 공적 부조를 사전의 자산조사에 의한 수급자격 부여에 관련시켜 생겨난 문제점도 해결할 수 있으며, 세제와 사회보장제도를 통합하여 그 재원을 더욱 충실하게 만들 수도 있게 된다.

그러나 누구든 이에 대해서는 당장 의문을 제시할 수 있다. 즉 이러한 제도가 실시되면 누구나 일하려고 하지 않을 것이 아닌가, 또는 노동능력이 있으면서도 노동하지 않는 자에게도 소득보장을 하는 것이 과연 옳은가 하는 점이다. 더욱 큰 의문은 방대한 재원의 조달 문제이다. 그러나 기본소득을 주장하는 학자들은 현재의 사회보장 예산으로 충분히 감당할 수 있다고 본다. 물론 이는 사회보장 예산이 우리와 비교할 수 없을 정도로 높은 선진국의 경우이지만 우리나라의 경우에도 반드시 무리라고만 볼 수 없다. 그러나 무엇보다도 큰 결점은 기본소득구상은 소득보장에 관한 것에 그치고 있고, 의료나 복지사회 서비스에 대해서는 한계가 있다는 점이다. 즉 이는 사회보장을 주로 소득보장으로 보는 영국 내지 유럽식 사회보장제도에서 나오는 발상이라는 한계이다.

우리 헌법 제34조가 규정하는 "인간다운 생활을 할 권리"는 기본소득을 인정할 수 있는 근거라고 볼 수 있다. 왜냐하면 기본소득의 기본이란 여러 가지 의미를 갖는데, 그중 하나가 "인간다운 생활"을 가능하게 하는 "기본적 필요"를 충족하게 한다는 것이고, 그런 점에서 이는 "기본적 인권"의 불가결한 요소이기도 하기 때문이다. 또한 기본이란 그 보장금액이 어디까지나 기본 내지 기초이고, 그 위에 임금노동 등의 다른 방법을 통해 돈을 버는 것을 방해하지 않는다는 의미이기도 하다. 이처럼 기본소득이란 우리 헌법에서도 지극히 당연히 인정될 수 있는 것인데도 현실은 반드시 그렇지 않다는 점에 문제가 있다. 첫째, 현재의 생활보호제도 등에는 여러 가지 조건이 부과되어 "인간다운 생활을 할 권리"가 무조건 인정되지 않는다. 둘째, 헌법 제34조를 인정한다고 해도 무조건 기본소득을 보장하는 기본소득에 대해서는 많은 사람들이 현실적으로는 물론 이념적으로도 저항한다. 특히 한국 헌법에서는 제32조 2항에서 "근로의 의무"를 규정하는데, 이에 대해서는 종래 적극적인 의미 부여가 없었지만, 기본소득에서 말하는 "무조건 지급"이라는 점에 대해 일정한 수정을 요구하는 근거로 볼 수도 있다.

헌법상의 "인간다운 생활을 할 권리"는 최근 두 가지 차원에서 특히 위협받고 있다. 그 하나는 격차와 빈곤의 심화다. 이는 신자유주의 하의 규제완화에 의한 복지국가의 기능 파괴에 의해 초래된 부분과, 신자유주의가 주도하는 세계경제변화에 의한 복지국가의 기능 불능에 의해 초래되는 부분으로 나누어볼 수 있다. 후자의 기능 불능은 먼저 국가가 완전고용을 보장할 수 없게 되어 복지국가의 전제가 불가능하게 되었다는 것이다. 이러한 상황에서, 종래의 단순한 실업수당과 같은 수동적인 수단이 아니라, 노동력의 질을 높이고 노동력의 이동을 지원하며, 복지급부를 노동에 연동시키면서 노동의 인센티브를 높이기 위한 글로벌리제이션이 진행되는 가운데 취로와 복지를 결합하는 정책이 적극적으로 모색되고 있다. 한국에서도 이러한 정책의 모색은 반드시 검토되어야 하지만, 그것이 종래 산업화정책의 연장이어서는 많은 문제를 갖기 마련이라는 점도 앞에서 지적한 대로고, 따라서 자연생태와의 조화를 비롯한 여러 가지 가치와의 조화가 필요하다. 그러한 조화 속에서 노동과 복지를 결합하는 기본소득제도의 한국적 발전이 요망된다.

20세기 전반의
사회적 인권

6장과 7장에서는 20세기의 인권을 다룬다. 20세기 전반에는 서양에서 시민적 인권과 사회적 인권이 어느 정도 누려졌지만, 한반도를 포함한 비서양은 서양 제국의 치하에서 그러한 인권은 물론 그 전제가 되는 민족의 자결권을 상실했다. 20세기 중반에야 서양 제국이 비서양에서 물러가고 비서양은 민족의 자결권을 확보했으나 실질적인 것은 아니어서 20세기 후반은 물론 지금까지도 많은 문제를 야기하고 있다. 따라서 20세기 전반을 다루는 6장의 제목을 '사회적 인권'이라고 한 것은 어디까지나 서양의 경우를 말하는 것임을 주의해야 한다.

20세기 전반에는 사회주의와 전체주의가 대두했고 인권을 근본적으로 파괴한 두 차례의 세계대전을 비롯한 수많은 전쟁과 독재와 기아가 있었다. 그리고 수백 년간의 제국주의 역사가 끝나고 많은 나라들이 독립했다. 전쟁이 20세기까지 이어진 식민지 착취 정당화의 논쟁을 끝낸 것이다.

20세기에 와서 식민지 지배는 대단히 과학적이라고 자부하는 사회적 진화론에 의해 합리화되었다. 19세기 말에 등장한 다윈의 진화론은 특정한 계급, 인민, 인종이 다른 계급, 인민, 인종을 지배할 수 있는 것은 그들이 '선천적 탁월함'에 의해 생존 투쟁에서 승리한 것으로 정당화되는 사회적 진화론으로 왜곡되었다. 이는 플라톤이나 아리스토텔레스에 의해 주장된 인종차별론이나 종교에 의한 차별론을 과학의 이름으로 더욱 정당화한 데 지나지 않는다.

국내의 자유도 마찬가지다. 플라톤 이래, 특히 아우구스티누스 이래, 그리고 루터와 칼뱅을 거쳐 아담이 저주받은 원죄에서 비롯된 악을 다스리기 위해 강력한 국가권력이 필요하다는 주장이 이제는 인간의 동물적 본성을 제거하기 위해 필요하다는 주장으로 과학화하여 나타났다. 과거에는 불량한 인간을 교정하기 위해 교회가 요구했던 권한이 이제는 우생학 지지자들이 국가가 '선천적 지능'과 '범죄성'에 대한 과학적 척도로 그 생식 능력을 제한해야 한다고 주장했다. 이는 부자보다 빈민이 아이를 많이 낳는 경향에 대한 우려에서 나왔다. 이는 당시 지배자나 지식인들이 공유한 것[1]이었는데, 민주주의에 대한 경멸과 결부되었다는 점에서 짚고 넘어갈 만하다. 당시 지배자들은 민주주의를 버크가 말한 '돼지 같은 무리들'의 '군중정치'라고 비난했다.

---

1   하먼, 앞의 책, 495쪽.

민족자결권과
민족주의

20세기 초엽 세계적 차원에서 가장 중요한 인권은 '민족자결권'이었다. 이는 제1차 세계대전 이후의 문제를 해결하기 위한 핵심 개념이 되었다. 이것이 1919년의 3·1운동을 촉발시켰음을 우리는 알고 있다. 그러나 3·1운동이 그러했듯이 민족의 자유나 권리는 법이 아니라 힘에 의해 해결될 수밖에 없는 문제였다.

그 토대가 된 민족주의는 19세기 유럽의 후진국인 이탈리아와 독일에서 생겨나 오토만 제국과 오스트리아-헝가리 제국으로 퍼져나갔다. 그러나 이는 식민지 각축전과 함께 제1차 세계대전으로 이어졌다. 미국은 태평양을 침략했고 일본도 동아시아를 침략했다. 독일과 이탈리아도 통일 후 식민지 침략에 나섰다. 그 결과 곳곳에서 전쟁이 터졌고 결국 제1차 세계대전으로 귀결되었다.

제1차 세계대전은 그 이름처럼 최초의 세계대전이었으며, 살상의 규모가 상상을 초월할 정도로 처참했다. 가령 연합국 측의 영국군은 동원 총수 약 890만 명 가운데 사망자와 부상자 및 포로수를 합친 손상자가 약 319만 명으로 동원수 대비 약 36%가 사망했다. 프랑스는 손상자가 그 두 배, 러시아는 그 세 배였고, 비율도 70%를 넘었다. 패전국인 독일이나 오스트리아도 손상자 수는 모두 약 700만 명을 넘었고, 그 비율은 각각 65%와 90%에 이르렀다.

제1차 세계대전 후 그 반성으로부터 미국 대통령 윌슨은 1918년 '14개조 평화 원칙 연설'에서 발칸 지역의 민족 독립, 폴란드의 독립과 국가 수립, 오토만 제국의 터키 관할 지역 주권 인정 등을 "인민과 모든 민족에 대한 정의의 원칙"으로 주장했다. 이어 그의 주장에

제1차 세계대전 직후 폐허가 된 마을

따라 국제연맹과 그 부설 조직인 국제노동기구(ILO)가 설립되었다. 그러나 국제연맹은 미국이 가입하지 않아 결국은 실패했다. 당시 미국 상원이 전쟁 선포권을 국제기구에 위임하는 것에 반대했기 때문이다. 독일과 러시아도 회원국으로 가입하기를 거부했다. 따라서 국제연맹은 제대로 기능하지 못했다.

국제노동기구 최초 창립자들

국제연맹은 폴란드의 민족자결만을 승인하고 여타 식민지 인민들의 권리 보장에는 무관심했다. 도리어 중동지역을 비롯한 여러 민족의 운명을 식민지 국가의 신탁통치에 위임했다. 심지어 독일은 민족자결을 내세워 체코슬로바키아 내의 독일인을 보호한다는 미명으로 수데텐 지역을 합병했다. 이어 민족주의는 독일의 나치즘과 이탈리아의 파시즘 그리고 일본의 군국주의로 나타났고 이는 결국 제2차 세계대전을 낳았다.

그러나 국제연맹과 국제노동기구의 노력은 일부 성공했다. 가령 국제연맹 규약은 여성과 미성년자의 인신매매를 금지하고 1921년 그런 내용의 협약을 제정했고 1926년의 '노예폐지협약'은 모든 노예제와 노예무역을 금지했다. 그러나 식민지 인민의 생활은 나아지기는커녕 더욱 악화되었다.

이를 자유주의적인 세계 평화의 모색이라고 한다면 1917년 러시아 혁명 후 1918년 범세계적인 사회주의 인권을 규정한 '노동 피착취 인민의 권리 선언'은 사회주의적인 평화 모색이었다. 그 선언에 명기된 목적은 다음과 같았다.

> 인간에 의한 인간의 모든 형태의 착취를 억제하고, 사회 속의 계급 차이를 완전히 철폐하는 것을 공화국의 목적으로 한다. 공화국은 착취자를 무자비하게 분쇄하고, 사회주의적 토대 위에 사회를 재조직하며, 전 세계에서 사회주의의 승리를 달성할 목적을 가진다.[1]

이에 따라 노동자의 공장 통제, 은행 국유화, 구법원의 폐지와 혁명법원의 도입, 노동자 민병대 창설, 법적 계급 특권과 소유권 폐지, 상속 폐지, 정교분리, 남녀평등 등의 개혁이 이루어졌다. 특히 1917년 남녀 동등한 시민적 권리, 자발적인 혼인과 이혼, 합법적인 피임과 낙태, 자녀의 국가 양육, 노동권, 출산휴가가 보장되었다. 또한 17세까지의 보편·무상 의무교육과 직업교육이 실시되었다.

그러나 이는 엄청난 정치적 탄압과 함께 이루어졌고 소련 밖에서는 제2차 세계대전 이전까지 사회주의가 승리하지 못했다. 또한 스

---

[1] 이샤이, 앞의 책, 337쪽 재인용.

탈린 이후 종래의 인권도 악화되었다. 가령 1936년부터 첫 임신의 낙태가 불법화되었고 1944년에는 모든 낙태가 금지되었다. 이혼녀에게는 벌금이 부과되고 사실혼은 법적으로 인정받지 못했다. 미성년자의 인권도 제대로 보장받지 못하고 방치되거나 이주를 강요당하게 되었다.

식민지 문제는 지식인 사이에서도 방치되었다. 가령 프랑스의 경우 공산당도 식민지 문제에는 적극적으로 나서지 않았고 지식인들도 마찬가지였다. 가령 우리나라에서도 저명한 프랑스의 진보적 작가 롤랑(Romain Rolland, 1886~1944) 같은 이들은 제1차 세계대전 전후로 평화를 호소하면서도 식민지에 대해서는 침묵했다. 지드(Andre Gide, 1869~1951)도 『콩고 기행*Voyage au Congo*』 등에서 식민지 지배자의 가혹한 착취를 규탄했으나 식민지 지배 그 자체를 비판하지는 않았다. 영국의 작가 콘래드(Joseph Conrad, 1857~1924)도 마찬가지다. 제2차 세계대전 후까지 그런 상황은 변하지 않았다. 1950년대에 와서야 사르트르(Jean-Paul Sartre, 1905~1980)나 파농(Frantz Omar Fanon, 1925~1961)과 같은 반식민주의자들이 알제리 독립운동을 지지했으나 역시 소수에 불과했다. 여타의 인문 사회과학자들은 철저히 침묵했다.

20세기 전반
유럽의 인권

제1차 세계대전은 그 전의 자유주의 정부에게 그 정책을 포기하게 만들었다. 영국을 비롯하여 프랑스, 독일 등 유럽에서는 정부가 철도, 해운, 방위산업, 금융시장, 자연 자원을 비롯한 생필품, 기초식품의 가격, 소비 생활의 규제와 배급을 통제했다. 동시에 참정권을 확대하고 복지정책을 전개했다. 대공황(1929~1939) 이후 그런 정책은 더욱 강화되었다. 반면 독일, 이탈리아, 스페인 등에서는 전체주의 국가와 기업의 이념 하에 노사협력이 강조되었다.

그러나 노동자의 노동조건은 여전히 열악하여 1일 12~16시간 노동이 보통이었다. 아동 노동시간을 제한하고 임신 가능성을 해칠 수 있는 업종에서 여성 고용을 금지하는 법이 제정되었으나 이는 그들의 보호보다는 미래의 노동력을 확보하기 위한 자본의 요구에 의한 것이었다. 이와 함께 도덕적 해이에 대처하기 위한 일부일처제 가족상 중심의 청교도적 도덕이 주장되었다. 남자의 동성애는 영국에서 최초로 범죄로 규정되었다. 영국과 프랑스에서는 언론의 자유가 누려졌으나 언론은 흥미와 오락 중심으로 흘렀고 음악, 영화, 스포츠 등에서 오락 산업이 성행했다.

그러나 여성의 투표권은 현저히 확대되었다. 1914년부터 1939년 사이에 28개국이 남녀 동일 투표권을 부여했다. 반면 파시즘에 의해 여성의 자유는 크게 제한되었다. 독일의 3K(Kinder, Kirche, Küche)는 여성에게 '아동양육, 교회, 가사노동'을 이상적인 것으로 강요했음을 보여준다. 미성년자는 충성 교육과 군사 교육을 강요당했다.

20세기 초
미국의 시민적 인권

흔히 사회주의가 생겨나지 않았다고 하는 미국의 20세기는 1901년 최초의 사회주의 정당 수립으로 시작되었다. 노동자 출신인 대표 데브스(Eugene Victor Debs, 1855~1926)는 노동조합의 목표를 자본주의 체제를 전복하여 인류의 자유를 회복하는 데 두었다. 당시에는 여성운동가 중에도 헬런 켈러(Helen Keller, 1880~1968) 같은 사회주의자가 많았다. 켈러는 참정권으로는 충분하지 않고 사회주의가 필요하다고 했다. 1910년 연방의회에 최초의 사회주의자 의원이 진출했고 1911년에는 73명의 시장과 1,200명의 공무원이 사회주의자에서 나와 당시를 '사회주의의 밀물'이라고도 했다.

그러나 헌법의 자유는 20세기 초엽까지도 그림의 떡이었고 그나마 일반적인 관심을 끌지도 못했다. 가령 1920년대 이전의 미국에는 '참으로 유효하고 법적 강제력을 갖는 언론의 자유'가 존재하지 않

데브스

헬렌 켈러

왔다. 언론이 '유해한 의도'를 갖는다고 판단한 정부는 그 언론을 탄압할 수 있음을 법원이 인정했기 때문이다. 특히 쟁의행위 중 노동자가 연설하거나 문서를 뿌리는 행위 등이 금지되었다. 1912년 연방의회의 노사관계위원회에서 저명한 변호사 더로는 "우리가 자유로운 나라에 살고 있다거나, 시민적 자유를 누린다고 생각하지 않는다"고 했다[1]. 물론 이는 쟁의행위 자체가 업무방해행위라는 이유로 실제로 금지되는 2017년의 대한민국과는 다르다.

쟁의행위는 노동자만의 문제가 아니라 진보적 지식인들의 관심사이기도 했다. 그들에게는 쟁의행위가 페미니즘 성해방이나 모더니즘과 다르지 않은 자유의 문제였다(한국의 경우는 다르지만). 동시에 노

---

1   Jerold S. Auerbach, *Labor and Liberty: The La Follette and the New Deal*, 1966, pp. 14-15.

동운동가들에게도 페미니즘과 모더니즘은 중요한 관심사였다. 우리에게 〈레드〉란 영화로 알려진 시인 리드(John Read, 1887~1920)는 "우리는 워싱턴 스퀘어에 사는 자유인이다"라고 노래했고 페미니스트는 자신들이 추구하는 것은 자유이고 이는 투표권, 경제적 자유를 넘는 '정열의 자유'와 성적 자기 결정을 포함하는 것이라고 주장했다.[2] 동성애자들도 마찬가지였다.

페미니즘은 산아제한 운동과도 결부되었다. 19세기에는 여성의 권리가 남편을 포함한 타자의 성적 요구를 거부하는 것이었으나, 20세기 초에는 반드시 자녀를 낳지 않고 적극적으로 성생활을 추구하는 권리가 되었다. 이 이론과 실천의 선구자는 40회 이상 체포된 아나키스트 엠마 골드먼(Emma Goldman, 1869~1940)이었다.

이러한 분위기는 제국주의 전쟁이었던 제1차 세계대전에 의해 미국에서 시민적 자유를 진전시켰다. 모든 진보주의자들은 1916년 선거에서 여성참정권을 지지한 윌슨을 도왔고 1917년 윌슨 대통령이 주장한 자유와 민주주의를 위한 투쟁에 기꺼이 참가했다. 전쟁 중 국가는 남북전쟁 때와 마찬가지로 거대국가로 변했으나 전후 정부는 진보적으로 사회를 재건하고자 했다.

정부는 전국에 수많은 강사를 파견하여 루소, 크롬웰, 제퍼슨이 공유한 자유를 설명했고 반자유 이념을 표상하는 독일 제국의 황제를 비난하여 국제적 차원의 인민 자결과 국내적 차원의 민주적 자

---

2   Blanche W. Cook, ed., *Crystal Eastman on Women and Revolution*, 1978, p. 32.

실업자들 앞에서 연설하는 엠마 골드먼

유를 강조했다. 특히 8시간 노동제와 생활임금을 실현하는 산업민
주주의와 평화를 강조했다. 1920년에는 헌법 수정 19조에 의해 여성
의 참정권이 인정되었다. 그러나 민주적 자유의 성취는 그 정도로
끝났다.

20세기 초 미국의 민주적 인권의 후퇴

제1차 세계대전은 세계의 비백인 인민에게 인민자결권이 있다고 선언하고 이를 부여하기 위한 전쟁이라고 연합군은 선전했다. 그러나 전후 그것은 동유럽에서만 실현되었고 아시아 아프리카와는 무관했으며 도리어 1919년의 파리강화회의는 대영제국을 보존시키고 독일과 터키의 식민지를 영국과 프랑스가 나눠 먹게 하는 결과를 낳았다.

이는 국내에서도 흑인의 차별을 강화하는 방향으로 나아갔다. 전시의 자유 강조에 흑인들은 참정권 박탈과 인종 차별에 대한 개혁을 기대하여 전쟁에 적극 참여했다. 전시 중의 생산 확대와 유럽 이민의 정지에 의해 50만 명 이상의 남부 흑인들은 자유를 찾아 북부로 이동하여 노동자가 되었다. 그러나 고용기회는 엄격하게 제한되었고 노동조합으로부터도 배제되었으며 주거도 격리되었다.

전쟁 중 노동조합원은 5백만 명으로 늘어났고 1919년과 1920년에는 미국 역사상 최대의 쟁의행위가 벌어졌다. 노동자들은 사용자를 '독일 황제'라고 비난하고 '노동 현장의 자유'를 요구했다. 그러나 이는 미국 역사상 가장 철저한 보수 시대를 결과했다. 윌슨 정부는 노동자들의 그러한 주장을 민주주의와 자유에 대한 배신이라고 생각하여 1798년의 '외국인법 및 선동죄법' 이래 다시 언론의 자유를 제한하는 방첩법(Espionage Act)을 1917년 제정했다. 이는 첩보활동이나 징병 방해만이 아니라 군사적 성공을 방해할 가능성이 있는 '허위 진술'도 금지했다. 의회는 정부의 검열 요구권은 거부했으나 반전 출판물의 우송을 금지하는 권한과 아나키스트 외국인을 국외로 추방하는 권한도 인정했다.

이러한 법에 의해 2천 명 이상이 고발되었고 데브스를 포함한 1천 명 이상이 유죄 판결을 받았다. 골드먼을 포함한 수백 명의 아나키스트가 국외로 추방되었고 사코(Nicola Sacco)와 반제티(Bartolomeo Vanzetti)는 유죄 판결을 받았다. 골드먼은 법정에서 다음과 같이 말했다.

> 방첩법에는 심지어 표현의 자유와 집회의 자유, 비판의 자유가 없습니다. 이러한 자유는 없어도 되나요? 이러한 자유는 위대한 역사적 과거의 그림자일 뿐인가요? 이러한 자유는 형사든 경찰이든 이를 판단하는 사람의 발아래 유린당해도 되는 건가요? 아니면 미국인들의 유산으로 계속 유지되어야 하는 건가요?[1]

---

1 하워드 진·앤서니 아노브 엮음, 황혜성 옮김, 『미국 민중사를 만든 목소리들』, 이후, 2011, 503-504쪽.

진보적 언론은 전체적인 논조를 이유로 우송이 금지되었다. 사용자는 정부와 협력하여 IWW를 분쇄했는데 이는 서부 자본가들의 오랜 숙원이었다. 각 주의 탄압은 더욱 심했다. 이러한 상황에 대해 당시의 진보세력은 침묵했다. 심지어 그들은 사회주의나 아나키즘의 배제를 바람직하다고 여겼다.

연방대법원은 방첩법을 합헌이라 하고 그것을 위반했다고 처벌을 받은 사회주의자 셴크(Charles Schenck)에게 유죄 판결을 내렸다. 그 판결에서 홈즈(Oliver Wendell Holmes) 판사는 위법한 행위의 야기라는 '명백하고 현존하는 위험'을 초래하는 연설을 금지하는 권한을 의회에서 뺏을 수 없다고 판시했다. 이는 미국 헌법 이론에서 지금까지 유지되고 한국에서도 지지되는 것이지만, 무엇이 '위험'한지를 정부가 판단하도록 허용했다는 점에서 자유로운 언론에 중대한 위협이 되었다. 홈즈는 "극장 안에 불이 났다고 거짓으로 외쳐서 혼란을 야기한 사람은 보호받을 수 없다"고 하며 이를 전쟁 비판과 같은 것으로 보았다. 그러나 뒤에는 사상의 시장에서 언론 자유는 인정되어야 한다는 방향으로 돌아섰다. 그 뒤 조이스의 『율리시즈』에 대한 세관의 압류 조치에 대해서도 위헌의 판결이 내려졌다.

그러나 노동자의 보호는 여전히 미흡했다. 사용자 측은 노동조합으로부터의 자유, 즉 오픈숍을 요구하고 단체교섭은 개인적 자유에 대한 침해이고 자유로운 인민의 제도들에 대한 위협이라고 주장했다. 1920년대에 노동조합은 1백 만 명 이상의 조합원을 잃었고 조합의 기반은 붕괴되었다. 연방대법원은 계약의 자유를 최고의 가치라고 주장하고 모든 진보적 노동법을 위헌으로 판결했다.

여성운동도 해체되었다. 그 이유 중의 하나는 참정권의 실현으로 인한 운동의 유대가 없어진 점이었다. 참정권이 부여되었다는 이유로 여성노동 보호법은 대법원에서 위헌으로 판결되었듯이 모든 여성보호법은 거부되었고 성적인 자유의 요구도 사회적으로 거부되었다. 대신 담배로부터 자동차에 이르는 상품을 구매하는 수단과 자유로운 성생활의 추구로 타락했다. 리프먼(Walter Lippmann, 1889~1974)은 소비주의가 미국인의 공적 관심을 없앴다고 비판했다. 사회개량의 기반으로 적극적 시민상을 추구했던 듀이(John Dewey, 1859~1952)도 공중은 패배했다고 보았다.

1930년대
사회적 인권의 회복

1929년 주식시장의 폭락은 미국에 사상 최악의 경제적, 사회적 위기를 초래했다. 1932년에는 국민총생산의 3분의 2가 저하하고 물가는 반으로 떨어졌으며 노동인구의 4분의 1인 1천 5백만 명이 직장을 잃었다. 직장인의 임금도 급락하여 1940년대까지 1929년 수준으로 회복되지 못했다. 오랫동안 정권을 잡은 공화당 대신 민주당이 집권하여 뉴딜 정책을 실시했다.

대공황은 자유를 재고하게 했다. 즉 사회적, 경제적 자유가 새롭게 부각되었다. 남북전쟁과 마찬가지로 자유의 개념은 국가권한의 확대와 결부되었다. 학자들은 개인주의가 시대에 뒤떨어진 것이라고 주장하고 연방 정부의 경제 개입을 환영하며 국가에 의한 적절한 생활보장이 사회정의라고 선언했다. 이제 자유는 국가로부터의 보호가 아니라 국가에 의한 보호로 바뀌었다. 듀이는 1935년 자유란 물

경제대공황 당시 공짜 수프를 기다리는 실업자들

질적 불안으로부터의 해방이라고 선언했다.[1]

이는 그동안 AFL이 무시한 대량생산공업에 종사한 노동자를 조직하기 위해 1935년에 결성된 산업별노동조합회의(CIO)에 수백만 명의 노동자가 참가한 점에서도 볼 수 있다. 역사상 최초로 노동자의 편을 든 정부의 힘을 빌어 CIO는 미국의 대기업으로부터 단체협약을 얻어냈다. 그들은 과거의 정치적 자유가 경제적 불평등과 산업적 전제주의에 의해 무의미하게 되었다고 주장했다. 1933년의 전국산업부흥법과 1935년의 와그너법은 노동조합과 단체교섭을 합법화했다.

---

[1]   John Dewey, *Liberalism and Social Action*, 1935, p.48.

CIO는 대공황이 부와 수입의 불균형을 초래했다고 보았다. 1929년에 인구의 0.1%가 인구의 42%인 하층 전체의 수입과 같은 수입을 가졌고, 이는 현대의 조립 공정 제품을 사회가 흡수하지 못하게 했다고 비판했다. 그리고 노동조합은 정부와 협력하여 임금을 올리고 부를 재분배하여 소비자의 수요를 창출하고 생산을 자극해 미국을 다시 번영케 한다고 주장했다. 그러나 노동조합은 임금 인상보다도 고용 안정과 전제적 경영의 폐지 및 단체교섭권의 승인을 포함한 산업민주주의에 의한 자유를 요구했다. 노사관계에 정부가 개입하는 것을 경계한 AFL과 달리 정부의 개입을 요구한 CIO는 정부에 의한 노동자의 주택 공급과 의료보험제와 실업·노령연금제를 요구했다. 노동조합만이 아니라 여타의 대중운동도 경제적 정의를 정치과제로 삼았다.

루스벨트 정부는 1933~1934년에는 농업과 공업의 회복, 금융 개혁, 공공고용에 중점을 두었으나 1935년부터 와그너법과 사회보장제에 중점을 두었고 1938년에는 최저임금과 노동시간 규제를 정한 공정노동기준법을 제정했다. 미국의 복지정책은 본래 유럽의 그것에 비해 분권적이고 정부 지출이 낮은 것이었으나 뉴딜에 의해 급격하게 변했다. 그러나 루스벨트 정부는 '혁신'이 아니라 '자유주의'적이라고 하여 자유주의를 작은 정부와 자유방임주의로부터 사회복지 국가로 바꾸고 이를 사회주의와 자유방임주의를 대체하는 제3의 길이라고 주장했다. 또한 '자유'를 보수주의자로부터 뺏어 뉴딜의 본질로 만들었다. 즉 종래의 계약 자유를 소수의 특권 계급의 전유물이

사회보장법에 서명하는 루스벨트 대통령

뉴딜 정책 시기, 정부 주도로 만들어진 보네빌 댐

라고 비판하고 평균인의 생활 보장이 자유라고 보았다. 사회보장을 자선이나 특권이 아니라 자유의 확장으로 보고 보편적인 시민권으로 실업자, 노령자, 자활할 수 없는 사람을 지원할 필요가 있음을 강조했다.

노동자는 뉴딜을 전폭 지지했으나 기업은 뉴딜과 대립하여 계급 대립은 더욱 분명해졌다. 자유도 사기업의 자유와 '공평하게 공유되는 풍요'에 근거한 사회적 자유로 대립했다. 보수파는 뉴딜을 개인적 자유를 무시하는 공산주의라고 비판했다. 그러나 당시 대부분의 미국인은 뉴딜을 지지하여 루스벨트는 재선되었다. 연방대법원도 종래의 보수적인 태도로부터 완전히 돌아서서 뉴딜 정책을 지지하는 판결을 내렸다. 계약의 자유란 헌법에 없는 말이고 헌법에는 자유가 규정되므로 '국민의 건강, 안전, 도덕, 복지를 손상시키는 폐해에 대한 법의 보호'가 불가결하다고 주장했다.

그러나 뉴딜 입법은 유급 노동자를 위한 것이므로 미국의 전통 그대로 보편적인 것이 아니라 백인 남성만을 대상으로 한 것이었다. 즉 유급노동을 하지 못하는 흑인이나 여성은 제외되었다. 특히 흑인의 참정권은 여전히 박탈된 상태에 있었고 사회보장의 대상도 아니었다. 또한 공적 부조의 대상인 미혼모와 비백인 빈민은 복지라는 미명하에 굴욕을 맛보아야 했고 그 지급액도 형편없이 낮았다.

1930년대
좌파의 대두와 좌절

뉴딜은 백인 중심이고 비백인을 배제했지만 비백인을 포함한 좌파가 미국 역사상 최초로 건설적인 영향력을 발휘하게 한 점에서도 중요했다. 그 중심에 CIO와 공산당과 문화인이 있었다. 대공황 초기에는 당파싸움으로 젖어 인기가 없었던 공산당이, 1930년대에는 대공황과 파시즘에 대한 유일한 대안으로 부상했다. 공산당의 당원 수는 10만 명을 넘지 못했으나 당원 경험이 있거나 당에 관심을 갖는 진보적인 사람은 수십 만 명에 이르렀다. 그들 중 상당수는 소련식 공산주의자가 아니라 생산력의 사회화가 개인의 자유에 필요하다고 믿은 사람들이었다.

공산당의 인기는 그 이념이 아니라 실천, 특히 실업자의 시위 행동, 산업별 노동조합을 요구하는 투쟁, 흑인의 시민권 요구 등과 같은 구체적 운동에 있었다. 즉 소련에 대한 동경이나 지원이 아니라 미국의 노동조합주의를 확립하고 인종차별과 싸우며 생활을 민주화하기 바란 사람들이 공산당을 지지했다. 공산당은 미국 사회주의를 결과하지는 못했지만 미국의 진보를 활성화하고 더욱 실천적인 정신과 다원적인 미국주의를 형성하는 데 기여했다.

특히 앞에서 보았듯이 1920년대 말에 지식인들이 타락했다고 평한 '인민'이 돌연 민주적인 시민으로 여러 예술에서 부각되었다. 지금은 여전히 타락의 온상으로 보이는 할리우드조차 진보에 앞장섰다.

이러한 변화는 시민적 자유의 보호에도 기여했다. 1937년 연방 대법원은 폭동을 선동했다는 이유로 5년간 구속된 공산당원 핸든(Angelo Herndon)을 언론의 자유라는 이유로 풀어준 것을 위시하여 수많은 주법과 연방법을 시민적 자유를 침해한 것이라고 판시했다. 그러나 그러한 이해는 일반적이지 못했다. 1938년 연방 하원에는 반미(反美) 활동을 조사하기 위한 위원회가 설치되었다. '반미'에는 공산당원, 노동운동 급진파, 민주당 좌파 등이 포함되었다. 그 위원회 활동에 의해 수십 명의 연방 직원이 해고되었다. 이어 1940년, 반정부활동을 규제하는 스미스법이 제정되었다. 주에서도 같은 활동이 이루어져 가령 뉴욕시에서는 약 60명의 교수들이 해고되었다. 이는 1930년대 후반의 경기 후퇴에 의해 사람들이 보수로 돌아선 탓이었다.

제2차 세계대전과 경제적 자유

제1차 세계대전 이후 승전국인 연합국 측은 베르사유 조약을 통해 패전국인 독일 등에게 엄청난 전쟁 책임을 물었다. 독일은 해외 식민지를 모두 상실했고 알자스로렌 지방을 프랑스에 반환해야 했다. 연합국 측은 독일의 전쟁 재발을 막기 위해 육군을 10만 명으로 제한하고 공군과 잠수함의 소유도 금지했다. 더욱 심각한 것은 1,320마르크에 달하는 배상금이었다. 그것은 독일을 경제적으로 피폐하게 만들었다. 독일 측에 섰던 오스트리아와 오스만튀르크도 많은 영토를 상실했다.

그런 독일에 나치가 등장했다. 히틀러는 강력한 독일의 재건과 베르사유 조약의 파기 그리고 반유대주의를 주장하고 1933년 집권했다. 이어 1934년 총통으로 취임하여 독재정치를 하고 독일의 군대를 강화했다. 1939년 독일이 폴란드를 침략하자 영국과 프랑스가 선전

히틀러와 나치 집권층

포고를 함에 의해 제2차 세계대전이 시작되었다. 1941년 독일과 소련이 개전하고 태평양전쟁이 발발한 뒤 1945년 8월 15일 일본이 항복할 때까지 전쟁은 이어졌다.

제2차 세계대전은 제1차 세계대전보다 그 규모나 참혹상에서 비교될 수 없을 정도로 처참한 전쟁이었다. 전체 동원 병력은 약 1억 1천만 명이었고 그 중 약 2,700만 명이 죽었으며, 민간인 희생자도 2,500백만 명에 이르렀다. 이는 제1차 세계대전의 경우보다 동원 병력이 약 2배, 전사자가 약 3배, 민간인 희생자는 약 50배에 이르는 것이었다. 즉 민간인 희생자가 현저히 많았다. 특히 나치의 인종론적 절멸정책에 의해 약 600만 명의 유대인이 학살되었다. 히틀러는 유대인이 공산주의와 연대하여 독일을 공산화하고자 한다는 등의 이유를 내세워 학살극을 벌였다. 히틀러는 유대인만이 아니라 집시

약 50만 명을 포함하여, 장애인, 동성애자도 학살했다.

제1차 세계대전이 '민주주의'의 이름 아래 행해진 반면 제2차 세계대전은 '자유'라는 이름으로 행해졌다. 나치를 피해 미국으로 온 사람들은 '자유로운 유럽'을 지지했고 나치에 대항한 연합국은 '자유를 사랑하는 국민들'의 나라였으며 세계는 '자유세계'와 '노예 파시즘'으로 나누어졌다. 자유라는 이름으로 나치에 대항하는 수많은 조직이 만들어졌다.

루스벨트 대통령은 1941년 일반 교서에서 네 가지의 불가결한 인간의 자유, 즉 언론과 종교의 자유, 결핍과 공포로부터의 자유에 근거한 세계 질서의 확립을 주장하고 그해 말 참전했다. 그리고 전쟁이 끝날 때까지 그는 그 전쟁이 '자유와 노예제'의 전쟁이라고 주장했다.

이를 극적으로 증명한 것이 1943년 연방대법원의 '여호와의 증인' 판결이었다. 즉 대법원은 1940년까지 유지된 강제적 애국주의의 판결을 뒤집고 공립학교에서 국가에 대한 경례를 거부할 권리가 있음을 인정했다. 이는 전시라는 비상시에도 종교적 소수파를 보호한다는 미국이 나치스와 정반대임을 웅변한 것이었다. 네 개의 자유는 언론과 예술에 의해 더욱 적극적으로 선전되었다.

네 개의 자유 중에서 가장 애매한 것이 '결핍으로부터의 자유'였다. 루스벨트는 본래 이를 국제통상의 장벽 제거라는 의미로 말했으나, 곧 노동자 농민의 생활 유지와 대공황 방지라는 의미로 바꾸었다. 즉 적정한 임금을 비롯한 노동의 권리와 충분한 의식주의 권리로 설명되었다. 따라서 노동자와 노동조합은 전쟁에 협력했다. 노동

아우슈비츠 수용소의 유태인들

루스벨트 대통령

조합 조합원 수는 1945년 사상 최고인 1천 5백만 명에 이르렀다. 이는 비농업 노동자의 3분의 1에 해당되었다. 그러나 정부와 의회에 대한 조합의 영향력은 뉴딜 시기에 비해 현저히 줄어졌다. 대신 기업의 영향력이 더욱 커졌다. 기업들은 제5의 자유로 기업의 자유를 선전했다. 특히 여성을 대상으로 가정의 가치와 소비의 확대를 선전했다.

당시 정부의 경제정책은 영국의 경제학자 케인즈의 영향을 받은 것이면서도, 케인즈의 경제성장을 위한 재정 정책의 차원을 넘어 도시 재개발, 지방의 전기화, 교통 재정비와 같은 공공사업에 거액의 지출을 요구한 뉴딜적인 것이었다. 특히 전후에는 완전고용에 대한 일반인의 기대가 컸다.

그러나 의회를 지배한 보수파에 의해 완전고용 정책은 불완전하게 시행되었다. 이러한 분위기를 더욱 조장한 것이 하이에크(Friedrich Hayek, 1899~1992)였다. 정부에 의한 경제 통제는 독재를 초래하고 개인적 자유를 위협한다고 주장한 하이에크의 『노예의 길The Road to Serfdom』은 1944년 엄청난 베스트셀러가 되었다. 그는 '자유를 위한 계획화'라는 것 자체가 자가당착이라고 주장했다.

이는 당대의 부자들이 사익을 주장하면서 거대한 정부가 미국의 자유를 위협한다고 말한 것에 이론적 근거를 제공했다. 그는 뒤에 보수파가 사회주의적이라고 비난한 최저임금이나 최장노동시간의 규제나 반트러스트법과 같은 입법과 모든 시민에게 기본적인 최저한의 의식주를 보장하는 사회보장제를 지지했으나, 1945년 그 책의 축약판을 낸 리더스 다이제스트 사는 그 부분을 삭제했다.

하이에크는 전통적 보수주의가 경제적 실험이나 자유시장의 발전과는 모순된 과거의 계층 질서적 사회를 그리워하고 권위주의를 지지한다고 비난했으나, 그는 파시즘, 사회주의, 뉴딜을 실질적으로 동일시하고 경제계획을 자유의 상실로 보아서 보수주의를 고무하고 좌익을 공격하는 강력한 무기를 제공했다. 『노예의 길』은 피히테(Johann Gottlieb Fichte, 1762~1814)의 『독일 국민에게 고함』과 함께 삼성문화문고의 하나로 일찍이 우리말로 번역되었는데, 아마도 피히테의 책보다 하이에크의 책이 그 문고에 적합했을 것이다.

제2차 세계대전은 1945년 이후 미국 사회의 변화를 야기한 모태였다. 즉 흑인 민권 투쟁은 전쟁에서 비롯되었다. 제1차 세계대전과 마찬가지로 제2차 세계대전은 다시금 정부의 규모와 범위를 확대시켰으나 이는 제1차 세계대전의 그것과 비교할 수 없을 정도로 컸다. 군수품 생산이 대공황을 극복하여 국민총생산은 배로 늘었고 실업도 없어졌다. 엄청나게 늘어난 공업노동력의 수요는 인구의 5분의 1에 해당하는 2천 5백만 명을 농촌에서 도시로 이동시켰다. 그 결과 법인 기업이 지배하는 산업과 군사화된 정부의 '군산복합체'가 탄생했다.

시민적 인권의
보편적 확대

다행스럽게도 하이에크는 전후 미국에 뿌리내리지 못했다. 대신 시민적 자유의 보편적 확대가 이루어졌다. 전쟁은 많은 다양한 출신자들을 서로 만나게 하여 동화를 초래했다. 그래서 인종에 대한 새로운 관심이 생겨나 베네딕트와 같은 인류학자들의 책이 처음으로 인기를 끌었다. 베네딕트(Ruth Benedict, 1887~1948)는 1942년의 『인종과 인종주의』에서 인종주의를 사이비라고 비판했다.

특히 미르달(Karl Gunnar Myrdal, 1898~1987)은 1944년에 낸 『미국의 딜레마』에서 미국의 기본은 자유를 비롯한 미국의 신념에 근거하는데, 전쟁에 의해 그 신념과 인종적 불평등이라는 현실 사이의 모순을 인식했고, 이제 그 모순을 제거해야 한다고 주장했다. 미르달의 주장은 새로운 것이 아니었다. 이미 더글러스(Federick Douglas, 1818~1895)나 듀보이스(W. E. B. Dubois, 1868~1963)가 같은 주장을 했다.

그러나 그의 주장은 나치즘과의 세계적 투쟁과 흑인의 평등요구라는 현실 속에서 엄청난 반향을 초래했다.

물론 미국이 별안간 관용의 사회로 바뀐 것은 아니다. 그러나 제2차 세계대전 이전의 인종차별에 비하면 많이 변했다. 특히 1945년부터 1951년 사이에 11개 북부 주에서 고용과 공공시설 이용의 평등을 보장하는 현저한 변화가 이루어졌다.

그러나 제2차 세계대전 이후 냉전이 강화되면서 그런 변화는 더이상 불가능해졌다. 1946년 초 영국 수상 처칠은 '철의 장막'을 거론했다. 이어 1947년 3월 미국의 트루먼 대통령이 냉전을 미국의 대외정책으로 선언한 트루먼 독트린을 발표했다. 당시의 외교정책은 미국이 세계적인 반공 십자군을 수행하기 위해 항구적으로 군사력을 증강해야 한다는 것이었다. 1950년 《라이프Life》지는 소련의 목적이

처칠 수상

트루먼 대통령

미국 국민을 포함한 전 세계의 노예화라고 주장했다.[1]

그러나 반공과 자유의 혼동은 아이젠하워에 의해 파시스트 스페인을 자유에 공헌했다고 찬양하게 만들고 1950년대에 과테말라와 이란에서 군사 쿠데타를 일으키게 만들고 외국 투자를 방해하는 선출 공직자를 추방하게 하는 등 미국의 국익에 연결된 독재를 옹호하게 했다. 특히 인종격리(1948~1991)를 실시한 남아연방도 자유세계에 포함되었고 베트남의 프랑스 제국주의를 자유라는 대의를 위한 것이라고 찬양했다.

이러한 냉전은 국내 정책에도 반영되었다. 트루먼 독트린이 발표된 2주 후 충성심사제도가 만들어진 뒤 매카시즘의 태풍이 불었고 이러한 보수적 분위기는 1960년까지 미국을 지배했다. 연방대법원은 다시 과거로 돌아가 표현의 자유를 제한했다. 많은 진보주의자가 보수주의자로 돌아섰다. 한때 마르크스주의자였던 철학자 훅(Sidney Hook, 1902~1989)[2]은 빨갱이 사냥에 앞장섰는데 그의 책은 우리나라에서도 널리 소개되었다.

1947년에는 와그너법을 수정한 '테프트하틀리법(Taft-Hartley Act)'이 제정되어 공산주의자가 아니라고 선서한 지도자의 조합에게만 단체교섭권을 비롯한 법적 보호를 부여했다. 이에 따라 CIO는 약 1백만 명의 노동자가 가입한 11개 조합을 추방했다.

---

1 *Life*, 1950년 8월 7일호.
2 사드니 훅의 책 중에 《마르크스와 마르크스주의자들》은 1959년 민석홍에 의해(을유문화사), 1962년 양호민에 의해(사상계사출판부) 번역되었다.

그럼에도 여전히 자유는 미국의 상징이었다. 달에 사람을 보내는 케네디 대통령[3]의 결정으로부터 인적 자원개발이나 고속도로 건설까지 자유의 이름으로 행해졌다. 게다가 폴록(Jackson Pollock, 1912~1956)의 액션 페인팅, 케이지(John Cage, 1912~1992)의 우연의 음악, 심지어 발레 '우아한 자유'까지 "자유의 가장 확실한 세계, 즉 공상, 지각, 감정의 심오함"을 보여준다고 샤피로(Meyer Schapiro, 1904~1996)는 말했다.[4] 심지어 미국의 저술은 '자유의 문헌'이므로 '세계의 자유인'에게 호소력이 있다고도 했다.[5]

이러한 분위기 속에서 학계도 나섰다. 1930년대에 시카고 대학에서 고전 교육을 창시했던 아들러(Mortimer Adler, 1902~2001)가 주도한 자유에 대한 역사적 연구가 방대한 『자유의 관념The Idea of Freedom』 (1958~1961)으로 출판되었다.[6] 그들은 25세기에 걸친 수백 명의 사상가들의 자유론을 자기실현으로서의 자유(자기가 바라는 사람이 되는 것), 자기완성으로서의 자유(지혜와 덕의 확보에 의해 달성되는 정신상태), 자기결정으로서의 자유(자신의 의지와 행동에 대해 결정할 수 있는 것)로 구분했다. 이는 자유가 사회적인 것이 아니라 내면적인 성질의 것이라고 보는 입장이었고, 자유와 경제구조 등의 관계는 무시한 것

3　John F. Kennedy, 'Fredom's cause', *Vital Speeches of the Day*, 1961. 6. 15, pp. 514-518.

4　Thomas Bender, *New York Imtellect*, 1987, pp. 338-339.

5　Michael Kamen, *Mystic Chords of Memory*, p. 573.

6　이에 대한 간략한 소개는 모티브 J. 아들러, 최홍주 옮김, 『개념어 해석』, 모티브북스, 2007에 나오는 '자유' 항 참조. 아들러의 『독서론』은 우리나라에 1986년 민병덕(범우사)에 의해 번역되었고, 2000년(멘토)에서도 번역되었다.

이었다. 또한 서양 외의 사상은 제외하여 자유를 서양의 것이라고만 보았다.

이 책은 일반인들에게는 거의 읽히지 못했으나 1958년에 나온 벌린의 자유론은 1950~1960년대 서양에서 영향력이 가장 컸다. 벌린의 자유론도 아들러의 경우처럼 내면의 상태를 두 가지로 구분한 것이었으나, 이는 당시의 자유세계(소극적 자유)와 공산주의(적극적 자유)에 대한 이분론으로 이해되었다. 그는 복지국가의 정통성을 부정하고자 한 것이 아니어서 1969년 재판을 내면서 소극적 자유가 착취를 위한 면죄부이기도 했고 경제적 불평등은 자유를 위한 사회적 조건을 뺏는 것이라고 설명했다.

> … 사회악이 크게 그리고 지속적으로 자라나는 데에도 일정 부분 작용하였다는 것을 잊지 말아야 한다는 데에는 의문의 여지가 없다. 내가 주장하고 싶은 것은 '소극적' 자유나 '적극적' 자유나 사악한 형태로 주장될 수 있고, 그때 말뿐인 정당화 또는 야바위 논리가 양쪽에서 모두 활용될 수 있지만, 소극적 자유가 그런 식으로 포장되어 옹호된 경우는 '적극적' 자유의 경우에 비하여 훨씬 드물다는 것이다.[1]

이하 벌린의 자유론을 살펴보기 전에 우리는 당시 냉전기에 사람들을 동원하고 통합하기 위해 사용된 또 하나의 관념이 전체주

---

1 벌린, 『자유론』, 129쪽.

의라는 것이었음을 주의할 필요가 있다. 이 말은 제1, 2차 세계대전 사이에 유럽에서 파시스트 이탈리아나 나치스 독일을 가리킨 말이었다. 즉 시민적 사회를 지배하기 위해 개인의 자유와 권리를 무시하는 침략적이고 이데올로기적 국가를 뜻했다. 미국에서는 이 말이 1950년 '국내안전보장법'에서 미국 입국이 거부되는 자로 '전체주의자'를 지칭했을 때 사용되었는데 이는 냉전 하의 사회주의자를 뜻했다. 이러한 분위기는 자유를 경제적 실질성과는 무관하다고 보는 견해를 낳았다. 그러나 냉전기에는 자유가 경제적 실질성과 무관하기는커녕 그것이 소비자 자본주의 내지 '자유 기업'과 직결되었다.

소비적 자유의 탄생

냉전기에 미국을 중심으로 한 '자유세계'에 속한 나라들의 공통점은 바로 소비자 자본주의 내지 '자유 기업'의 자유였다. 즉 정치적 민주주의나 언론의 자유를 비롯한 자유가 아니라 사적 소유제에 근거한 자본주의였다. 그 결과 루스벨트가 말한 네 가지 자유 중 '결핍과 공포로부터의 자유'는 기업의 자유로 바뀌어졌다. 이는 트루먼 독트린이 발표되기 1주일 전 트루먼은 경제정책에 관한 연설에서 밝힌 내용이었다.

이는 기업 광고, 학교 교육 과정, 언론의 논설, 시민활동에서도 만연하여 1958년의 여론조사에서는 회답자의 82%가 미국의 자유는 자유로운 기업체제에 의거한 것이라고 답했다. 나아가 소비 사회에서의 선택의 자유가 자유의 본질이라고 주장되었다.

이는 전후의 경제발전에 부응한 것이었다. 1946년부터 1960년 사이에 미국의 국민총생산은 두 배나 늘었다. 전후의 베이비붐이 주택, 텔레비전, 가정용품, 자동차의 수요를 폭발시킨 것에서 볼 수 있듯, 경제성장을 이끈 것은 주택 건설과 소비 물자에의 지출이었다. 전후 여성의 취업이 줄어든 것도 노동 여성의 비율이 높은 공산주의 국가와의 차이라고 찬양되었다. 남녀 모두 교외의 편리한 가정생활의 소비와 미덕을 열렬히 찬양했다. 1993년에 와서도 교외에 사는 백인의 90%는 비백인 인구가 1%인 지역에 살았을 정도로 백인과 비백인의 생활은 달랐지만 학자들은 '이데올로기의 종언'[1]을 외치며 자본주의의 승리를 찬양했다. 〈포춘〉지는 소련이 아니라 미국에서 무계급 사회라는 마르크스의 꿈이 실현되었다고 주장했다.[2]

물론 비판적인 학자들도 있었다. 밀즈(Charles Wright Mills, 1916~1962)는 지배집단인 파워 엘리트가 정치적 민주주의를 후퇴시킨다고 비판했고, 프롬(Erich Seligmann Fromm, 1900~1980)은 나치즘을 분석하여 자본주의의 소외가 자유를 희생시킨다고 경고했다. 리스맨(David Riesman, 1909~2002)은 미국인이 체제 순응적인 『고독한 군중The Lonely Crowd』이 되어 자율적 생활을 보낼 수 있는 내적 자질을 잃었다고 분석했고, 갤브레이스(John Kenneth Galbraith, 1908~2006)는 『풍요로운 사회The Affluent Society』에서 광고가 조작하는 욕망을 충족시키기 위해 끊임없이 상품을 생산하는 한편, 공공투자를 감액하는 사회를 비판했다. 그러나 그들의 주장은 소수에 그쳤다.

---

1   다니엘 벨의 『이데올로기의 종언』은 1975년 기우식(삼성문화문고), 1977년 임헌영(문예출판사), 1981년 이상두(휘문출판사)에 의해 3회나 우리말로 번역되었다.

2   Fortune, 1955년 7월호. p.87.

7.
민족적 인권
_20세기 후반

나의
민족적 인권

"무찌르자 공산당!"

"불온삐라를 보면 즉시 신고합시다."

"잊지 말자, 피에 젖은 6·25"

"물건 값 모르면 간첩"

"때려잡자 공산당"

"자수하여 새 삶을 살자"

"간첩 잡는 아빠 되고 신고하는 엄마 되자"

"자수하여 자유 찾고 신고하여 자유 수호"

"힘에는 힘으로 도발하면 때려잡자"

"간첩을 신고하면 20만 원 상금 탄다."

"나는 공산당이 싫어요!"

나는 위의 구호들을 반세기가 지난 지금도 외우고 있다. 반세기 동안 끊임없이 들어왔으니 잊을 리 없다. 그동안 구호들은 세련되었고 포스터나 플래카드들도 많이 변했지만 지금도 여전히 우리는 그런 구호 속에 살고 있다. 게다가 우리는 아침의 전체조회나 아침저녁의 학급조회에서 그런 구호를 외웠고 길거리나 관공서나 상점 등등 도처에서 그런 포스터를 보았고 영화관에서 뉴스를 통해, TV가 나온 뒤에는 그 화면을 통해 그런 구호, 그런 내용의 영화나 드라마를 끊임없이 접했다.

나는 6·25전쟁 이후에 태어났다. 그래서 전쟁을 직접 경험하지는 못했다. 그러나 평생을 전쟁의 위협 속에서 살았다고 해도 과언이 아니다. 남북분단을 이유로 한 전쟁의 위협은 우리 모두의 삶을 지배했다. 특히 인권을 위협하고 유린했다. 인권의 주장에 대해 언제나 정권은 반공이라는 이념으로 그 주장을 묵살했다. 그러나 언제 어디에나 인권에 적대적인 반인권 세력은 존재했다. 분단과 공산은 그 새로운 이름에 불과했다.

인권의 보장만을 위해서가 아니라 인간으로서 살기 위한 최저한의 조건인 평화를 이룩하기 위해 전쟁을 회피하기 위한 모든 노력이 경주되어야 했음에도 불구하고 지배 세력은 언제 어디서나 전쟁의 위협으로 자신들의 정권을 유지하고, 반인권적인 독재를 끝없이 자행했다. 그 중심은 육법당(陸法黨)이라고 불린 육군사관사관 출신 군인들과 서울법대 출신의 관료들이었다. 그러나 중심은 역시 군인이었다. 군대의 존재는 대량의 비밀 존재를 뜻한다. 이 세상의 모든 군대는 비밀을 생명으로 삼는다. 그것은 당연히 표현의 자유, 학문과 예술의 자유, 알 권리 등 기본적인 인권과 충돌한다. 따라서 군대는 민주주의나 사회국가 내지 복지국가의 이념과 대립한다. 특히 군비확장은 복지예산을 갉아먹는 가장 중요한 요소다. 한국 인권 문제의 근본적인 모순은 바로 이 점에 있다.

군비확장은 일국의 파멸만이 아니라 세계의 파멸도 초래한다. 6·25는 제2차 세계대전 이후의 냉전을 부추기는 촉매제였고 그 후 냉전이 사라진 뒤에도 여전히 화약고로 남아 세계 평화를 위협하고 있다. 인권 보장을 위해 가장 중요한 조건은 평화이고 이를 위해서는 군비축소를 비롯하여 전쟁 방지를 위한 모든 노력이 필요하다. 특히 남북한의 전쟁 도발 위협 하에 살고 있는 우리로서는 무엇보다도 절실한 문제가 아닐 수 없다. 인권을 보장하기 위해서는 무엇보다도 평화가 필요하다. 평화를 위해서는 무력통일이 아니라 남북한의 상호인정을 기초로 한 평화협정을 주체적으로 맺을 필요가 있다.

우리 헌법의
민족적 인권

우리 헌법에는 민족적 인권의 규정이 없지만, 위에서도 말했듯이 세계인권선언과 국제인권규약에는 민족적 인권이 모든 인권의 전제로 규정되어 있다. 세계인권선언에서는 마지막 조항이지만 국제인권규약에서는 최초의 조항이다. 이는 두 가지 문서가 제정된 1948년과 1966년의 차이를 반영한다. 즉 1948년 단계에서는 아직도 식민지가 많았지만 1966년에는 대부분의 식민지가 독립했다.

다행히 한국은 1945년 8월 15일에 독립했다. '다행히'라고 한 것은 대부분의 식민지가 1960년대에 독립했기 때문이다. 대부분의 식민지가 제2차 세계대전의 전승국인 영국이나 프랑스의 지배를 받은 반면, 한국은 전패국인 일본의 지배를 받았기 때문이다.

우리에게 민족해방을 위한 투쟁이 없었던 것은 아니지만 스스로 독립을 쟁취한 제3세계 대부분의 다른 나라의 경우와 달리 우리의 민족해방은 일본의 패배에 의한 것이었음을 부정할 수 없다. 그 결과 일본에게 승리한 연합군 측의 미국과 소련에 의해 남북한이 분단되었다. 따라서 우리의 민족적 인권, 즉 민족의 자기결정권이 완전히 주어졌다고 볼 수 없다. 우리의 민족자결권은 여전히 주변국들에 의해 제한을 받고 있다.

앞에서 보았듯이 고대 그리스 이래 모든 인권의 전제는 민족적 인권의 확보였다. 결국 우리나라의 인권 문제도, 북한의 인권 문제도 민족적 인권의 확보 없이는 불가능하다. 이를 위해서는 외세의 배제가 무엇보다도 전제되어야 한다. 그래야 민족의 자기결정이 가능해지기 때문이다. 그러나 역시 그리스 이래 역사가 보여주듯이 강대국의 개입은 끊이지 않는다. 그러한 개입을 교묘하게 피하면서 민족의 자결권을 주체적으로 행사하기 위해서는 엄청난 노력이 필요하다.

여기서 헌법 이념적인 사상의 반성이 요구된다. 앞에서도 여러 사례로 언급했듯이 그리스 로마 이래 서구사상의 제국주의적인 측면과 함께 공자 이래 중국의 제국주의적인 측면도 우리는 경계해야 한다. 동서양 강대국의 주류 사상가들이 그 제국주의적 권력을 비호하는 말들을 쏟아낸 것을 비판적으로 바라볼 필요가 있다. 에드워드 사이드는 그러한 말들을 오리엔탈리즘이라고 불렀다. 우리 자신이 서양에 대한 사대주의에 젖어 그런 오리엔탈리즘마저 받아들인다면 주체적인 민족적 인권의 향유는 불가능할 것이다.

민족적
인권 대두의 배경

이제 우리는 인권의 역사에 대한 설명의 마지막인 20세기 후반에 이르렀다. 7장에서 다루는 20세기 후반은 엄밀히 말해 1945년 제2차 세계대전이 끝난 뒤부터를 말한다. 종전 직후에는 제1세대 인권이라고도 하는 자유주의적 인권관이 세계적으로 이루어질 수 있다고 보는 낙관론이 팽배했다. 국제연합의 창설과 국제 금융 차원의 '브레턴우즈 체제'나 유럽 재건을 위한 '마셜플랜' 등이 그러한 낙관론을 낳았다. 국제연합은 국제연맹의 실패를 교훈 삼아 더욱 현실적인 집단 안보 개념을 구축했다. 그러나 제2차 세계대전이 끝났을 때 우리나라와 같이 패전국인 일본의 지배를 받던 나라들은 해방되었으나 승전국인 연합군, 특히 영국과 프랑스의 식민지였던 나라들은 해방되지 못했다. 그런 나라들은 오랜 반식민투쟁을 거쳐 1960년대에야 해방되기 시작했다.

나는 이 시대의 인권 문제를 '민족적 인권'이라고 표현했으나 이 표현이 반드시 적합하지 않다는 점부터 설명해야겠다. 범세계적으로 보면 제3세계의 인민의 자유가 과거 식민지였던 지역에서 구현되어 60개국 이상의 수많은 독립 국가가 새롭게 생겨났다는 점에서 '민족적 인권'이 구현되었다고 볼 수 있다. 그러나 식민지 독립은 식민지 인민 모두의 인권을 충분히 보장한 것은 아니었다. 한편 그러한 식민지 독립과 함께 과거의 제국이었던 나라들에서도 인권이 요구되었으나 1970년대 이후 신자유주의의 등장에 의해 '인권의 죽음'이라고 할 정도의 사태가 전개되기도 했다.

우선 식민지의 현실부터 살펴보자. 제2차 세계대전 직후 세계적인 반식민지주의 여론이 높아지고 아시아에서 인민독립운동이 성공함에 따라 아프리카 각지의 인민해방운동도 급격하게 확대되었다. 제2차 세계대전 후, 그 전부터 독립국이었던 타이를 제외하고 1945년 베트남, 1946년 필리핀, 1947년 인도와 파키스탄, 1948년 미얀마, 1949년 인도네시아 등 아시아의 여러 인민은 잇달아 독립하였다. 그러나 베트남의 경우처럼 1975년까지 구 종주국이었던 프랑스와 함께 미국과의 오랜 전쟁을 겪어야 했던 경우도 있었다.

아프리카에서도 식민지는 계속 유지되었다. 격렬한 반(反)프랑스 독립 투쟁을 벌인 모로코 및 수단이 독립한 것은 1956년이었다. 이어 1957년 가나가 독립하면서 아프리카 전역에서 인민독립의 물결이 밀어닥치기 시작하였다. 1958년 기니가 프랑스에서 독립하여 가나와 함께 전 아프리카 해방 운동의 선두에 나섰다. 1960년대에는 아프리카의 인민독립이 절정에 이르러 1962년의 알제리를 비롯하여 17개의 신생독립국이 출현함으로써 '아프리카의 해'라고 했다. 그러나 앙골라와 모잠비크는 1975년에야 포르투갈로부터 독립했고, 짐바브웨는 1980년에야 영국으로부터 독립했다. 남아프리카 공화국에서는 1994년에야 흑인 다수파의 정권이 수립되어 실질적인 독립을 이루었다.

그러나 독립을 이루었다고 하더라도 구 종주국과 연계되어 이룬 독립이었으므로 실질적 독립을 위해서는 많은 어려운 문제가 있었다. 그 하나는 외국으로부터의 해방, 즉 제국주의의 배제, 식민주의의 추방이었고, 또 하나는 식민주의가 주요한 원인이 되어 생겨난 빈곤으로부터의 해방이었다. 이 두 가지야말로 대전 후 독립한 여러 나라들의 최대 과제였으나, 현재까지도 제대로 해결되지 못하고 있다. 이는 민족적 인권이 아직까지 확립되지 못했고 이를 무시하는 제국적 자유가 여전히 존재함을 뜻한다.

제3세계 중심의 민족적 인권을 위한 투쟁은 세계 곳곳에서 전개되었다. 미국의 경우 1950년대 말에 중남미와 아시아에 미국이 '자유세계'라고 부른 다수의 위성국을 거느리고 있었다. 그 위성국의 대부분은 미국의 지원을 받은 독재국가였다. 그러나 1959년 쿠바를 비롯하여 인민적 자유를 주장하는 경향이 나타났으나 그들의 인민적 자유를 억압하기 위한 제국적 자유의 획책은 끊이지 않았다.

반식민투쟁

반식민투쟁의 역사는 길지만 여기서는 인도의 간디(Mahatma Gandhi, 1869~1948)로부터 살펴보자. 그는 1924년 다음과 같이 선언했다.

전 세계는 출산의 진통을 겪고 있고 새 생명의 기운이 도처에 만연해 있다. 갱생한 인도는 온 세상의 신생국들 중 한 자리를 차지해야만 한다. 새롭게 탄생한 인도는 인도를 다스리는 어떤 주인도 인정할 수 없으며 자유 독립을 획득해야만 한다.

우리는 위 선언을 식민지 독립선언이라고 불러도 좋을 것이다.

간디와 섬유 노동자들

베트남
독립선언문

호치민(胡志明, 1890~1969)은 1911년 대 초 사이공에서 프랑스 선적의 배에 선원으로 취직하여 미국을 거쳐 프랑스로 가 유학하던 중 프랑스 공산당에 입당하였다. 1930년에는 중국에서 베트남 공산당(현 베트남 노동당의 전신)을 창건하여 이끌었고, 제2차 세계대전 중 베트남으로 돌아가 항일 독립 전쟁을 하였다. 전쟁이 종결된 1945년 9월 2일 프랑스의 괴뢰로 전락한 응우옌 왕조의 황제 바오다이를 폐위시키고 독립을 선언했다. 그는 '베트남 독립선언문'에서 미국 '독립선언문'과 1791년 프랑스 혁명의 '인권선언문'을 그대로 빌려 식민주의를 비판했다.

친애하는 동포 여러분, 모든 사람은 평등하게 태어났으며, 조물주는 몇 개의 양도할 수 없는 권리를 부여했으며, 그 권리 중에는 생명과 자유와 행복의 추구가 있습니다.

호치민 동상

이 불후의 명언은 1776년 미국 독립선언문에 있는 말입니다. 더 넓게 보면 그 말은 전 세계적으로 모든 민족들이 서로 평등하게 태어났고 모든 민족들은 생명과, 행복할 권리와 자유의 권리가 있다는 뜻입니다.

1791년 프랑스 혁명의 '인권선언문'에서도 "인간은 권리에 있어 자유롭고 평등하게 태어나 생존하므로 누구든지 항상 자유롭고 평등한 권리를 누리게 되어있다"라고 전해지고 있습니다.

이것은 자명한 진리입니다.

그러나 최근 80년 동안 프랑스 식민집단은 '자유-평등-박애'란 깃발을 이용해 우리나라를 침략하고 우리 국민들을 억압하였습니다. 그들의 행동은 인륜과 정의에 완전히 역류하는 것이었습니다.

정치적으로 그들은 우리 국민들에게 결코 한 푼어치의 민주적 자유도 주지 않았으며, 야만적인 법률을 시행했고, 우리나라의 통일과 우리 민족의 단결을 차단하기 위해 북부와 중부, 남부에서 각각 다른 제도를 세웠습니다. 그들은 학교보다 감옥을 더 많이 세웠으며, 조국과 민족을 사랑하는 우리 동포들을 냉혹하게 죽였으며, 우리의 항거를 모두 피바다에 씻었습니다.

또한 우리의 여론을 구속하고, 우민 정책을 시행했으며, 아편과 알코올로 우리 국민을 쇠약하게 만들었습니다. 경제적으로 그들은 우리 국민들을 뼛속까지 착취하여 우리 민족을 가난하고 궁핍하게 했고, 우리나라를 삭막하고 황폐하게 만들었으며, 우리의 논밭, 광산, 원료를 모두 탈취해갔고, 지폐인쇄, 수출과 수입의 독점권을 모두 자기네 손아귀에 움켜잡았습니다.

그들은 무리한 세금을 수백 종류를 만들어 우리 민족을, 특히 우리

농부와 상인들을 빈곤하게 했으며, 우리의 자본가들을 고개 들지 못하게 했습니다. 그리고 우리의 노동자들을 매우 잔인하게 착취했습니다. 1940년 가을, 일본 파쇼정권은 동맹파를 공격할 기지를 넓히기 위해 인도차이나를 침략했을 때, 프랑스 식민집단은 무릎을 꿇어 항복했고, 우리나라에 일본군이 발을 내딛게 했습니다.

그때부터 우리 국민들은 프랑스와 일본의 이중 탄압을 당하게 되었고, 생활은 더욱더 곤궁하고 핍절하게 되었습니다. 결국 작년부터 올해 초까지, Quang Tri(꽝찌)에서 Bac Ky(박끼-북부베트남)까지, 우리 동포들이 2백만 명 더 넘게 굶어 죽었습니다. 올해 3월 9일에 일본군은 프랑스군의 무기를 박탈했습니다. 프랑스군들은 도망치거나 항복했습니다. 이리하여 프랑스 식민 집단은 우리 민족을 보호하기는커녕, 오히려 5년 만에 우리나라를 두 번이나 일본에게 팔아넘긴 것입니다.

3월 9일 전에 월맹은 일본을 축출하기 위해 프랑스 연맹에 얼마나 많이 호소하였는지 모릅니다. 그런데 프랑스 식민 집단은 이에 응답하지 않았을 뿐만 아니라 다시 월맹을 더 냉혹하게 탄압하였습니다. 심지어 프랑스 집단이 패배하고 도망갈 때 Yen Bai와 Cao Bang(정치범 수용소가 있었음)의 정치범 대다수를 야만적으로 학살하였습니다.

그러나 프랑스 사람들에게 우리 동포들은 여전히 관대하고 인도주의적인 태도를 보였습니다. 3월 9일 사변 후에, 월맹은 많은 프랑스 인민들을 국경을 넘어가게 도와주었고 일본 감옥에서 도망치게 해주었고 그들의 생명과 재산을 보호해주었습니다. 사실 1940년 가을부터 우리나라는 일본의 식민지로 되었으며 더 이상 프랑스 식민지가 아니었습니다. 일본이

동맹파에게 항복했을 때 우리나라 국민들은 일제히 일어나서 정권을 쟁취하고 베트남 민주공화국을 세웠습니다. 실로 우리 인민은 프랑스 손아귀가 아니라 일본 손아귀에서 다시 나라를 찾은 것입니다.

프랑스가 도망가고 일본이 항복하며 Bao Dai 왕(베트남의 마지막 왕)도 퇴위하였습니다. 우리 인민은 베트남이란 독립된 나라를 세우기 위하여 결국 100여 년의 식민지 사슬을 끊어버렸고, 또한 수십 세기의 군주제도를 전복하고 민주공화제도를 세웠습니다. 그렇기 때문에 새로운 베트남의 임시정부인 우리는 베트남 전체 인민을 대표하여 프랑스와의 관계에서 완전히 벗어나 베트남에 대한 프랑스의 협정들과 베트남에서 프랑스의 모든 특권들을 깨끗이 지워버리겠다고 선언하는 것입니다.

베트남 전체 인민은 상-하가 한 마음으로 프랑스 식민집단과 그들의 음모를 절대적으로 반대합니다. 우리는 테헤란과 Cuu Kim Son(중국의 지방 이름) 회의에서 민족 평등 원칙을 인정한 동맹 국가들이 결코 베트남 인민의 독립 권리를 인정하지 않을 수 없다고 믿습니다. 한 민족이 80여 년 내내 프랑스의 노예생활을 청산하기 위해 용맹스럽게 맞섰고, 한 민족이 10여 년 내내 파쇼를 반대하기 위해 용감하게 동맹 편에 서 있었는데, 그런 민족은 마땅히 독립을 찾아야 하고 그런 민족은 마땅히 자유를 얻어야 합니다.

이러한 이유들로 인하여 베트남 민주공화국의 임시정부를 우리는 세계에 정중하게 선언합니다. 베트남은 독립과 자유를 누릴 권리가 있고, 또 사실 자유와 독립의 국가가 되었습니다. 베트남의 전 민족은 그 독립과 자유의 권리를 튼튼히 지키기 위하여 모든 정신과 역량, 생명과 재산들을 바칠 것을 결의하는 바입니다.

세계 최초의 국제적 인권문서 _세계인권선언과 국제인권규약

1945년부터 국제연합을 만들기 위한 논의가 진행되는 가운데 간디, 호치민, 은크루마 등을 포함한 여러 나라 지도자들과 시민단체들은 인권이 경시되고 있고 특히 식민지배하의 소수민족과 원주민의 인권을 간과하고 있다고 비판했다. 그 결과 국제연합 헌장 전문에 "기본적 인권, 인간의 존엄 및 가치, 남녀 및 대소 각국의 평등권에 대한 신념을 재확인"하고 "더 많은 자유 속에서 사회적 진보와 생활수준의 향상을 촉진"한다는 말이 들어갔고, 그 제1조에 "인민들의 평등권 및 자결의 원칙의 존중"과 "인종·성별·언어 또는 종교에 따른 차별 없이 모든 사람의 인권 및 기본적 자유에 대한 존중을 촉진하고 장려함에 있어 국제적 협력을 달성" 등의 말이 포함되었다. 그러나 헌장에는 동시에 회원국의 국내 관할권 안에서 발생하는 사안에 대한 국제연합의 불간섭 원칙을 규정하여 인권의 국제적 보장을 거부하게 만드는 규정도 있었다.

국제연합은 1948년 세계인권선언을 채택했다. 58개 회원국 가운데 소련을 비롯한 사회주의권은 그 선언에 포함된 권리가 주로 개인주의적이고 헌장의 국내관할권에 도전할 수 있다는 이유에서 기권했다. 이어 1966년 두 개의 국제인권규약이 채택되었다. 두 규약에는 민족자결권이 공통으로 규정된 것을 비롯하여 다양한 인권이 포함되었으나 '시민적·정치적 권리에 관한 국제규약'은 그 이행을 위한 국내조치를 요구한 반면 '경제적·사회적·문화적 권리에 관한 국제규약'은 점진적 달성의 의무가 규정되었다. 세계인권선언은 유엔의 결의로서 비록 직접적인 법적 구속력은 없으나 오늘날 대부분의 국가 헌법 또는 기본법에 그 내용이 반영되어 실효성이 클 뿐만 아니라 1966년 국제인권규약은 세계 최초로 법적 구속력을 가진 세계적인 인권 관련 국제법이다. 전자에는 '세계인권선언'에 있는 재산권이 없고 후자에는 '세계인권선언'의 권리가 더욱 상세하게 규정되었다. 이어 많은 개별 인권 조약이 채택되었다.

세계인권선언의 전문은 다음과 같다.

모든 인류 구성원의 천부의 존엄성과 동등하고 양도할 수 없는 권리를 인정하는 것이 세계의 자유, 정의 및 평화의 기초이며,

인권에 대한 무시와 경멸이 인류의 양심을 격분시키는 만행을 초래하였으며, 인간이 언론과 신앙의 자유, 그리고 공포와 결핍으로부터의 자유를 누릴 수 있는 세계의 도래가 모든 사람들의 지고한 열망으로서 천명되어 왔으며,

인간이 폭정과 억압에 대항하는 마지막 수단으로서 반란을 일으키도록 강요받지 않으려면, 법에 의한 통치에 의하여 인권이 보호되어야 하는 것이 필수적이며,

국가 간에 우호관계의 발전을 증진하는 것이 필수적이며,

국제연합의 모든 사람들은 그 헌장에서 기본적 인권, 인간의 존엄과 가치, 그리고 남녀의 동등한 권리에 대한 신념을 재확인하였으며, 보다 폭넓은 자유 속에서 사회적 진보와 보다 나은 생활수준을 증진하기로 다짐하였고,

회원국들은 국제연합과 협력하여 인권과 기본적 자유의 보편적 존중과 준수를 증진할 것을 스스로 서약하였으며,

이러한 권리와 자유에 대한 공통의 이해가 이 서약의 완전한 이행을 위하여 가장 중요하므로,

이에,

국제연합총회는, 모든 개인과 사회 각 기관이 이 선언을 항상 유념하면서 학습 및 교육을 통하여 이러한 권리와 자유에 대한 존중을 증진하기 위하여 노력하며, 국내적 그리고 국제적인 점진적 조치를 통하여 회원국 국민들 자신과 그 관할 영토의 국민들 사이에서 이러한 권리와 자유가 보편적이고 효과적으로 인식되고 준수되도록 노력하도록 하기 위하여, 모든 사람과 국가가 성취하여야 할 공통의 기준으로서 이 세계인권선언을 선포한다.

국제관습법인 세계인권선언과 국제조약인 국제인권규약에는 지금

THE UNIVERSAL DECLARATION OF Human Rights

UNITED NATIONS

도 많은 문제가 있으나 그것이 갖는 의미는 무시될 수 없다. 특히 지구화 이후 국제적인 차원의 빈부 갈등이 심화되는 가운데 세계적 인권 보장은 더욱 어려워지고 있다.

한국의 헌법재판소는 세계인권선언이 "선언적인 의미를 가지고 있을 뿐 법적 구속력을 가진 것은 아니고", "모든 국민과 모든 나라가 달성하여야 할 공통의 기준"으로 선언하는 의미는 있으나 그 선언 내용인 각 조항이 바로 보편적인 법적구속력을 가지거나 국제법적 효력을 갖는 것으로 볼 것은 아니라고 했다. 그러나 전 세계적으로 세계인권선언은 국제관습법으로 인정되고 있고, 국제관습법은 대한민국 헌법상 법률의 효력을 갖는다. 유엔 총회의 결의는 무조건 권고가 아니라, 절대 다수가 찬성하면 국제관습법으로 인정되어, 전 세계 모든 국가에서 법률로서의 효력을 갖는다. 따라서 1991년 판례는, 대법원이 이러한 국제관습법의 법리를 오해했거나 일부러 무시한 것으로 보인다.

20세기 후반
인권운동의 시작
– 미국 흑인의 인권운동

1946년부터 석유 위기 직후인 1975년까지를 서유럽에서는 영광의 30년이라고 할 정도로 민주주의와 사회적 시장경제가 합쳐진 복지국가라는 이름의 행복한 결혼생활을 보낸 시기였다. 미국도 그 정도는 아니었지만 민주적 자유가 꽃피었다. 서양의 복지국가는 1929년의 대불황과 제2차 세계대전의 불행을 경험한 뒤 그 이전의 '큰 시장, 작은 국가'라는 자유주의 정책에 대한 반성에서 나왔다. 그러나 소련의 영향 하에 중국과 동유럽을 비롯한 많은 지역에서 공산당 정권이 대두했다. 동유럽과 러시아에서도 사회주의는 그 나름으로 유지되었다. 중국이나 북한에서도 그러했다.

그러나 자유는 여전히 문제였다. 그 최초의 문제는 미국 흑인의 자유였다. 앞에서 보았듯이 1865년 미국에서 노예제가 완전히 폐지되었으나 흑백차별은 여전히 존재했다. 이에 대해 흑인들은 1909

년의 '전미유색인종 지위향상협회(NAACP; National Association for the Advancement of Colored People)' 등을 조직하여 저항했다. 냉전 이데올로기 하에서 거대한 정부는 자유를 위협하고 시민 사회와 정치는 구분되어야 한다고 강조된 시대에 민권운동가는 연방권력이 자유의 보호자라는 전통적 이념을 부활시켰다. 그러나 당시의 정부와 의회는 소극적이었다. 연방대법원은 1954년 학교에서의 인종격리가 위법이라고 판시했으면서도 1955년에는 정부가 이를 즉시 시행할 필요는 없고 '충분히 신중한 속도로' 시행하면 된다고 했다. 이에 공민권 운동측은 연방정부의 적극적 개입만이 자유를 보장한다고 확신했다.

1955년 미국의 앨라배마 주 몽고메리 시에서 흑인 여성 로자 파크스(Roger Parks, 1913~2005)가 버스의 좌석을 백인에게 양보하지 않은 것이 흑백 좌석의 분리를 규정한 시 조례를 위반했다는 이유로 체포되었다. 이후 1년 이상 버스 승차 거부 운동이 벌어졌다. 이에 대해 몽고메리의 백인 지배층은 많은 흑인들을 직장에서 해고하는 등의 흑인 억압 정책을 계속했으나, 1956년 11월 연방대법원은 시내버스에서의 인종 분리를 불법이라고 판결하여 몽고메리에서의 흑백 분리 버스는 사라졌다.

그 10년 뒤 법적인 인종격리가 철폐되고 남부 흑인에게 선거권이 부여되

로자 파크스 사건은 몽고메리에서의 흑백 분리 버스를 사라지게 만든 단초가 되었다

었다. 그러나 더욱더 중요한 점은 이 사건이 자유를 불모의 사유로 왜소화한 미국의 자유 관념을 타파했다는 것이었다. 볼드윈이 지적했듯이 이 사건은 미국에서 자유란 무엇인가를 다시 묻게 했다.

흑인운동은 자유로 시작했다. 파크스가 법정에 출두한 날, 법정 광장의 버스 정류소에는 "자유를 위해 버스를 타지 말자"는 전단이 붙었다. 1964년 미시시피에서 열린 '자유학교'는 자유란 무엇인가에 대한 토론으로 시작했다. 평등, 권력, 승인, 권리, 기회 등을 뜻한다고 하는 여러 가지 의견이 나왔다. 즉 자유란 '검둥이'가 아니라 '씨'로 불리는 권리를 뜻했다. 또한 백인에 대한 의존관계로부터의 벗어난 개인적 자립을 뜻했다. 이는 고대로부터의 자유 관념이지만, 백인 집의 가사 노동자가 대부분인 흑인 사회에서는 중요한 의미를 갖는 것이었다.

그런 토론 끝에 자유란 "틀린 것을 끝내는 것"이라는 결론에 이르렀다. 즉 인종격리, 참정권 박탈, 공공시절에서의 배제, 저임금 육체 노동에의 고정화, 경찰에 의한 폭력, 백인에 의한 무법적인 폭력의 위협의 근절이 자유를 위해 필요하다는 것이었다. 이는 독립선언 이래 미국에서 흑인에게는 주어지지 않은 자유의 부끄러운 역사를 상기시켰다.

마틴 루터 킹(Martin Luther King, Jr., 1929~1968)에게도 자유가 핵심이었다. 버스 보이콧 운동의 역사를 쓴 그의 첫 저서는 『자유를 향한 거대한 발걸음』이었다. 1963년의 "나에게는 꿈이 있다. 100년 뒤인 지금도 흑인은 자유가 아니다"로 시작되어 "이제 자유가 되었다. 이제 자유가 되었다. 고마운 신이여, 우리는 마침내 자유가 되었다"는 흑인영가로 끝났다.

그는 성서 인용을 반복하며 "당신으로부터 자유를 뺏고자 하는 자"에 대해서도 정의와 허가를 부여하라고 말했다. 그의 신학의 핵심은 이집트 탈출 이야기였다. 그 이야기는 개인적 자유와 집단적 자유의 획득은 상호의존적이고 상호보완적임을 뜻했다. 이는 그가 "우리는 인민으로서 약속의 땅에 이르렀다"고 했을 때의 의미였다. 그는 더글러스와 마찬가지로 조국에 대한 사랑과 국민적 가치에 대한 헌신이 항의의 동기라고 주장함에 의해 백인에게 호소했다. 그는 「버밍검 감옥으로부터의 편지」에서 "우리는 자유라는 목표를 목적으로 한다. 왜냐하면 미국의 목표는 자유이기 때문이다"라고 했다.

정부는 1957년 학교 통합을 위해 아칸소 주에 연방군을 파견했으나 정부의 태도는 여전히 소극적이었다. 그러나 공민권 운동이 진행된 1960년대에는 소극적 태도에 머물 수 없었다. 1961년 1월의 케네디 취임 연설은 냉전적 자유의 찬가였지 시민적 자유에 대해서는 일체 언급하지 않았다. 1961년에는 민권 운동가들과 대학생들이 장거리 버스를 타고 남부 지역을 순회하는 '프리덤 라이더(Freedom Rider)' 운동이 벌어졌다. 1963년에는 '프리 나우(Free Now)'라는 구호 아래 민권 운동이 더욱 격렬해져 6월 한 주에 전국 186개 도시에서 15,000명이 체포되었다. 8월에는 워싱턴에서 25만 명이 참여한 대행진이 벌어졌다. 흑인에게 투표권을 달라는 운동도 집중적으로 벌어졌다. 1965년 앨라배마 주의 셀마 시에서는 수천 명이 행진을 벌여 수 천 명이 체포되었고, 세 명의 인권 운동가가 살해되었다.

1965년 셀마 시로 향하는 흑인 행진

공격당하는 프리덤 라이더 운동가

사태가 심각하게 되자 그동안 수수방관하던 연방 정부가 개입하기 시작했다. 1964년 미국 의회는 남부 출신 상원의원들의 반대에도 불구하고 교육, 주택, 접객업소, 직장의 흑백 차별을 금지하고 이 문제를 다루는 연방기구를 설치하여 강력하게 시행하는 민권법을 통과시켰다. 1965년 법원의 명령에 의해 법적인 인종격리는 철폐되고, 새로운 연방법은 숙박시설, 고용, 투표에서의 차별을 금지했다. 이어 같은 해, 여러 인민의 이민을 금지한 1924년의 이민법의 출신국 할당 제도가 폐지되고 인종에 의하지 않은 이민 수용 기준으로 '가족의 재결합'과 직능기술을 중시하는 규정이 도입되어 이민의 자유가 인정되었다. 1976년 여론조사에서 회답자의 85%가 미국은 여러 인민, 종교, 국적으로 구성된 나라라고 답했다.

또 하나의 이슈는 참정권 운동이었다. 1870년에 수정된 연방 헌법 제15조에서 인종이나 피부색을 이유로 한 선거권의 차별을 금지했지만 투표권의 등록 절차로 인해 흑인의 투표권은 인정되지 못했다. 즉 투표를 원하는 사람은 헌법을 독해할 수 있는 능력을 입증해야 했는데 대부분의 흑인은 그런 시험에 합격하지 못했기 때문이다. 그래서 가령 앨라배마 주에서는 백인 성인 남성의 경우 85퍼센트가 유권자 명부에 등록했으나 흑인은 2퍼센트만 등록되었다. 흑인이 공직에 취임할 수 있는 피선거권도 금지되었다. 이러한 금지는 1965년 투표권법이 통과됨에 의해 없어졌다.

1960년대 후반부터는 흑인의 경제적 문제가 부각되었다. 당시 흑인의 실업률은 백인의 2.5배였고 흑인 가족의 평균 수입은 백인 가족의

마틴 루터 킹이 베트남 전쟁을 반대하는 연설을 하고 있다.

반에 불과했다. 킹은 뒤에 적극적 차별 시정조치(Affirmative Action)라고
구체화된 정책을 일찍부터 주장했다. 1966년 킹은 시카고에서 흑인
고용의 향상, 사용자와 노동조합에 의한 차별 금지, 부동산 구입 시
의 평등, 저소득자 주택 건설 등을 주장했으나 백인들의 맹렬한 반
대로 실패했다. 그래서 그는 완전고용, 기본소득 보장, 자본주의 자
체의 구조변혁을 주장했다. 그리고 1967년 이후에는 베트남전쟁에
반대하다가 이듬해 암살당했다.

한편 킹과 반목한 말콤X는 1960년대 초부터 흑인이 백인과의
연대나 연방의 지원이 아니라, 자신들의 노력에 의해 지역의 정
치적, 경제적 자원을 지배해야 한다고 주장했다. 그가 암살된 뒤
SNCC(Student Nonviolent Coordinating Committee)는 흑인 관리의 선출을

비롯한 인민적 자결을 위한 혁명적 투쟁을 주장했다. 이는 인디언 등의 인권 운동을 촉발했다.

1963년 대통령에 취임한 존슨은 루스벨트의 '결핍으로부터의 자유'를 '사회적 정의의 최대 척도'로 부활시켰다. 이어 1965년 그는 경제적 자유를 기회의 평등으로 보는 것은 불충분하고 결과의 평등이 필요하다고 선언했다. 그의 '위대한 사회' 계획은 루스벨트의 네 가지 자유를 넘어 배울 자유, 성장할 자유, 희망을 갖는 자유, 살고 싶은 대로 사는 자유까지를 가능하게 하는 것이라고 주장했다. 그 결과 위에서 본 1964년에 공민권법, 1965년에 투표권법, 1968년에 공정주택법 등이 제정되었다. 이어 제한적인 의료보험제와 공공주택 보급이 이루어졌다. 그러나 베트남 전쟁에 깊숙이 개입함에 따라 개혁은 중단되었다. 1990년대에는 교육, 수입, 기술직 취로 등의 차원에서 흑백의 격차는 상당히 줄어졌으나, 백인 세대의 중위 재산은 흑인의 4배이고 실업률도 흑인보다 낮았으며 흑인 아동의 4분의 1은 빈곤 속에서 살았다.

1960년대
저항운동과 자유

1960년대의 새로운 저항운동인 학생운동은 아무도 예상하지 못한 것이었다. 미국의 대학생은 전통적으로 보수적이었으나 1960년대에는 베이비붐의 결과로 대학생 수가 급격히 늘어났고 흑인 민권운동의 영향으로 진보했다. 또한 1960년대의 여러 저술의 영향도 받았다. 흑인의 분노를 표현한 볼드윈의 『다음은 불이다』, 생산과 소비의 확대가 초래한 생태 위기를 보여준 카슨의 『침묵의 봄』, 자유주의 가치인 관용이 억압적 체제를 강화하는 수단이 된 사회를 비판하고 노동자가 아닌 아웃사이더가 새로운 개혁 주체라고 주장한 마르쿠제의 『일차원적 인간』(1964) 등이었다. 그리고 1962년에 조직된 '민주 사회를 위한 학생동맹(SDS; Students for Democratic Society)'은 물질주의적이고 관료화된 사회와 조직적 인간으로 구성된 미국 사회를 비판하고 참가민주주의를 주장했다. 그것은 자유를 자기 삶의 결정에 참가하는 권리로 보았다.

학생운동을 더욱 확대시킨 것은 베트남전쟁이었다. 냉전 논리의 전쟁을 자유의 방위라고 주장하는 정부에 대해 SDS는 자유의 모독이라고 반박했다. 또한 전쟁이 은밀한 행동과 거짓말과 엘리트에 의한 정책결정을 통해 이루어지는 것은 참여민주주의에 반한다고 공격했다. 베트남 전쟁만이 아니라 과테말라와 이란에 대한 CIA의 개입, 미국의 남아프리카 지지, 도미니카 공화국에 대한 파병 등도 비판되었다.

카운터컬처의 성해방과 함께 시작한 페미니즘 운동도 1960년대의 새로운 저항운동이었다. 1962년에 나온 프리던(Betty Friedan)의 『여성의 신비 $^{The\ Feminine\ Mystique}$』는 개인적 자기실현의 기회라는 자유의 의미를 교외 가정에 적용하여 여성문제의 핵심이 여성들에게 그 잠재적 능력을 성장시키고 개화하는 것을 금지하는 사회적 가치관이라고 주장했다. 1963년의 평등임금법과 1964년의 공민권법은 동일 노동 종사자에 대한 성적 차별을 금지했다.

1960년대 말에는 동성애자, 소수인종, 인디언, 소비자 운동이 이어졌고 이는 연방대법원에 의해 확인되었다. 앞에서 보았듯이 대법원의 권리 수호 기능은 1937년, 전통적인 계약의 자유론을 부정하고 표현의 자유를 확대한 것에서부터 시작되었다. 이는 냉전기에 후퇴했지만 1960년대에 와서 공민권 운동과 함께 다시 부활했다. 1968년 대법원은 공민권 운동 조직을 파괴하려고 회원 명부의 공표를 강제하고 교사에게 소속 단체의 이름을 공개하라고 요구한 남부의 법을 위헌으로 판시했고, 나아가 공민권운동을 입법부에 의한 조사활동 으로부터도 보호했다. 또한 임신 중절을 헌법상의 권리로 인정하는 등의 프라이버시의 보호에 관한 진보적인 판결이 내려졌다.

그러나 1968년 닉슨의 대통령 취임은 보수의 득세를 뜻했으나 닉슨 시대에 적극적 보호조치가 입법화되고 의료 보호도 확대되는 등 자유의 발전도 있었다. 1970년대에는 저항운동 주장의 상당수가 대중문화에 흡수되었다. 그 결과 여론조사에서는 선택의 자유가 가장 높게 지지되었다. 그러나 개인적 자유의 경험이 넓어진 반면 공동의 공민생활로부터는 멀어졌다.

1960~1990년대
세계의 인권

앞에서 설명한 제3세계의 민족해방운동은 1960년대 후반에도 계속되었고 서양의 자유 운동에도 영향을 미쳤다. 그러나 제3세계와는 달리 20세기 후반 서양의 자유는 공통의 목적이 아니라 특별한 차원의 목적에 집중되었다. 1968년에는 제2차 대전 후 가장 광범위한 저항운동이 세계적인 학생운동으로 전개되었다. 대체로 생태와 반핵, 비폭력 평화운동을 선호한 이 운동은 과거의 1789년, 1848년, 1917년 혁명들처럼 체제의 전복으로는 나아가지 못했다. 이는 그만큼 서양 권력자들이 철저히 대비했기 때문이었다.

특히 1970년대에 시민의 자유에 대한 담론이 서양을 지배했다. 우파는 물론 좌파도 그러한 담론 형성에 참가했다. 이는 당시까지 전통적으로 좌파가 무시했던 것이었다. 그 결정적인 계기는 동유럽에서의 자유화 바람이었다. 공산권에서도 자유에 주목했다. 그 새로운 목표는 더 나은 공산주의가 아니라 시민 사회의 복권이었다. 동유럽의 반체제파는 공산당 국가의 개혁이 불가능하다고 느끼고 시민 사회를 주장했다.

그 중심에 체코의 하벨(Vaclav Havel, 1936~2011)이 있었다. 그는 자유를 요구하는 1977년의 77헌장을 주도했다. 폴란드에서는 1976년 노동자보호위원회가 설립되고 체코에서는 1978년 '부당하게 박해받은 자들을 위한 보호위원회'가 설치되었다. 물론 엄청난 박해가 뒤따랐다. 그러나 1980년 폴란드에서 자유노조운동이 터졌고 정치적 자유까지 요구했다. 소련에서는 코르바조프의 '개방(glasnost)'과 '재편(perestroika)'이 이어졌다. 코르바조프는 1988년 개혁을 통해 검열을 완화하고 인민대표회의 선거를 실시했다. 그러나 대중은 이에 만족하지 않았다.

1988년 동독에서는 "자유는 다르게 생각하는 사람들의 자유이기도 하다"는 로자 룩셈부르크의 말을 적은 피켓을 든 시위대가 등장했다. 1989년 헝가리에서 집회의 자유를 인정하고 다당제로의 이행을 선언했다. 1989년 말 동독 정부는 헌법에서 "노동계급과 그들의 마르크스레닌주의 정당이 지도한다"는 조항을 삭제했고 공산당은 그 이름을 민주사회당으로 바꾸었다. 이어 공산당 지도부가 당에서 축출되고 자유선거의 일정이 잡혔다. 그리고 그 전에 독일은 통일되어 오랜 냉전의 시대는 끝났다. 1990년 체코에서는 하벨이 대통령으로 선출되었다. 그는 1만 6천 명의 정치범을 사면하고 정치 경찰을 해체했다. 다른 동유럽 국가들도 이를 따랐다.

유럽에서는 1991년 경제적 통합을 위한 마스트리히트 조약이 성립되었다. 유럽의회는 1961년의 유럽 사회 헌장에서 규정된 복지권을 강화하고자 했으나 영국의 반대로 무산되고 유럽연합(EU)의 사회정책은 점차 약화되었다.

1989년 중국에서도 공산당의 부정부패에 분노한 노동자들과 학생들이 천안문 광장에 민주의 여신상을 세웠다. 그러나 중국 정부는 동유럽과 같은 민주화운동을 막고자 시위대 중 수백 명을 사살했다. 그 뒤 중국은 공산당 치하의 자본주의로 나아갔다. 북한만은 아직도 아무런 변화가 없다.

인권의 죽음

제2차 세계대전 후의 경제성장이 1973년에 끝나자 보수주의가 득세하기 시작했다. 과거의 보수주의에 네오콘이라는 새로운 보수주의가 등장했다. 그들은 과거에 진보였으나 전체주의자로 변했다는 특성에 의해 그렇게 불렸다. 또 종교적 보수주의도 새롭게 등장했는데 이는 자본주의적 보수주의를 그대로 받아들였으나 강제에 의한 도덕 강화를 주장한 점에서는 자본주의적 보수주의와는 달랐다. 또한 하이에크와 프리드먼 등의 신자유주의가 등장하여 경제에 대한 국가 간섭의 증대를 비판했다. 이들은 모두 자유주의와 민주주의의 결합을 비판한 점에서 동일했다.

1980년 레이건의 대통령 취임과 함께 자유는 좌익의 슬로건에서 우익의 전유물로 완전히 바뀌었다. 레이건은 '자유세계'라는 미국 중심의 대외관계를 반공주의의 입장에서 철저히 관철했다. 그리고 거대 정부에 반대하고 계약의 자유를 주장하여 경제 규제의 완화와 노동조합의 약화도 철저히 했다. 그러나 그가 주장한 경제적 자유의 핵심은 감세, 특히 누진세의 폐지였다. 높은 세금은 정부에 대한 예속을 낳으므로, 스스로 생활비를 벌어번 것을 보유하는 권리야말로 자유의 본래 의미라고 주장했다. 그 결과 부가 빈자로부터 부자로 급격히 이동했다. 1990년대

거대 정부에 반대하고
계약의 자유를 주장한 레이건 대통령

중반에 부유층 1%가 국민 전체의 부의 40%를 차지했는데 이 비율은 20년 전의 2배에 달했다. 그러나 보수주의의 기대와는 반대로 레이건은 첫 임기 4년간 1조 달러가 넘게 군사비를 증가시켜 미국 역사상 최대의 재정 적자를 초래했다.

이러한 정책은 앞에서 본 하이에크에서 비롯되었다. 하이에크 추종자들이 그의 이데올로기를 단순화하거나 왜곡했다는 비판이 있다. 이에 대해서는 우리나라에도 수많은 문헌이 있으니 여기서 되풀이할 필요는 없다. 그러나 중앙 통제에 대한 그의 독단적인 반대도 독단주의로 흐를 위험이 있었음은 제대로 지적되지 않았으니 여기서 강조할 필요가 있다. 그는 경제학을 과학적 정밀성과 거리가먼 해석학이라고 보았으나 그의 후예들인 미국의 계량 경제학자들은 과학적 정밀성을 자랑하며 하이에크 이론을 답습했다. 반면 사회보장정책이 지배한 전후 영국에서 하이에크는 전혀 인기가 없었다.

그러나 1970년대 이후 큰돈을 만진 부자들은 하이에크에 따라 금융 서비스 산업에 대한 규제 완화를 환영하기 시작했다. 하이에크의 『노예의 길』은 부자들과 정치가들을 노예로 삼았다.

그러나 그 노예들은 지금까지 그들의 주인인 하이에크와 달리 국가 자체를 축소하지 않았다. 오히려 중앙 정부의 억압 기구나 정보 수집 기구를 옹호하는 데 앞장섰다. CCTV, 도청, 미국의 국토안보부, 영국의 독립안보국을 비롯한 그 밖의 장치들을 통해 근대 국가가 그 신민들에게 행사한 전방위 통제를 더욱 강화하여 국민의 자유를 제한했다. 그것이야말로 자코뱅, 볼세비키, 나치가 꿈꾼 사회의 실현이었다. 바로 하이에크가 '노예의 길'이라고 부른 것이었다. 그리고 홉스가 말한 '만인에 대한 만인의 투쟁'을 결과했다.

자유시장의 신성함과 거대한 정부의 악에 대한 보수적 사고방식은 언론을 비롯한 사회의 모든 영역을 지배했고 이는 클린턴의 민주당 정권에까지 이어졌다. 1994년 공화당은 1950년 이래 처음으로 의회를 장악했는데 그들은 이를 '자유혁명'이라고 불렀다. 이어 1996년 의회는 뉴딜 이래 '복지'로 불린 지원을 필요로 하는 아동에 대한 보조제도(AFDC; Aid to Families with Dependent Children)를 폐지했다. 그 결과 전국 아동의 4분의 1에 이르는 1,200만 명의 아동이 빈곤 속에 놓였다.

보수적인 경향은 법원에도 영향을 미쳤다. 레이건 시대에 선거자금에 대한 공적 규제와 미디어의 집중적 소유에 대한 규제에 반대한 대기업의 주장을 대법원은 받아들였다. 또 사형제도를 부활시켰고, 공교육을 받는 빈민들에게도 비용을 부담하도록 강요할 수 있다고 판시했다.

1988년 부시가 집권한 다음 해 소련과 그 지배를 받은 동유럽의 공산정권이 붕괴했다. 이는 그동안 막대하게 소비한 군사비를 건설적으로 사용할 기회였으나 부시 행정부는 최초 4년간 파나마와 이라크에서 두 차례의 전쟁을 일으켰다.

클린턴의 8년 집권 후 2001년 부시의 아들이 대통령에 취임했다. 그 9개월 뒤 9·11이 터졌다. 그는 그 사건을 일으킨 빈 라덴이 은닉하고 있는 아프가니스탄을 공격했다. 부시는 아프가니스탄 공격은 그곳 "여성들에게 자유를 주는 것"과 같다고 말했다. 그러나 실제의 결과는 그 반대였다. 그 뒤 의회는 테러방지법(Anti-terrorism Act)를 제정하여 범죄와 무관하게 혐의만으로 비시민권자를 구속하는 권한을 법무부에 부여했다. 그 법에 의해 대부분 이슬람교도들인 1천 명 이상의 사람들이 이유 없이 체포되었다.

부시는 2002년 이라크를 침략하면서 "그들은 우리가 자유이기 때문에 우리를 미워한다"고 하며 그 침략을 '자유 작전'이라고 불렀다. 2006년 미국 의회는 CIA가 전 세계의 비밀감옥에서 테러 용의자들을 가혹하게 심문할 수 있게 하고 '적의 불법적인 전투원'에 대해서는 인신보호영장 청구권마저 박탈하는 법을 제정했다.

보수적 자유

'보수적 자유'란 1970년대 이후의 미국에서 생겨난 것을 뜻하지만 그것이 한국에서 말하는 보수의 자유와는 다르다. 미국의 보수적 자유는 우선 '반국가주의'를 뜻한다. 이는 뉴딜정책에 반발한 보수파에게서 시작되어 하이에크와 프리드먼 등이 이론화한 고전적 자유주의의 국가관이었다. 반국가주의는 분권화된 권력, 한정된 정부, 자유시장경제를 핵심으로 삼았다. 개인적 자유를 규제 없는 자본주의와 동일시한 것이다. 이를 다른 보수주의와 구별하기 위해 '자본주의적 보수주의'라고 하자.

프리드먼은 학생운동이 시작된 1962년에 펴낸 『자본주의와 자유』에서 경쟁이야말로 사람들에게 정부에 의한 강제가 아니라 스스로 바라는 것들을 부여하므로 규제 없는 시장이야말로 자유를 가장 잘 표현한다고 주장하고 모든 정부 기능의 민영화, 최저임금법과 누진소득세제와 사회보장제의 철폐를 주장했다. 나아가 윤리 문제에 대한 정부의 개입에 대해서도 반대했다.

이는 1950년대에 대두한 신보수주의와도 구별되는 것이었다. 신보수주의는 자유세계는 공산주의와의 싸움을 위해 군사적으로만이 아니라 도덕적, 사상적으로도 무장할 필요가 있다고 보고, 서양의 상대주의에 의한 도덕적 해체를 거부하며 기독교와 선악의 관념에 근거한 절대적 가치의 재흥을 주장했다. 그들은 진보적 국가에 반감을 갖는 점에서는 자본주의적 보수주의와 같지만 경제에 관심을 갖지 않고 물질주의를 혐오한다는 점에서 달랐다.

나아가 두 개의 보수주의는 그 궁극적인 목적이 '선량한 인간'인가 '자유로운 인간'인가에 의해서도 달랐다. 가령 프리드먼은 매카시즘을 개인의 생활에 대한 부당한 침해라고 보았으나, 신보수주의는 애국심은 정부가 강제로라도 장려해야 할 권리를 갖는 초월적 가치라는 이유에서 충성 선서를 옹호했다.

신보수주의는 남부를 기독교 문명의 최후 보루라고 보고 노예제나 인종 격리를 지지하는 반면, 자본주의적 보수주의는 흑인 문제에 대해 무관심했다. 프리드먼은 자유시장이 인종을 차별하는 기업을 처벌하므로 공정고용법은 필요 없다고 주장했으나 이는 역사적 사실에 반한다. 또한 공립학교 대신 주의 자금 원조를 받는 사립학교를 세워야 한다고 주장했으나 이는 강제적인 인종통합을 회피하는 방법으로 사립학교를 세우는 것을 인정한 것이었다. 그러나 대부분의 보수주의는 이 두 가지 입장을 조화시키려고 했다.

미국 헌법을 비롯한 자유의 개념은 우리와는 많이 다르다. 특히 기독교적 이념이 다르다. 앞서 유럽의 경우도 마찬가지였지만 특히 미국에서 기독교적 이념은 중요했다. 기독교적 이념은 개인적 자유를 비롯한 모든 자유의 구체적 영역에 깊은 영향을 미쳤다. 가령 정치적 자유의 경우, 미국 혁명기에는 지역공동체의 정치적 자결권이 중요했으나, 남북전쟁이 끝날 때까지 백인 남성의 선거권을 중심으로 전개된 정치적 민주주의에 대해 배제된 집단이 자유라는 이름으로 투표권을 요구했다. 그런 정치적 자유의 요구는 20세기까지 이어졌다. 이러한 미국의 자유 쟁취의 역사는, 우리가 지금까지 살펴본 자유의 역사의 축소판이다.

이처럼 미국의 헌법은 제정 이후 많은 변화를 거쳐왔고, 지금도 다양한 논쟁 중에 있다. 그것을 크게 보면 국가의 경제에 대한 개입과 국가로부터의 개인 및 단체의 자유를 어떻게 보장할 것이냐 하는 것이다. 미국의 진보파는 국가가 강력하게 경제에는 개입하되(복지주의) 개인과 단체의 자유는 보장해야 한다(민주국가)는 이중기준을 주장한다. 반대로 보수파는 국가는 최소한의 것이어야 하고 특히 시장의 자유를 보장하며(시장주의) 개인의 자유보다는 종교적 도덕적 가치를 회복해야 한다(도덕국가)고 주장한다. 대체로 이를 각각 민주당과 공화당이 대표함은 주지된 사실이다.

이 두 가지 내세에 대해 경제와 자유 어디에서도 국가는 철저히 불개입이어야 한다고 주장하는 견해도 있다. 복지국가에 대한 비판은 현재 우리나라 기업에서 곧잘 인용하는 신자유주의의 선구인 하이에크로 대표된다. 그는 1944년 누진과세와 사회복지정책에 의한 소득재분배를 비판하면서 계획이 집단주의로, 다시 전체주의로, 그리고 결국은 독재로 빠진다고 경고했다. 즉 복지국가가 '거대한' '강력한' 국가를 초래하여 인권을 침해한다고 보았다.

프랑스의 국가주의와 그 변화

프랑스를 비롯한 유럽 대륙 국가들은 19세기 토크빌이 주문한 미국식 민주주의를 받아들이지 않았다. 18세기 루소의 일반의사에 근거한 국가주의는 프랑스 근대헌법의 확립기라고 하는 제3공화제 이래 일반의사의 표명으로 여겨진 법의 최고성이라는 관념 하에서 철저한 의회중심주의로 전개되다가, 1958년의 제5공화제 이래 대통령 중심주의가 확립됨으로써 더욱 강화되었다. 대통령 중심주의라고 해서 전통적 국가상이 파괴된 것이 아니라, 대통령이 국민에 의해 선출되어 일반의사를 철저하게 반영한다고 여겨져 도리어 전통적 국가상으로 돌입했다는 것이다. 프랑스 제5공화제 헌법이 우리나라 유신 헌법의 모델이었음은 주지의 사실이다. 드골식 대통령제나 유신 대통령제는 모두 국민의 일반의사를 근거로 삼아 성립되었다. 두 정권 모두 비정상적으로 끝났지만, 적어도 형식적으로는 국민투표에 의한 절대적 지지라고 하는 일반의사를 그 정당성의 토대로 삼았다.

프랑스의 경우 제3~4공화제의 의회중심주의에서는 강력하고 안정된 다수파가 형성되지 못해 일반의사의 강력한 담당자는 결여되었고, 그 결과 전통적 국가상이 희망한 집권적 민주주의 자체가 불가능했다. 이에 반해 드골에 와서 대통령 다수파와 의회 다수파가 일치되어 집권적 민주주의가 가능하게 되어 바야흐로 루소의 일반의사가 완벽하게 정치 현실로 되는 것처럼 여겨지기도 했다. 유신 헌법 제정 당시 우리에게도 그런 사상적 모색이 있었다고는 보이지 않았다. 물론 더욱 강력한 대통령제를 당시 지배 세력이 희망한 것은 분명한 사실이다. 당시 국민 여론도 권력에 의해 일방적으로 조작되어 절대적인 지지를 보인 것도 사실이었다.

대통령제의 채택에는 복지국가와 관련된 논점도 작용했다. 즉 복지국가를 이루기 위해서는 강력한 대통령제가 필요하고, 그 부작용으로 지적되는 이익단체나 자본의 힘에 대해 공선된 대통령이 의원내각제의 수상보다 더욱 저항적일 수 있다고 주장되었다. 그러나 복지국가도 '보호자로서의 국가'라고 하는 개인과 국가를 핵심으로 하는 고전적인 국가주의의 연장선이었다. 왜냐하면 개인 없이 국가 없고, 국가 없이 개인 없다는 국가주의 사고이기 때문이었다.

그러나 1970~1980년대에 와서 프랑스에서는 전통적 국가상의 근본적인 변화가 초래되었다. 첫째, 헌법재판소에 의한 위헌심사기능이 강화되어 일반의사인 법률에 대한 도전이 나타났다. 즉 인권선언의 모국이라고 하는 프랑스에서 인권선언이 강제력을 갖지 못하다가 처음으로 일반의사의 표명으로 간주된 법률에 우월하는 인권이 재판을 통해 담보되었다. 특히 헌법재판소가 개인의 권리를 적극적으로 인정함에 따라 개인주의에 대한 재평가가 이루어지면서 종래 개인주의에 소극적이었던 사회주의자들도 사회주의는 개인주의라고 주장하기 시작했다. 물론 새롭게 주장된 개인주의란 자립한 개인을 전제로 하여 국가-개인으로만 구성된 종래의 사회관 대신 자유로운 개인에 의해 맺어지는 자율적인 관계를 창조하는 사회관의 그것이다.

둘째, 1968년 '5월 혁명' 이래 사회 여러 분야의 자치관리가 강조되었다. 1981년 미테랑 정권 아래 지방분권화가 이루어졌다. 사실 이는 프랑스 대혁명 이전부터 전통이 되어 온 중앙집권주의를 대혁명에서도 자코뱅을 중심으로 그대로 받아들인 헌법을 근본적으로 변혁시키는 새로운 움직임이었다. 이는 단순히 헌법에 대한 관념의 변화에 그친 것이 아니라, 프랑스 역사 자체에 대한 새로운 평가와도 관련되었다. 즉 프랑스의 인민주의 사관은 물론 마르크스주의 사관까지도 1793년에 성립된 자코뱅 정권의 국가주의를 대혁명의 핵심으로 보아온 것에 대해, 자코뱅은 1789년 대혁명과는 다르고 대혁명의 본질을 1789년에서 찾아야 한다는 주장이나, 대혁명 전체에 대한 회의적이고 부정적인 평가도 제기되었다. 동시에 대혁명 과정에서 자코뱅에 패배한 지역주의자들이 새로운 각광을 받기도 했다.

셋째, 1986년 대통령 다수파(사회당)와 의회 다수파(보수연합)가 대립되어, 당시까지 통합된 것으로 여겨진 일반의사는 다시 분열되었다. 이러한 대립에 대해 전통적인 국가관으로부터 혼란이 초래되리라는 걱정도 없지 않았으나, 일반적으로 여론은 도리어 호의적인 방향을 취했다.

넷째, 다원적 사회 단위인 단체의 적극적인 활동이 이루어져 국가와 단체의 갈등이 더욱 심화되면서 이를 전통적 국가관처럼 부정적으로 평가하는 것이 아니라, 긍정적으로 국가와 사회의 관계에서 생긴 여러 가지 변화라고 보았다. 사회가 서서히 주도권을 갖게 되는 과정이라고 평가하는 것이다. 이는 이른바 다양한 사회단체를 전제로 하고 그 협조를 주장하는 '다극(多極) 공존형 민주주의'의 국가상을 낳게 되었다.

이런 상황의 변화와 함께 1980년대에 와서 토크빌은 프랑스에서 재발견되었다. 특히 1981년 프랑스 사회당 정권이 초기에는 국유화정책에 의한 국가규제의 강화를 주장하다가 지방분권정책이나 언론규제의 완화(자율적 규제)로 전환하게 되자 콘-타뉴지는 『국가 없는 법』이라는 저서를 통해 집권적, 일체적, 전원일치적인 유럽 민주주의가 미국 민주주의의 '대응적, 탄핵적, 분쟁해결적'인 구조로 변화하는 것이라고 지적한 바 있다. 특히 미국에서 법률가의 역할과 그 양성기관인 법과대학원이 중시되는 것에 반해, 프랑스에서는 관료의 역할과 그 양성기관인 국립행정학원(ENA)이 중시되는 차이가 지적되었다.

물론 반발도 있었다. 한때 유명한 좌익이었다가 드골 정권에 참여한 레지스 드브레는 미국의 경우 사회가 국가를 지배하는 민주주의가 강조되는 점에 반해, 프랑스에서는 이해관계의 대립과 조건의 불균등을 법률의 우위에 의해 억제한다는 공화주의를 강조해야 했을 프랑스 역사의 특수성이 이해되어야 한다는 것이다. 사실 영국의 식민지였던 미국에서 '국가로부터의 자유'를 강조하여 헌법을 제정한 것은, 프랑스와 같이 봉건적, 신분적 사회 질서로부터 개인을 해방시키는 존재로써의 국가의 역할이 필요하지 않았기 때문이었다. 즉 신대륙에는 앙시앙레짐이 존재하고 있지 않았고, 식민 본국인 영국도 청교도혁명과 명예혁명으로부터 이미 1세기가 지난 터였다.

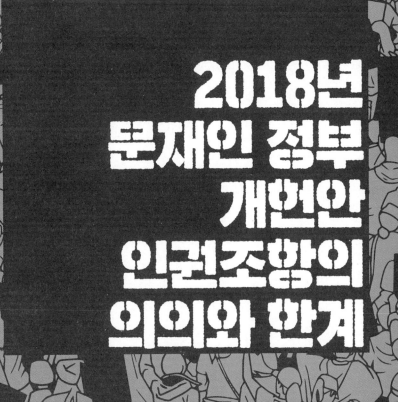

2018년
문재인 정부
개헌안
인권조항의
의의와 한계

논의와 좌절[1]

그동안 나는 헌법상 인권의 주체를 '국민'이라고 한 것을 '사람'으로
바꾸어야 한다고 꾸준히 주장해왔다. '근로'와 '노동'이라는 용어 사
용의 분열증을 비판하면서, 근로를 노동으로 바꾸어야 한다고 주장
하기도 했다. 이런 주장을 펼친 지 20년째인 현재 2018년에서야 이
용어들이 정부 차원의 개헌안 논의에 등장했다. 감개무량한 일이다.
그러나 2017년 대선 당시 모든 정당이 국민에게 약속한 2018년 6월
개헌이, 정부개헌안에 대한 한마디의 논의조차 없이 수포로 돌아간
이 허무한 시점에서 그 감개무량은, 일장춘몽은커녕 일단춘몽으로
끝났다. 지난 40년 전후 세월동안 끝없이 씹었던 분노가 다시 이어
진 지금 이 마당에 무슨 말을 해야 할까?

---

1   이 글은 2018년 5월 18일, 한국방송통신대학교에서 열린 〈2018년 개헌을 말한다!〉에서 발표한 논
문을 수정·보완한 것이다.

내가 1991년 『오리엔탈리즘』을 번역한 뒤 오리엔탈리즘이라는 말이 일부에서 회자되었고, 2001년 『위안부가 아니라 성노예이다』를 번역한 뒤 성노예라는 말이 국제사회에서 회자되기 시작했던 것처럼, 근로 대신 '노동', 국민 대신 '사람'이라는 말이 옳다는 논의라도 회자되기를 바라는 정도가 지금 나의 최대 희망이다. 그러나 사실 그런 정도를 기대하기도 어려워졌다. 1994년 『사법의 민주화』를 쓴 뒤, 그 책에서 주장한 여러 개혁안 중 단 하나인 배심제가 20여 년이 지난 뒤 지극히 불완전한 형태로나마 시행되는 정도를 기대조차 하기 어렵다. 촛불로 세워진 새로운 정부이지만 국회나 정당이나 언론이나 여론은 여전히 변하지 않은 옛것 그대로다. 따라서 적어도 국회가 새롭게 구성되지 않는 한, 즉 개헌의 의지를 가진 국회로 거듭나지 않는 한 촛불의 정신을 반영한 새로운 헌법의 창조는 어려울 듯하다.

이런 상황에서 나는 종래 개헌 논의 자체에 대해 부정적인 입장이었다. 한국에서는 어떤 개헌 논의도 정부 형태의 변화를 둘러싼 것일 수밖에 없고, 그것은 대단히 정략적인 것이라는 이유 때문이었다. 꼭 개헌을 해야 한다면 인권 규정을 중심으로 해야 한다고 나는 주장했지만 우리 현실에 그런 개헌이 있을 수 없으니 하나 마나 한 주장이었다. 게다가 인권문제가 개헌으로 인해 크게 개선될 여지가 있다고도 생각하지 않았다. 그동안 아홉 차례나 헌법이 개정되었지만 그 개정으로 인권이 나아진 점은 별로 없었다. 오히려 더욱 나빠졌다. 한국에서는 헌법이나 법률이나 바뀌기 이전 것이 가장 좋았다. 그러니 개헌이나 법률 개정은 하지 않는 편이 좋다는 생각도 든다. 인간이 손을 대면 댈수록 나빠지는 자연과 같다. 이 글도 마찬가지일지 모른다.

'인권침해 주체 중 가장 악랄한 것은 인권을 보호해야 할 국가'라는 인식을 나는 아직도 버리지 못하고 있다. 나아가 헌법이나 법률은 국가권력이 자본권력과 야합하여 그런 악랄한 인권침해를 호도하는 사악한 법기술일 수도 있다는 생각을 버리지 못하고 있다. 따라서 나는 개헌만 하면 인권천국이 도래한다는 따위의 개헌만능론이나 법률만능론에는 아무런 관심이 없다. 그것은 자신들의 권력의지를 충족시키기 위해 헌법이나 법률을 쓰레기로 만들어온 정상배나 그 주구인 학자들의 헛소리에 불과하다. 따라서 차라리 헌법이나 법률 따위의 법이라는 것이 없는 것을 추구하는 편이 나을지도 모른다. 그럼에도 이 글은 헌법 제1조에 규정된 "대한민국은 민주공화국이다. 대한민국의 주권은 국민에게 있고, 모든 권력은 국민으로부터 나온다"고 명기된 바에 따라 개헌이 극소수 정치인과 전문가가 아니라 주권의 소유자인 국민에 의한 것이어야 한다는 정신의 구현으로 쓴다.

한국은 1987년에 여성차별철폐협약, 1990년에 국제인권규약을 각각 비준했고, 1991년에 국제연합(UN)과 국제노동기구(ILO)에 가입하여 그 헌장을 각각 비준했다. 그 후 몇 개의 조약도 비준했다. 그러나 국제노동기구는 1919년에, 국제연합은 1945년에(그 전신인 국제연맹은 1919년에) 창설된 것을 감안하면 그러한 비준은 상당히 늦은 것이라고 할 수 있다. 한국이 비준한 국제법은 현행 헌법 제6조 1항에 의해 국내법과 동일한 효력을 갖는다. 여성차별철폐협약은 부분적으로 남녀고용평등법과 관련되기도 하나, 국제인권규약과 국제연합 및 국제노동기구 헌장의 인권규정은 헌법과 관련된다. 이 글에서는 국제인권규약 가운데 '경제적·사회적 및 문화적 권리에 관한 국제규약'을 사회권규약, '시민적 및 정치적 권리에 관한 규약'을 시민권규약으로 부른다.

한국이 국제연합이나 국제노동기구의 가입국으로서 그 조약을 비준하면, 역시 그 내용은 헌법 또는 법률과 관련된다. 그러나 한국이 그것을 비준하지 않아도 국제연합 또는 국제노동기구 헌장의 비준에 의해 헌법적 차원의 조약 내용을 준수하겠다고 약속한 것으로 보아야 한다. 따라서 여기서는 국내법이 된 국제인권규약 등과 그것에 관련되는 국제인권법 및 국제노동법의 내용을 헌법과 함께 근로자의 인권을 검토하는 근거로 삼는다.

인권에 관한 국제조약은 반드시 헌법에 의해 체결·공포된 조약이 아니라고 하여도 헌법 제6조에서 말하는 '일반적으로 승인된 국제법규'로서 국내법과 같은 효력을 가질 수 있다. 따라서 상당수의 문명국가가 비준한 조약이라면 한국에서도 국내법과 같은 효력이 인정될 수 있다. 그러나 실무상 이러한 인정에는 상당한 문제점이 있다. 실제로 재판에서 그러한 효력이 인정된 경우는 없다. 이는 우리 법원과 검찰의 비국제성 내지 후진성을 보여주는 것이므로 하루빨리 시정되어야 한다.

정부개헌안은 인권을 규정한 2장의 제목을 종래 "국민의 권리와 의무"에서 "기본적 권리와 의무"로 개정했다. 이는 종래 인권의 주체를 '국민'으로 한 것을 정부개헌안에서 원칙적으로 '사람'으로 바꾼 것과 같다. 인권은 그야말로 인간의 권리로 국적을 불문하는 것이므로, 외국인을 포함한 모든 사람을 인권의 주체로 한 것은 당연한 개정 사항이다. 이하 그 성질상 '국민'으로 제한해야 하는 경우에 대해 특별한 언급이 없는 한 개별 인권의 주체는 종래의 '국민'에서 '사람'으로 모두 바뀌었다.

먼저 '포괄적 인권'으로 분류할 수 있는 현행헌법 제10~12조부터 살펴보자.

제10조는 종래 "모든 사람은 인간으로서 존엄과 가치를 가지며, 행복을 추구할 권리를 가진다. 국가는 개인이 가지는 불가침의 기본적 인권을 확인하고 보장할 의무를 진다"의 마지막을 "이를 보장할 의무를 진다"로 하여 "이를"이라는 표현을 보완한 것 외에 변화가 없다.

제11조는 종래 "①모든 국민은 법 앞에 평등하다. 누구든지 성별·종교 또는 사회적 신분에 의하여 정치적·경제적·사회적·문화적 생활의 모든 영역에 있어서 차별을 받지 아니한다. ②사회적 특수계급의 제도는 인정되지 아니하며, 어떠한 형태로도 이를 창설할 수 없다. ③훈장 등의 영전은 이를 받은 자에게만 효력이 있고, 어떠한 특권도 이에 따르지 아니한다"를 ①의 차별 금지 사유에 "장애·연령·

인종·지역"을 더하고 "②국가는 성별 또는 장애 등으로 인한 차별 상태를 시정하고 실질적 평등을 실현하기 위하여 노력해야 한다"는 규정을 신설한 점 외에 문안을 다듬은 정도의 개정에 그쳤다.

반면 제12조로 "모든 사람은 생명권을 가지며, 신체와 정신을 훼손 당하지 않을 권리를 가진다"를 신설한 점은 이번 정부개헌안의 가장 중요한 개정 사항 중 하나라고 할 수 있다. 생명권은 사형 폐지의 근거가 될 수 있으나, 생명권 자체의 규정만으로 사형 폐지가 바로 나오는 것은 아니며, 헌법 제37조 2항의 인권 제한 규정에 의해 생명권의 제한으로 사형은 인정될 수 있다. 따라서 국제인권법처럼 사형 폐지를 위해서는 그것을 명시할 필요가 있으나, 사형 폐지에 대한 논의가 아직도 분분한 현실에서는 제12조의 신설로 충분할지도 모른다.

그러나 생명권을 제12조에 규정한 점에는 의문이 있다. 세계인권선언 3조와 자유권규약 6조에서는 자유권의 으뜸 조항으로 생명권을 규정하고 있고, 다른 나라 헌법에서도 대체로 그렇게 규정한다.

나아가 자유권규약 7조는 고문과 인체실험의 금지, 8조는 노예와 예속상태 및 강제노동의 금지를 9조 신체의 자유 앞에 규정한다. 현행헌법에서 고문은 신체의 자유를 규정한 제12조의 2항, 강제노역은 제12조 1항에서 규정되어 있으나 그 내용은 자유권규약의 그것과 반드시 일치하지 않는다. 특히 자유권규약 8조의 강제노동 금지는 1957년의 강제노동폐지조약에 의해 정치적 견해나 파업 참가 등에 대한 제재로서의 강제노동 금지에도 해당되므로 한국의 법률에서 사상범이나 양심적 병역거부자를 처벌하여 징역형에 처하거나 파업

참가에 대한 형벌로 강제노동에 해당되는 징역형을 규정한 것이 국제인권법 위반으로 논의될 수 있다. 뒤에서 보듯 개헌의 중요한 과제였던 사상의 자유가 이번 정부개헌안에서도 규정되지 못하고, 양심적 병역거부자나 파업참가자가 여전히 처벌되고 있는 반인권적 현실에서 한 발자국도 앞서 나가지 못한 정부개헌안은 사실상 만들지 않는 것과 크게 다르지 않다. 이런 개헌안을 만드는 속내는 종래 여러 차례의 개헌과 같이 권력유지에 있는 것이 아닌가? 결국 보수니 진보니 하는 권력다툼에는 사실상 어떤 의미도 없는 것이 아닌가?

2. 자유권   –사상의 자유가 아직도 없다

'자유권'으로 분류할 수 있는 현행헌법 제12~30조를 살펴보자. 정부개헌안에서는 신체의 자유를 규정한 현행헌법 제12조를 제13조로 바꾸었으나 내용은 거의 그대로이다. 단 3항에서 종래 영장 신청을 검사에 의하도록 한 것을 삭제하여 경찰 등에 의한 신청도 가능하게 했다.

  이어 이어 정부개헌안에서는 현행헌법 제13조, 제14조, 제15조가 각각 제14조, 제15조, 제16조로 바뀌었으나 내용은 거의 그대로이다. 그리고 현행헌법의 제16조("모든 국민은 주거의 자유를 침해받지 아니한다. 주거에 대한 압수나 수색을 할 때에는 검사의 신청에 의하여 법관이 발부한 영장을 제시하여야 한다."), 제17조("모든 국민은 사생활의 비밀과 자유를 침해받지 아니한다."), 제18조("모든 국민은 통신의 비밀을 침해받지 아니한다.")를 합하여 정부개헌안은 제17조로 하고 그 순서를 바꾸었다.

정부개헌안은 현행헌법 제19조 "모든 국민은 양심의 자유를 가진다"를 제18조 "모든 사람은 양심의 자유를 가진다"로 개정했으나, 그것에 사상의 자유를 더하지 않아 종래 논의된 국가보안법 등의 개폐를 헌법에서 근거지우는 점은 여전히 불가능하게 되었다. 이는 이번 정부개헌안의 치명적인 약점이라고 할 수 있다.

현행헌법 제20조(종교의 자유), 제21조(언론 출판 집회 결사의 자유), 제22조(학문과 예술의 자유)에는 큰 변화가 없다. 현행헌법 제21조가 정부개헌안에서는 20조(언론 출판의 자유)와 21조(집회 결사의 자유)로 나누어지고 22조를 바꾼 23조 2항에 "대학의 자치는 보장된다"를 현행헌법 31조 4항에서 옮겨와 규정했다. 그리고 정부개헌안 제22조 1항에서 "국민의 알권리"가 신설되고 2항에서 "모든 사람은 자신에 관한 정보를 보호받고 그 처리에 관하여 통제할 권리를 가진다", 3항에서 "국가는 정보의 독점과 격차로 인한 폐해를 예방하고 시정하기 위하여 노력해야 한다"고 규정되었다.

제23조 재산권, 제24조 선거권, 제25조 공무담임권, 제26조 청원권, 제27조 재판을 받을 권리, 제28조 형사보상, 제29조 공무원의 불법행위와 배상책임에서는 제24조의 선거연령을 18세로 인하한 것 외에 큰 변화가 없다.

3. 사회권
-인간다운 생활을 할 권리

현행헌법 제31조의 교육권은 앞에서 말한 '대학의 자치'를 옮긴 것 외에 정부개헌안 제32조에서 거의 그대로 규정되었다. 제32조 노동권 및 노동조건권과 제33조 노동단체권에 대해서는 아래에서 별도로 살펴본다.

현행헌법 제34조 1항의 사회보장권도 정부개헌안 제35조 1항에서 거의 그대로 규정되고 있지만, 2항 이하에서는 다음과 같이 상세히 새롭게 규정되었으나 내용에 큰 차이가 있는 것은 아니다.

> ② 모든 국민은 장애·질병·노령·실업·빈곤 등 다양한 사회적 위험으로부터 벗어나 적정한 삶의 질을 유지할 수 있도록 사회보장을 받을 권리를 가진다.
> ③ 모든 국민은 임신·출산·양육과 관련하여 국가의 지원을 받을 권리를 가진다.
> ④ 모든 국민은 쾌적하고 안정적인 주거생활을 할 권리를 가진다.
> ⑤ 모든 국민은 건강하게 살 권리를 가진다. 국가는 질병을 예방하고 보건의료 제도를 개선하기 위하여 노력해야 하며, 이에 필요한 사항은 법률로 정한다.

정부개헌안은 인간다운 생활을 할 권리를 제35조에서 규정하는데 그 1항은 현행 헌법 제34조 1항과 같이 "모든 국민은 인간다운 생활을 할 권리를 가진다"고 규정한다. 여기서도 '국민'을 '사람'으로 바꿀 필요가 있다.

정부개헌안 35조 2항은 사회보장에 대해 "모든 국민은 장애·질병·노령·실업·빈곤 등 다양한 사회적 위험으로부터 벗어나 적정한 삶의 질을 유지할 수 있도록 사회보장을 받을 권리를 가진다"고 규정한다. 이는 현행헌법 제34조 2항에서 "국가는 사회보장·사회복지의 증진에 노력할 의무를 진다"를 보다 구체적으로 규정한 것으로 타당하다.

또 현행헌법 제34조 3항에서 여자의 복지와 권익 향상 조항을 "모든 국민은 임신·출산·양육과 관련하여 국가의 지원을 받을 권리를 가진다"로 바꾸었다. 이는 앞에서 본 여성에 대한 차별철폐 조항 등과 관련되어 이해되어야 한다.

현행헌법 제34조 3항의 주거생활권은 정부개헌안 제35조 4항의 "모든 국민은 쾌적하고 안정적인 주거생활을 할 권리를 가진다"로, 현행헌법 제36조 3항의 건강권은 정부개헌안 제35조 5항의 "모든 국민은 건강하게 살 권리를 가진다. 국가는 질병을 예방하고 보건의료 제도를 개선하기 위하여 노력해야 하며, 이에 필요한 사항은 법률로 정한다"로 바뀌었다. 이러한 문장의 보완 및 조항의 정리 등은 타당하다.

현행헌법 제34조 4항의 노인 및 청소년 복지 조항과 동조 5항의 장애인 보호조항은 정부개헌안 제36조에서 별도 개별 조항으로 상세히 규정되었다.

① 어린이와 청소년은 독립된 인격주체로서 존중과 보호를 받을 권리를 가진다.

② 노인은 존엄한 삶을 누리고 정치적·경제적·사회적·문화적 생활에 참여할 권리를 가진다.

③ 장애인은 존엄하고 자립적인 삶을 누리며, 모든 영역에서 동등한 기회를 가지고 참여할 권리를 가진다.

또 현행헌법 제34조 6항의 재해예방권은 정부개헌안에서 별도의 독립조항인 제37조에서 상세히 규정되었다.

① 모든 국민은 안전하게 살 권리를 가진다.

② 국가는 재해를 예방하고 그 위험으로부터 사람을 보호해야 한다.

현행헌법 35조 1-2항의 건강 및 환경권은 정부개헌안 제38조 1항에서 그대로 규정되었다. 정부개헌안은 동조 2항에서 "국가와 국민은 지속가능한 발전이 가능하도록 환경을 보호해야 한다"고 규정하고 동조 3항에서 "국가는 동물 보호를 위한 정책을 시행해야 한다"고 새롭게 규정했다.

현행헌법 제36조 1항의 혼인과 가족생활 조항은 정부개헌안 제39조에 그대로 규정되었다. 그러나 현행헌법 제36조 2항의 모성 보호와 3항의 보건 보호 조항은 삭제되었다.

4. 노동인권

(1) 헌법 및 국제법상의 노동인권

1948년 제정된 제1공화국 헌법 이후 지금까지 헌법이 9차 개정되었으나, 노동인권에 관한 내용에는 실질적인 차이가 없었다. 그 근본 규정은 현행헌법 제10조의 '인간의 존엄과 가치'와 제11조의 '평등'에 대한 규정이고, 더욱 직접적인 노동인권에 대한 제32조와 제33조가 제10조와 제11조를 다시 구체화하고 있다. 그러나 헌법상의 인권은 모두 국민의 기본적 권리이자 국민인 근로자의 기본적인 권리이므로 다른 인권도 무시할 수는 없다. 곧 노동인권에는 사실상 모든 인권이 포함된다.

노동인권의 국제적 기준인 ILO의 인권관계조약은 강제노동에 관한 제29호와 제105호 조약, 사회보장의 최저기준에 관한 제102호 조약, 이주근로자에 관한 제97호와 제143호 조약, 결사의 자유에 관한 제87호와 제98호 조약, 고용정책에 관한 제122호 조약, 근로자대표의 보호에 관한 제135호 조약, 농촌근로자의 단결권에 관한 제141호 조약, 공공근로자의 단결권에 관한 제151호 조약, 남녀동일임금에 관한 제100호 조약, 고용차별에 관한 제111호 조약을 말한다. 그중 더욱 기본적인 것은 제29호, 제87호, 제98호, 제100호, 제105호, 제111호, 제122호 조약이다. 이를 노동인권 7조약이라고 한다. 이러한 조약들은 가입국의 3분의 2 이상이 비준하고 있는 점에서 보편적인 조약이라고도 할 수 있다. 그 밖에도 많은 ILO조약이 있다. 한국은 아직까지 87, 98, 141, 151호 조약을 비준하고 있지 않다. 현 정부는 2019년에 그 네 조약의 비준을 약속했다. 그 비준은 개헌보다 더 강력한 힘을 가질 수도 있다. 일본을 비롯한 여러 나라에서 그 비준이 노동운동의 중요한 이슈로 되어왔으나 한국에서는 반드시 그러했다고 보기 힘들다.

(2) 노동인권 규정의 의의

A. **인권의 상호관련성** — 헌법과 국제인권법에는 여러 가지의 기본적 인권이 규정되어 있다. 노동에 관한 인권보장은 다른 기본적 인권과 밀접하게 관련되어 있다. 이는 인권의 일체적 성격에서 나오는 당연한 것이나, 특히 노동인권은 다른 인권의 보장 없이는 생각조차 될 수 없다고 하는 점에서 더욱 중시될 필요가 있다. 곧 다른 인권의 행사는 반드시 노동인권의 보장과 연대될 필요가 없으나, 노동인권의 행사에는 다른 인권의 보장이 반드시 요구된다는 것이다. 그러나 다른 인권의 행사에도 노동자의 인권보장이 요구되는 경우도 많다. 왜냐하면 대부분의 국민이 노동자와 그 가족이기 때문이다.

여기서 우리는 인권에 관한 분류에 주목할 필요가 있다. 인권을 자유권이나 시민권 그리고 사회권이라고 분류하는 것이 과연 타당할까? 이러한 분류는 학문상의 논의이지 헌법 자체의 분류는 아니다(국제인권법의 그러한 분류는 그것이 제정된 시기의 냉전사고의 반영으로 이해된다). 우리는 시민권이라고 하는 것이 근대적인 시민사회에서 요구되었고, 사회권이 현대의 사회국가에서 비로소 인정된 역사적인 연혁을 서구의 역사에서 인정할 수는 있으나, 우리나라에서는 그 두 가지가 동시에 확보되었음을 주의하여야 한다. 따라서 적어도 한국의 헌법사에 있어서 그 두 가지의 역사적인 구분은 의미가 없다. 국제인권법의 경우에도 그 구분에는 별 의미가 없다.

그러나 학설상 시민권과 사회권은 그 성질상 여러 가지의 학설로 구분되고 있다. 그 대표적인 것이 시민권은 국가로부터의 자유이나, 사회권은 국가에 의해 보장되는 권리라고 하는 구분이다. 그러나 노동권이나 '노동조건권' 그리고 '노동단체권'에도 국가로부터의 자유라는 측면이 강력히 요구되고 있으며, 시민권에도 국가에 의한 권리의 보장이라고 하는 측면이 강하다. 곧 어떤 시민권도 국가에 의한 보장 없이는 실질적으로 보장될 수 없다. 따라서 이러한 구분에는 문제가 있다. 곧 인권을 부당하게 유형화하여 그 내용을 제한할 수 있다고 하는 위험성을 지닐 수 있다.

B. **시민권과 사회권** – 시민권과 사회권의 구별은 보통 역사적으로 설명되고 있다. 전자는 근대자본주의의 그것이고, 후자는 현대자본주의의 그것이라는 설명이다. 그러나 그 성질의 차이에 관한 논의에는 이데올로기적인 요소가 있음을 주의해야 한다. 곧 사회권이란 1917년의 소련 사회주의정부의 수립에 따른 정치적 위협에 대응하여 자본주의의 수정이 요구되어 그것의 일환으로서 정책적으로 규정되었다.

그러나 사회권의 내용이 명확하지 못해 여러 가지 해석이 분분하게 나타났고, 학설의 대세는 그것이 정책 표명에 불과하다는 것으로 굳어졌다. 곧 시민권은 헌법에 의해 직접 효력이 발생하나, 사회권은 헌법의 내용을 보충하는 법률이 제정되어야 그 효력이 발생한다는 것이다. 곧 사회주의국가가 아닌 한, 후자는 프로그램에 불과하다는 것이다.

이러한 논의는 시민권이 국가로부터의 자유이나, 사회권은 국가에 의한 보장이라고 설명한다. 전자는 소극적이나, 후자는 적극적인 국가의 행위를 필요로 한다고 본다. 예컨대 집회의 자유는 부당한 금지로부터의 소극적 자유이나, 근로권은 국가에 의한 취업의 적극적인 보장이라고 한다. 전자는 국가가 자유를 허용하는 것이므로 예산이 필요하지 않으나, 후자는 구체적인 생존의 보장이니 국가의 예산이 뒷받침되어야 한다고 본다. 따라서 전자는 언제 어디서나 즉각 보장되나, 후자는 국가의 경제력과 예산 확보에 따라 점진적으로 보장된다고 한다.

그러나 위와 같은 구분은 극단적인 단순화이다. 시민권, 예컨대 집회의 자유도 국가의 적극적인 보장을 받아야 한다. 곧 집회의 보호를 위한 특별한 법률의 제정이 필요하고, 그것을 제대로 알고 보호하기 위하여 일정한 경찰교육도 필요하며, 집회의 신고 시 그것을 훌륭하게 보장하기 위한 연구도 있어야 한다. 따라서 특수한 인원과 물자가 필요하다. 곧 국가의 적극적인 지원은 물론 경제적 지원도 필요하다.

이러한 설명은 소위 시민권이라고 하는 모든 권리에 해당될 수 있다. 예컨대 현행 헌법 제12조의 '신체의 자유'도 마찬가지이다. 그 구체적인 내용인 자의적인 체포나 구속으로부터의 자유, 유능하고 독립적이며 공정한 법원에 의해 공정한 재판을 받을 권리를 적극적으로 보장하기 위하여 국가는 적정한 법률을 제정하고, 그것을 제대로 실천하기 위하여 유능한 경찰공무원, 검사, 판사 등을 고용하고 훈련시키며, 월급을 주어야 한다. 한국에 있어서 그러한 권리가 제대로 보장받지 못하는 이유에는 검찰과 경찰의 업무능력이 모자라고, 제대로 교육받지 못하며, 월급이 낮은 점도 있다. 따라서 시민권과 사회권을 위와 같이 구분함은 비현실적인 탁상공론이라고 할 수 있다.

현행헌법 제33조가 규정하는 '노동단체권'의 경우 특히 한국에서는 보통 사회권의 하나로 설명하고 있으나, 그것은 위에서 설명한 의미에서의 자유권이라고 봄이 옳다. 그것을 보장하기 위해서라도 관련법규와 관련공무원이 필요하나, 오히려 결사의 자유의 일종으로서 자유권의 측면을 강하게 갖는 것이다. 그러나 노동의 권리와 같은 의미에서 사회권을 국가예산에 의한 적극적인 보장이라고 보는 경우, 노동단체권은 사회권이 아니다. 통설은 '적극적 보장'이란 예산과 무관한 어떤 국가정책의 조치라고도 보나, 어떤 자유권도 사실은 입법이나 행정 또는 사법에 의해 적극적으로 보장되어야 하는 것임을 주의하여야 한다. 아니 헌법에 규정된 것만으로도 적극적인 보장을 의미하는 것이다. 지난 반세기간의 한국 역사에서 국가의 탄압이 극심한 경우는 바로 집회의 자유와 노동단체권이었다.

한국만이 아니라 모든 나라에서 노동단체권은 국가로부터의 자유를 그 불가결의 전제로 하는 권리이다. 노동운동이 단결금지법제의 중압을 이겨내고 자력으로 단결자유를 획득하여 온 국가에서는 노동단체권이 무엇보다도 자유권으로 파악되고 있다. 따라서 노동단체권은 무엇보다도 먼저 '자유'에 해당한다. 모든 인권과 같이 국가에 의해 침해되어서 안 될 뿐만 아니라 적극적으로 보장되어야 하며, 동시에 사용자에 의해서도 침해되어서는 안 되고 적극적으로 보장되어야 한다. 그것에 대한 제한은 현행 헌법 제37조 2항이 규정한 바와 같이 최소한의 행정적 편의를 위한 절차적인 것에 그쳐야 하고, 그 본질이 되는 실체적인 자유·자주성을 침해하는 것이어서는 안 된다. 따라서 노동단체권은 소극적인 자유가 아니라, 적극적인 자유의 보장이다. 우리가 그것을 '적극적인 자유의 보장'이라고 보는 이유는 그것이 다른 인권과 구별되는 점에서가 아니라, 모든 인권이 본래 그러하다는 점에서 그렇게 보는 것에 불과하다. 종래의 한국 통설에 따르자면 그것은 자유권이자 생존권이다. 이렇게 말하는 이유도 모든 인권은 자유권이자 생존권이라고 하는 점에서이지, 다른 인권과 구별하기 위해서가 아니다. 현대국가는 복지국가이다. 시민권(자유권)은 물론 사회권(생존권)도 국가의 적극적 보장에 의해 제대로 실현될 수 있는 것이므로 그 구별의 실익이 없다.

한국에서는 사회권을 '생존권'으로 부르는 경향이 있다. 이는 연혁적으로 독일 바이마르헌법 제151조가 경제생활질서의 기본원칙으로 '인간다운 생활(menschenwürdiges Dasein)'이라는 이념을 규정한 것에서 비롯되었으나, 기본적 인권 분류의 하나로 생존권이라는 개념은 독일의 경우 볼 수 없다. 그러나 그것과 유사한 규정이 일본 헌법 제25조에서 규정되고 제26조 이하에 우리의 사회권에 해당하는 인권이 규정되면서 사회권을 생존권이라고 개념화하자는 주장이 대두했다. 이는 우리 헌법과 일본 헌법의 중요한 차이이다. 그럼에도 불구하고 우리나라에서도 일본의 예를 따라 생존권이라는 개념을 일반적으로 인정하고 있다.

한국에서는 생존권의 법적 근거를 헌법 제34조 1항 곧 "모든 국민은 인간다운 생활을 할 권리를 가진다"에서 찾는 견해가 일반적이다. 그것이 제31조의 교육권, 제32조의 근로의 권리, 제33조의 노동단체권 등을 포괄한다고 한다. 그러나 조문의 순서로 보아 제34조가 제31-33조를 포함하는 일반적인 규정이라고 보기는 어렵고, 제34조 1항은 그 2항의 사회보장권의 근거규정이라고 봄이 합리적이다. 곧 제31-33조는 제34조와 별개로 각각 고유한 내용을 갖는 것이라고 봄이 타당하다.

문제는 헌법 제34조를 제31-33조의 근거로 삼아 무슨 실익이 있느냐 하는 것이다. 이러한 추상적인 규정은 제33조의 해석에 아무런 실익이 없다. 도리어 소위 생존권설이 노동단체권에 대한 침해주체가 국가가 아닌 사용자라고 강조함을 경계해야 한다. 사용자도 침해자이나 국가는 그 이상의 침해자임을 주의해야 한다.

자유권 중에서도 재산권과 노동인권의 관계가 문제된다. 그러나 그 둘은 대립되는 것이 아님을 주의해야 한다. 재산권 중에서도 기업재산권이 노동인권과 대립될 뿐이다. 곧 노동자도 재산권의 향유주체이다. 따라서 문제가 되는 것은 기업재산권의 행사와 관련된 문제, 특히 경영, 인사 및 이윤의 독점과 관련되는 것이다. 이에 대해 경영 참가가 인정된다고 해도 그 최종적인 결정권은 사용자에게 있다고 보는 견해가 있다. 그리고 그 견해는 한국 헌법상 경영 참가에 대한 규정이 없음을 이유로 하여 현행법상은 그러한 경영 참가도 어렵다고 보고 있다. 그러나 경영 참가도 노동조건에 관련되는 한, 헌법 제33조의 단체교섭권의 범위에 드는 것이 분명하므로 그러한 견해에는 문제가 있다. 따라서 경영 참가의 범위를 어디까지로 할 것인가는 단체교섭상의 문제이자 헌법의 문제이다. 경영 참가를 비롯한 노사공동결정의 문제는 헌법 제10조의 '인간의 존엄과 가치'에서 나오는 자기결정권의 문제이기도 하다.

(3) 노동인권과 노동법

노동법은 헌법상의 노동인권규정에 근거하나, 노동법의 모든 내용이 노동인권 차원의 것은 아니다. 곧 헌법에서 바로 그 효과가 규정되는 직접적인 것이 있고, 법률에서 특별하게 인정되는 방법적·기술적·제도적인 것도 있다. 따라서 후자는 노동인권의 그것이라고 할 수 없다. 예컨대 최저임금제 시행 자체와 그것이 '인간의 존엄성을 보장'해야 하는 것은 노동인권의 그것이나, 그 구체적인 시행방법 등은 노동인권적인 차원의 것이 아니다.

　그런데 최저임금은 물론 적정임금을 포함한 노동조건도 '인간의 존엄성을 보장'하는 것이 인권 차원에서 요구되나, 그 구체적인 수준이 어느 정도에서 인권침해적인 것이냐 하는 점에는 논쟁의 여지가 있다. 결국 그 구체적인 판단은 헌법재판소에 의해 내려질 수밖에 없으나, 현행헌법 제34조의 '인간다운 생활을 할 권리'의 수준이 어느 정도인가에 대한 판단을 헌법재판소가 유보한 것에서 알 수 있듯이 그 판단은 어려울 수밖에 없다. 여기서 세계최저기준으로서의 'ILO조약'이 하나의 보편적인 기준이 될 수 있다.

반면 현행헌법 제34조의 노동단체권에 대한 판단은 명확할 수 있다. 물론 이 경우에도 노동단체권의 보장을 위한 방법적인 제도는 노동인권의 그것이 아니다. 예컨대 부당노동행위의 금지는 노동인권의 그것이나, 그 구제방법은 노동인권을 보장하는 것이되 노동인권 그 자체와 관련되는 것이 아니다.

5. 노동권

(1) 일반 규정

제헌헌법 이래 현행헌법까지 노동권은 '근로의 권리'라는 표현으로 규정되었지만, 항상 '근로의 의무'와 함께 규정되었다. 그러나 정부개헌안에서는 처음으로 그 의무 규정이 빠졌다. 근로의 의무는 근로의 권리와 무관하므로 삭제함이 타당하다. 근로의 의무를 법적 의무로 보는 황당한 학설도 존재했고, 윤리적 도덕적 의무라고 보는 견해도 있었지만, 제헌헌법 이래 한국인의 특유한 유교 의식에서 비롯된 도덕주의에서 나온 터무니없는 것이라고 봄이 옳지 않을까? 여하튼 2018년이 되어서야 그 삭제가 공식적으로 논의되었다니 참으로 황당한 일이 아닐 수 없다.

현행 헌법 제32조 1항은 "모든 국민은 근로의 권리를 가진다. 국가는 사회적·경제적 방법으로 근로자의 고용의 증진…의 보장에 노력하여야 한다"라고 규정한다. 이를 정부개헌안은 제33조 1항에서 "모든 국민은 일할 권리를 가지며, 국가는 고용의 안정과 증진을 위한 정책을 시행해야 한다"로 바꾸었다. 정부개헌안이 근로를 노동으로 바꾼 것과 달리 '일할'로 바꾼 것인데, '일할 권리'가 직업 선택의 자유와 어떻게 구별되는 것인지 애매하다는 문제점이 있으므로 '노동의 권리'나 '노동권'으로 바꾸는 것이 적절하다. 노동자의 직업선택의 자유는 실업의 경우 무의미하고 취업의 경우에도 자발적인 선택의 여지가 없으면 역시 무의미하다. 따라서 노동자의 경우 그것은 의미 있는 논의가 아니다. 노동자의 직업선택의 자유를 실질적으로 보장하자는 것이 노동권이다. 사용자의 '채용의 자유'만으로는 노동자의 고용이 충분히 보장될 수 없기 때문이다. 채용의 자유에 의한 국민 일반의 시민권적 보장만으로는 구체적인 노동자의 고용을 보장할 수 없으므로 노동권이 특별히 규정된 것이다.

또 종래 '노력 규정'을 정부개헌안에서 의무 조항으로, "국가는 사회적·경제적 방법으로 근로자의 고용의 증진…의 보장에 노력"한다는 것을 "국가는 고용의 안정과 증진을 위한 정책을 시행해야 한다"로 바꾼 것은 타당하다. "사회적·경제적 방법"이나 "고용 증진"에 제한할 이유도 없었기 때문에 앞의 것을 삭제하고 뒤의 것에 "고용 안정"을 더한 것도 타당하다. 사실 그런 개정이 없어도 그런 내용의 적극적 해석은 당연한 것임에도 기존의 제32조 1항을 프로그램 규정이니 하고 소극적으로 해석했다. 또한 제32조 1항에서 최저임금의 보장을 함께 규정한 것을 개헌안에서는 제33조 2항으로 옮긴 것도 타당하다.

그러나 정부개헌안이 여전히 노동권의 주체를 '국민'으로 규정하여 외국인을 제외한 것은 문제가 있다. 노동권의 주체에 외국인이 포함돼야 한다는 것은 헌법재판소에서도 이미 인정한 적 있으나, 이를 제외했다는 것은 인권이 후퇴했다고 볼 수 있다.[1]

(2) 특별 규정

현행헌법 제32조 6항의 "국가유공자·상이군경 및 전몰군경의 유가족은 법률로 정하는 바에 따라 우선적으로 근로의 기회를 부여받는다"는 것은 정부개헌안 제33조 7항에서 "의사자(義死者)"를 포함하고 '근로'를 '노동'으로 대체하는 것으로 바뀌었으나, 이 조항을 이렇게 확대하여 반드시 유지해야 하는지에 대해서는 의문이 있다. 현행헌법 조항은 1980년의 소위 5공헌법에서 최초로 규정된 것으로서 종래 법률에 의한 국가유공자 등의 공무원 채용 시 우대에 대한 위헌 시비를 봉쇄하기 위한 것이었다. 현행헌법 제11조 1항은 국민의 평등을 규정하고, 동 3항은 훈장 등의 영전이 이를 받은 자에게만 효력이 있고 어떤 특전도 따르지 아니한다고 규정하고 있다. 국가유공자의 경우 그 유공에 대한 찬양은 있을 수 있으나 어떤 특전도 인정되어

---

1 헌재 2007.8.30. 선고 2004헌마670결정 등.

서는 안 되므로 제32조 6항은 평등권에 위배된다. 특히 그것은 국가유공자만이 아니라 전몰군경의 유가족에 대한 특전도 인정하고 있어서 문제였는데 여기에 의사자까지 포함시키는 것에는 문제가 있다.

한편 정부개헌안에는 제33조 8항에 "국가는 모든 국민이 일과 생활을 균형 있게 할 수 있도록 정책을 시행해야 한다"는 조항이 새로 들어갔다. 이는 종래 양성평등기본법 제26조에 규정된 것을 수정하여 정부개헌안에 첨가시킨 것이지만 반드시 첨가해야 하는 것인지 의문이다.

해고 보호를 헌법에 명시하자는 의견이 있었으나 정부개헌안에는 포함되지 않았는데 노동법 차원에서 규정해도 무방하다. 또한 무기고용과 직접 고용 원칙을 헌법에 명시하자는 주장이 있었으나 개헌안에는 포함되지 못했는데, 이는 현대 노동 형태의 다양한 변화에 대응하지 못하게 할 수 있다는 점에서 문제가 있고, 따라서 역시 노동법 차원에서 규제함이 옳다. 비정규직 문제는 도리어 헌법상의 차별금지 사유로 규제해야 할 것이다.

6. 노동조건권

(1) 규정 형식의 문제

1980년 이전의 헌법은 근로조건의 법정과 여자 및 소년근로의 특별보호만을 규정했으나, 1980년의 제8차 개헌, 곧 제5공화국 헌법에와서 적정임금의 보장과 인간의 존엄성을 보장하는 근로조건의 법정으로 바뀌었고, 1987년의 제9차 개헌, 곧 제6공화국 헌법에 와서 최저임금제 보장을 규정했다. 기존에도 임금이 근로조건의 하나로 이해되었으나, 적어도 헌법의 태도로 미루어 보면 근로의 대가인 임금을 별도로 인정해야 할 것이었다. 그러나 근기법 등은 여전히 임금을 근로조건의 하나로 규정하고 있다. 임금은 광의의 노동조건인 근로의 대가, 바로 곧 그 상환가치이다. 협의의 근로조건인 근로제공의 시간적·공간적인 상황적 조건과 구분될 수 있으므로 여기서는 노동조건권의 하나로 볼 수 있다.

헌법은 근로의 권리와 함께 근로조건을 규정하나 세계인권선언 및 사회권규약은 별도의 조문으로 규정하고 있다. 즉, 현행헌법 제32조 3항은 인간의 존엄성을 보장하는 근로조건의 법정, 동 4항은 여자근로자의 특별한 보호와 평등, 동 5항은 연소자 근로자의 특별보호를 규정하고 있다. 한편 세계인권선언 23조 1항은 공정하고 유리한 근로조건의 권리, 2항은 차별이 없는 동일노동·동일임금의 권리, 3항은 본인과 가족의 인간의 존엄성을 보장하는 공정하고 유리한 임금 및 필요시의 다른 사회적 보호수단에 의한 보충을 받을 권리까지 인정한다. 마찬가지로 사회권규약 7조는 공정하고 유리한 근로조건을 누릴 권리를 규정하고, 공정 임금 및 동일가치 노동에 대한 동일 임금, 그리고 노동환경과 노동시간 등을 규정한다.

현행헌법의 규정형식은 근로의 권리와 근로조건에 관한 권리를 별도로 규정한 '세계인권선언 및 사회권규약'보다 후진적이다. 1948년에 선포된 세계인권선언과 1966년에 제정된 국제인권규약은 헌법개정 시 참고 될 수 있었으나, 제1공화국 헌법 이후 헌법은 일관하여 근로의 권리와 근로조건의 법정을 함께 규정했고, 후자를 권리로 규정하지 않았다. 이처럼 한국 헌법의 규정형식은 권리의 보장임을 명정한 것은 아니나, 그 성질상 당연한 권리로 인정되어야 한다. 이는 사회권규약에 의해 분명해진다. 이를 인간의 존엄성을 보장하는 근로조건에 관한 권리, 곧 '근로조건권'이라고 필자는 개념화했다.

근로조건권은 근로조건에 대한 일반 권리 조항을 둔 뒤 임금과 여성 및 연소자에 대한 특별규정을 두는 순서로 바꿀 필요가 있다. 그러나 정부개헌안에서도 본래의 순서는 바꾸지 않았다.

(2) 노동조건의 인권성

현행헌법 제32조 3항에서 "근로조건의 기준은 인간의 존엄성을 보장하도록 법률로 정한다"를 정부개헌안 제33조 4항은 "노동조건은 노동자와 사용자가 동등한 지위에서 자유의사에 따라 결정하되, 그 기준은 인간의 존엄성을 보장하도록 법률로 정한다"로 바꾸었다. 이는 근기법 제4조를 헌법으로 끌어온 것인데, 노사대등과 자유의사에 따른 노동조건 결정의 원칙은 현행헌법 조항의 해석론으로서도 당연히 나오는 것이다. 세계인권선언 및 사회권규약처럼, "노동자는 인간의 존엄성을 보장하는 노동조건을 누리는 권리를 갖는다"라고 규정함이 바람직하다.

정부개헌안에서 근기법상의 '사용자'라는 용어를 그대로 사용함은 문제가 있다. '사용'이라는 말은 보통 물건을 사용하는 경우에 쓰이기 때문이다. 따라서 '고용인'이라는 말이 적합하고, 이에 대응하는 말로는 '피용인'이라는 말을 사용하는 것이 적절하다.

(3) 적정임금 및 최저임금 보장

앞에서 보았듯 현행 헌법 제32조 1항에 포함된 최저임금 부분을 정부개헌안 제33조 2항으로 분리시킨 것은 타당하다. 후자는 "국가는 적정임금을 보장하기 위하여 노력해야 하며, 법률로 정하는 바에 따라 최저임금제를 시행해야 한다"고 규정하고 있다. 최저임금의 수준을 '노동자의 생활 안정과 노동력의 질적 향상을 보장'하는 수준 등으로 정하자는 의견도 있으나 어느 것이나 추상적이기는 마찬가지이다. 굳이 수준을 규정한다면 사회권규약 제7조에서처럼 "노동자 및 그 가족이 이 헌법에 적합한 생활수준을 보장"하는 수준으로 정할 필요가 있을 것이다.

정부개헌안 제33조 3항에서는 "국가는 동일한 가치의 노동에 대해서는 동일한 수준의 임금이 지급되도록 노력해야 한다"를 신설하였는데 당연히 옳다. 기본소득을 명시하자는 의견도 있으나, 이는 임금과는 다른 성격을 갖는다. 내용이 찬반 논의가 있는 만큼 헌법에 포함시키기에는 문제가 있다.

(4) 여성, 연소자, 노인, 장애인 노동

현행헌법 제32조 4항 "여자의 근로는 특별한 보호를 받으며, 고용·임금 및 근로조건에 있어서 부당한 차별을 받지 아니한다"를 정부개헌안 제33조 5항은 "모든 국민은 고용·임금 및 그 밖의 노동조건에서 임신·출산·육아 등으로 부당하게 차별을 받지 않으며, 국가는 이를 위해 여성의 노동을 보호하는 정책을 시행해야 한다"로 바꾸고, 현행헌법 제32조 5항의 "청소년의 근로는 특별한 보호를 받는다"를 정부개헌안 제33조 6항에서는 "연소자의 노동은 특별한 보호를 받는다"로 바꾸었다. 여자를 여성으로, 청소년을 연소자로 바꾸는 것은 타당하다.

그러나 여성과 연소자의 노동을 특별히 보호한다는 규정이 도리어 차별을 정당화한다는 논의가 있다. 그래서 정부개헌안은 현행헌법 제34조 4항의 노인과 청소년의 복지에 관한 규정을 별도의 조항인 제36조에서 "① 어린이와 청소년은 독립된 인격주체로서 존중과 보호를 받을 권리를 가진다. ② 노인은 존엄한 삶을 누리고 정치적·경제적·사회적·문화적 생활에 참여할 권리를 가진다. ③ 장애인은 존엄하고 자립적인 삶을 누리며, 모든 영역에서 동등한 기회를 가지고 참여할 권리를 가진다"라고 바꾸었다. 이처럼 신설된 제36조에서는 당연히 연소자 노동의 보호가 포함되어 정부개헌안 제33조 6항이 별도로 규정될 필요가 있을지 의문이지만, 제33조 6항을 특별법으로 본다면 무방하다.

그러나 여성노동의 보호에 관련된 포괄적인 조항은 정부개헌안에서 규정되지 못했다. 제11조 2항에서 "국가는 성별 또는 장애 등으로 인한 차별 상태를 시정하고 실질적 평등을 실현하기 위하여 노력해야 한다"는 조항을 신설하는 것에 그쳤다.

7. 노동단체권

(1) 일반 규정

현행헌법 제33조 1항의 "근로자는 근로조건의 향상을 위하여 자주적인 단결권·단체교섭권 및 단체행동권을 가진다"고 규정한 것을 정부개헌안 제34조 1항에서 "노동자는 자주적인 단결권과 단체교섭권을 가진다"고 적시했다. 그리고 동 2항에서 "노동자는 노동조건의 개선과 그 권익의 보호를 위하여 단체행동권을 가진다"고 분리 규정한다. 하나의 조항으로 규정한 단결권·단체교섭권 및 단체행동권을 단결권·단체교섭권과 단체행동권으로 분리 규정할 필요가 있을까?

이는 정부개헌안 논의과정에서 단결권의 자유권성을 반영한 것이지만, 나는 단결권만이 아니라 단체교섭권과 단체행동권의 자유권성도 인정해야 한다고 본다. 본래의 법리적 성격만이 아니라, 한국에서 노동단체권을 생존권 내지 사회권이라는 이유로 그것을 법률에 의해 과도하게 제한한 것에 대한 반성에서 나온 것이기도 하다(따라서 국가로부터의 자유를 강조한 것이다).

그러나 제헌헌법처럼 '권리'가 아니라 '자유'로 규정한다고 해서 법률에 의한 제한이 반드시 없어진다고 볼 수는 없다. 1963년 5차 개헌에서 '자유'를 '권리'로 바꾼 것은 보다 더 돈독하게 보장한다는 취지이지, 법률로 더욱더 제한할 수 있도록 하기 위해서는 아니었다.

이미 권리로 굳어진 것을 굳이 '자유'로 바꿀 필요는 없다. 본래의 자유권적 취지에 맞게끔 법률이나 판례나 학설이 바뀌는 것으로 충분할 것이다. 또한 단결권·단체교섭권 및 단체행동권을 별도로 규정할 필요도 없다.

노동단체권의 주체가 '근로자'에서 '노동자'로 바뀐 것은 타당하지만 종래 소위 특수한 노동자나 실업자 등을 노동단체권의 주체에서 배제한 법률 및 판례 해석의 문제점을 근본적으로 해결하고자 하면 세계인권선언이나 사회권규약에서처럼 '모든 사람'으로 바꿀 필요도 있다. 물론 근기법이 아니라 노조법 등 노동단체법의 노동자 정의 규정을 제대로 해석만 해도 그런 문제점은 해결될 수 있었다. 그러나 정부 및 여론 측의 반노동단체적 성격의 일관성을 근본적으로 바꾸고자 하면 특수노동자는 물론 실업자나 일반인의 노조 가입까지 인정하기 위해 '모든 사람'으로 바꾸는 것이 타당하다. 그 경우 결사의 자유와의 구별이 불분명하게 된다는 지적도 있지만, 단결권을 비롯한 노동단체권이 노동조합 등 노동단체의 권리를 뜻한다는 것은 이미 분명한 사실이다. 굳이 명시한다면 사회권규약에서처럼 '노동조합'의 단결 등이라는 점을 명시하면 된다.

한편 현행헌법 조항의 '근로조건의 향상을 위하여 자주적인'이라는 목적과 성격은 1980년 이전의 헌법에는 존재하지 않다가 1980년의 소위 제5공 헌법개정 시에 새로이 추가된 내용으로 1987년 개정 시에도 그대로 유지되어 지금까지 잔존하고 있다. 이 규정은 '헌법상의 권리의 목적이나 성격을 규정할 수 있느냐' 하는 문제, 그리고 '이러한 규정이 어떤 성격을 갖는 것이냐' 하는 문제와 함께 기타 많은 문제를 야기했다. 노동단체권은 당연히 근로조건의 향상을 위한 것이나 그것만이 목적인 것은 아니다.

따라서 정부개헌안에서 단결권과 단체교섭권의 경우 '근로조건의 향상'이라는 목적의 제한을 삭제한 것은 타당하지만, 단체행동권의 경우에는 적절하지 않다. 왜냐하면 노동단체의 기능은 끊임없이 변하기 때문이다. 국가가 노동단체권의 내용 중 목적을 그렇게 정하고자 해도 그것은 사실 무의미하다. 국가는 처음부터 노동단체권을 추인한 것에 불과하고 노동단체의 단결, 단체교섭 및 단체행동은 이미 존재했다. 헌법은 그것을 확인한 것에 불과하다. 그러면서도 그 목적을 제한하고자 하는 태도는 사실상 노동단체권의 보장이 아니라, 그것을 제한하려는 의도가 처음부터 있었다는 오해를 받을 수도 있다. 실제로도 이런 형태의 조항은 정치활동 제한 등의 부당한 목적 제한을 위해 오용되어 왔다. 따라서 현행헌법의 '근로조건의 향상'이라고 하는 목적도 노동단체의 일반적인 목적을 규정한 것에 불과한 것이지 노동단체가 다른 목적을 부수적으로 가져서는 안 된다든가 하는 것을 제한하는 것으로 해석될 수 없다. 또한 모든 단체와 같이 다른 인권의 주체임을 부정한 것이 아니었다. 그러므로 노동단체에 의한 정치활동 권한은 헌법상 당연히 인정되어야 한다. 따라서 목적 제한을 단결권에서 삭제한 것은 타당하고, 단체교섭권 및 단체행동권에서 그것을 남긴 것은 부당하다.

한편 '자주적인'이란 말은 정부개헌안의 단결권 단체교섭권에 그대로 살아있다. 그러나 권리에 '자주적인' 것이 있고 그것과 반대되는 '타주적인' 것이 있다고 전제하지 않는 한, '자주적인' 이라고 하는 규정도 제대로 이해될 수 없다. 노동단체권은 그 본래의 성격상 당연히 근로자에 의해 형성되는 자주적인 것이지 근로자에 대립되는 사용자가 참여할 수 없다. 그러나 근로자 이외의 제3자가 노동단체에 자유롭게 참여함은 당연히 인정된다. 이에 대해서도 제5공의 헌법제정자들이 구 노조법 및 노쟁법에 규정한 제3자 개입금지의 근거규정으로 헌법상 '자주적인'이란 수식을 만든 것이라면 제3자 개입금지가 합헌이라고 하는 근거가 될 수도 있었다. 요컨대 다른 권리에는 부가되지 않는 이러한 수식이 붙은 이유는, 제5공화국 군사정권이 노동운동을 제한하고자 한 정책적 의도에서 비롯된 것이라고 보아야 한다. 따라서 '자주적인'이라는 표현은 삭제되어야 한다. 법률을 해석할 때에도 마찬가지로 무시되어야 마땅하다. 굳이 그 의미를 해석한다면 그것은 광범한 의미로 이해해야 한다.

(2) 사업운영참가권

노동단체권 안에 사업운영참가권을 인정하자는 견해도 있었으나 개헌안에서는 채택되지 않았다. 제헌헌법의 '이익분배균점권'처럼 현실적으로 거의 무망한 것이라고 봐도 좋지 않을까? 노동조합 조직률이 상당한 정도에 이르고, 비정규직의 조직화도 높아져서 노동의 힘이 공동결정이나 노동이사 또는 노동감사 등의 권리를 쟁취할 정도에 이르렀을 때 다시 고려해도 좋을 것이다. 그런 정도의 힘이 생긴다면 개헌에 의하지 않더라도 법률에 의해 경영참가는 가능해질 것이다. 이에 대해 조직률이 너무나 약하기 때문에 사업운영참가권이 더욱 필요하다는 주장도 있을 수 있다. 그러나 경영권을 강조하는 사회 분위기에서 채택되기 어려울 것이다. 문제는 노동자와 노동조합의 힘이다. 그리고 앞에서 보았듯이 헌법해석의 힘이다. 독일에서와 같이 헌법 제10조의 해석으로부터 공동결정권은 인정될 수 있기 때문이다.

(3) 공무원의 노동단체권

현행헌법 제33조 2항의 "공무원인 근로자는 법률이 정하는 자에 한하여 단결권·단체교섭권 및 단체행동권을 가진다"고 한 것을 정부 개헌안 제34조는 3항에서는 "현역 군인 등 법률로 정하는 공무원의 단결권, 단체교섭권과 단체행동권은 법률로 정하는 바에 따라 제한하거나 인정하지 않을 수 있다"로 바꾸었다. 이러한 규정 형식의 변화는 공무원 노동단체권의 원칙적 인정이냐 부정이냐에 따른 광협의 차이를 낳는 것이기도 하지만, 실질적으로 그 차이는 없을 수도 있다. 따라서 공무원의 노동단체권에 대한 규정을 두지 말고 이를 헌법상 인권의 제한 규정에 의해 제한하도록 두는 것이 바람직하다. 굳이 규정한다면 군대 및 경찰의 공무원으로 명시할 필요가 있다.

공무원도 헌법 제33조에서 말하는 근로자인 이상, 다른 근로자에게 주어지는 노동단체권이 주어져야 함은 헌법의 원칙이며, 그것을 부정하는 어떤 논리도 기본적 인권의 존중을 지상명제로 하는 헌법정신을 무시하는 것이다. 따라서 이러한 헌법 및 관련법규는 조속히 폐지시켜야 한다.

또 현행헌법 제33조 3항의 "법률이 정하는 주요 방위산업체에 종사하는 근로자의 단체행동권은 법률이 정하는 바에 의하여 이를 제한하거나 인정하지 아니할 수 있다"를 정부개헌안 제34조 4항에서 "법률로 정하는 주요 방위산업체에 종사하는 노동자의 단체행동권은 필요한 경우에만 법률로 정하는 바에 따라 제한하거나 인정하지 않을 수 있다"고 바꾸어 규정한다. 약간의 자구 수정이 있지만 크게 변화가 없다. 방위산업체라고 해서 특별 규정을 둘 이유는 전혀 없다. 특별 취급을 할 필요가 있다고 해도 앞에서 지적한 공무원 노동단체권의 제한처럼 별도의 제한 규정을 두지 말고 일반적인 인권의 제한 규정에 의하는 것이 타당하다.

2014년 국회의장 자문 헌법개정자문위원회의 개정안이나 국가인권위원회 개헌안에서처럼 필수공익기관의 단체행동권을 제한하는 조항이 제시된 적이 있지만, 이는 그런 국가기관 등이 도대체 인권이 무엇인지도 모르는 기관이 아닌지 의심하게 만든다.

8. 인권의 제한

현행헌법 제37조 2항이 "국민의 모든 자유와 권리는 국가안전보장, 질서유지 또는 공공복리를 위하여 필요한 경우에 한하여 법률로써 제한할 수 있으며, 제한하는 경우에도 자유와 권리의 본질적인 내용을 침해할 수 없다"고 규정하고 있는 것을 개헌안 제40조 2항은 "모든 자유와 권리는 국가안전보장·질서유지 또는 공공복리를 위하여 필요한 경우에만 법률로써 제한할 수 있으며, 제한하는 경우에도 자유와 권리의 본질적인 내용을 침해할 수 없다"고 바꿨지만 내용은 동일하다.

문제가 된 것은, 첫째 '필요한 경우'란 말의 뜻이었다. 그것은 다른 방법으로는 국가안전보장 등이 달성될 수 없는 불가피성이 있는 경우를 말한다. 예컨대 군인이나 경찰의 단체행동권보장은 국가안전보장을 위해 제한하고 있다.

둘째, '본질적인 내용'이란 그 제한이 절차적인 차원에서는 가능해도 그 권리의 핵심은 금지될 수 없음을 뜻했다. 예컨대 노동쟁의를 조정하기 위한 절차가 부과되어 일시적으로 단체행동권의 행사가 정지되는 경우이다. 이에 대해 대법원은 노동단체권 중에서 단체교섭권을 '중핵적 권리'라고 보고 있으나(대판 1990. 5.15, 90 도 357호), 이러한 논리는 부당하다. 만일 그 해석이 단결권과 단체행동권은 제한 또는 금지되어도 무방하다는 것이라면 이는 논리적으로도 부당하다(단결권 없는 단체교섭권은 있을 수 없다). 노동단체권을 구성하는 단결권, 단체교섭권 및 단체행동권은 어느 것이나 헌법상의 기본적 인권이다. 그 어느 권리도 본질적인 내용을 갖는다는 점을 부정하는 것이 된다. 그러나 이러한 판례의 문제점을 개헌으로 막을 수는 없다.

이와 관련하여 자유권규약 4조는 긴급사태시라고 해도 평등권과 함께 제6조(생명권), 제7조(고문 등의 금지), 제8조 1항 및 2항(노예 강제노동 금지), 제11조(채무불이행에 의한 구금 금지), 제15조(소급처벌 금지), 제16조(인간으로 인정되는 권리), 제18조(사상 양심 및 종교의 자유)는 위반될 수 없다고 규정한다. 정부개헌안에는 이러한 규정이 없으나 필요하다고 본다.

9. 경제

인권은 경제민주화와 직결된다. 현행헌법 제119조 1항의 "대한민국의 경제 질서는 개인과 기업의 경제상의 자유와 창의를 존중함을 기본으로 한다"를 정부개헌안 제125조 1항은 그대로 규정하고, 2항도 "국가는 균형 있는 국민경제의 성장 및 안정과 적정한 소득의 분배를 유지하고, 시장의 지배와 경제력의 남용을 방지하며, 경제주체 간의 상생과 조화를 통한 경제의 민주화를 실현하기 위하여 경제에 관한 규제와 조정을 할 수 있다"고 하여 종래 규정에 "상생과"를 더한 것에 그치고 있다. 새로운 첨가는 3항에서 "국가는 지역 간의 균형 있는 발전을 위하여 지역경제를 육성할 의무를 진다"고 한 것이다. 현행헌법 제122조도 정부개헌안 제126조로 바뀌면서 약간의 자구 수정이 있으나 특별한 변화는 없다.

2018년 현재 한국은 헌법의 3분의 2 고지까지 올랐다는 평가가 있다.[1] 이러한 평가는 헌법의 위치와 향후 목표를 정하기 위한 것으로, 나머지 3분의 1은 사회복지국가가 되기 위한 고지라고 한다. 이

---

[1]   강경선, 『헌법의 기초』, 한국방송대학출판문화원, 2017, 39쪽.

러한 평가와 반드시 같은 맥락은 아니지만, 헌법의 자유권은 1987년 헌법에서 달성되었으나 노동인권은 아직도 불완전하여 2018년 개헌은 노동인권의 완성에 있다는 주장이 민주노총에서 제기되었다.[1] 나는 위의 견해에 반드시 동의하지는 않으나 현재 노동인권이 가장 중요하다고 생각해 그것을 중심으로 지금까지 논의했다.

그러나 위에서 보았듯이 무엇보다도 생명권과 사상권이 없는 자유권을 제대로 된 자유권이라고 할 수 있는가? 특히 사상권이 보장되지 않는 상황에서 노동인권이 사상적으로 의문시되기 일쑤인 현실의 문제점을 과연 극복할 수 있을까? 그런 점에서 사상권을 명시하지 않은 이번 정부개헌안에는 치명적인 문제가 있다.

물론 정부개헌안을 전면적으로 부정할 수는 없다. 앞에서도 말했듯이 국민을 사람으로, 근로를 노동으로 바꾸는 등의 개정작업은 칭찬해 마땅하다. 그러나 노동인권에서 국민이란 말이 여전히 사용되고 있다는 점은 비판되어야 마땅하다. 또한 노동단체권의 목적과 성질을 규정함도 그것이 전두환 헌법의 유물이라는 점만이 아니라, 어떤 인권에도 목적과 성질이 명시될 수 없다고 하는 원칙을 벗어나 있기에 문제가 있다. 그리고 '노동조건권'을 인권의 하나로 명시하지 않았다는 것 역시, 정부의 노동인권에 대한 무지를 드러내고 있는 실정이다.

---

1   2018년 2월 20일, 〈노동헌법개정 국회토론회〉 자료, 55쪽 이하

10. 법원

현행헌법 제101조 1항이 "사법권은 법관으로 구성된 법관으로 구성된다"는 것을 정부개헌안 제101조 1항은 "사법권은 법관으로 구성된 법원에 있다. 국민은 법률로 정하는 바에 따라 배심 또는 그 밖의 방법으로 재판에 참여할 수 있다"고 바꾸어 법원이 배심 등에 의해 구성될 수 있도록 하고 있음은 타당하다.

인권의 미래

이 책의 머리말에서 나는 한국은 "인권과 반인권의 대결장"이라고
했다. 그 첨예한 대결은 2017년 대선 토론 중, 어느 후보가 다른 후
보에게 흉악한 살인범에 대한 사형에 찬성한다면 자신이 관련되었
던 성폭력범에 대한 사형에도 찬성하느냐고 물었던 것이었다. 자신
이 친구의 성폭력 모의에 가담한 사실을 자서전에 썼던 후자는 무
슨 비열한 말을 하려고 하느냐고 즉각 반발했다. 그는 그전에 그것
이 "철없는 젊은 시절의 실수"라고 하며 사과했지만. 그 사과는 진
정성이 조금도 없이 마지못해 한 것이었음이 드러났다. 심지어 그는
끊임없이 여성 모멸적인 발언을 쏟아냈다. 선거 몇 달 전 공무원들
을 대상으로 한 강연에서 자신과의 미팅을 거부한 여성에 대해 '씨
x년'이라고 욕하기도 했다. 이런 자가 어떻게 대통령 선거의 후보가
될 수 있었을까? 우리나라에서 가장 긴 역사를 자랑한다는 정당의
대통령 후보가 될 수 있었을까? 불행하게도 이는 우리의 인권 수준
을 보여준다. 간단히 말해서 한국은 아직도 인권 후진국이다. 저런
반인권의 인간들이 대통령이 되려고 설치는 인권 야만국이다.

위에서 말한 선거 토론에서 사형을 둘러싸고 다툰 두 후보도 기

본적으로 사형제도에 찬성하는 보수주의자라는 점에서, 같은 반인권적 의견을 가진 자들이었다. 인권 차원에서 사형의 존치와 철폐를 둘러싸고 벌인 논쟁이 아니라, 상대 후보의 자질을 비판하기 위해 사형이라는 문제를 이용한 것에 불과했다. 성폭행을 모의한 후보는 사형을 받을 만큼 악독한 자라는 것을 부각시키기 위해서였다. 그렇게 주장한 후보는 한국의 보수 정치인답게 성폭행범에 대해 사형을 인정해야 한다고 주장하지는 않았지만, 우리는 많은 나라에서 성폭행범에 대해 사형을 인정한 역사가 있음을 알고 있다. 이 점도 한국과의 현저한 차이를 보여준다. 우리 형법에서 강간은 2년 이상 징역형에 불과하지만 다른 나라에서는 강간을 더욱 무겁게 처벌하고 심지어 사형을 인정한 경우도 많았다.

한국에서 성폭행은 얼마 전까지만 하더라도 그렇게 중한 벌로 다스려지지 않았고 도리어 남자다운 짓으로 미화되는 경향까지 있었다. 위에서 말한 성폭행 모의의 후보는 한국에서 둘째간다는 소위 명문 법과대학의 학생이었을 때 그런 모의를 했다는 것이다. 그 뒤 그는 검사로 출세했다. 그러나 '검사가 성폭행하는 것쯤이야' 하는 생각으로 그다지 심각한 범죄로 보지 않았을 수도 있다. 출세를 위한 정치적 사건을 해결하는 데만 몰두했을 수도 있다. 그 뒤 그는 여당의 당수나 국회의원이나 도지사까지 지냈지만 남존여비를 자신의 보수적 가치의 하나로 계속 지녔을 가능성도 분명히 있다. 남존여비는 아직까지 사라지지 않고 있다. 남존여비라는 한국적 반인권 전통의 수호자처럼 보인 후보가 가장 급격한 인기를 얻어 선거

결과 제2위를 했다. 비록 대통령에 당선되지는 못했지만 그는 그 대통령에 대한 가장 강력한 대항마로 떠올랐다. 이제 그는 온갖 반인권의 수단을 다 동원해 다시 대통령에게 도전할 것이고, 차기 대통령직에도 도전할 것이다. 그래서 다시 반인권의 주장들이 넘쳐날 것이다. 이처럼 우리의 인권 미래는 어둡다. 조금이라도 방심해서는 안 된다. 반인권의 좀비들이 설치는 나라이기 때문이다. 심지어 그것들이 반인권을 주장하면서 인권을 이용하는 것을 주의해야 한다. 그야말로 인권이 악용되고 있다. 인권의 악용은 국내정치만이 아니라 국제정치에서도 자주 나타난다. 특히 강대국이 약소국에 대해 인권 탄압을 이유로 하여 비난하며 자국의 이익을 도모하는 '인권의 제국주의'를 방불하게 하는 사례가 너무나도 흔하다. 이라크 대량살상무기를 가지고 인권을 억압한다는 이유로, 미국과 영국이 침공을 한 뒤 그 무기를 찾지 못하자 더욱더 인권을 앞장세우며 자신들의 만행을 합리화했다. 여기에는 정치가들만이 아니라 프리드먼(Thomas Friedman, 1953~)과 같은 보수적 언론인이나 퍼거슨(Nial Ferguson, 1964~) 같은 제국주의 연구자는 물론 종래 인권을 중시한 이그나티에프(Michael Ignatieff, 1947~)나 히친스(Christopher Hitchins, 1949~2011)와 같은 진보적 언론인과 학자들까지도 가담했는데, 이들은 대부분 한국에서 세계의 다수 의견을 반영하는 자들인 것처럼 받아들여지고 있어서 더욱 문제다. 미국은 그 '우방'이라는 여러 나라가 남한의 박정희나 전두환처럼 독재를 일삼아온 것을 지원해왔다. 이처럼 타국에 대해 언제나 민주주의와 인권을 주장하면서도 자신은 가장 비인권적인 독재국가를 지원하여 자국의 국익을 도모하는 미국의 모순을 단적으로 보여준다. 그러나 그런 미국의 위선은 우리에게 제대로 알려져 있다. 미국에서도 소수의견이라고 할 수 있는 촘스키나 사이드 같은 사람들의 의견은 우리나라에서도 여전히 소수의견이다. 이러한 미국 중심의 인권 제국주의를 벗어나야 하는 점도 인권의 미래에 놓여있는 또 하나의 중요한 과제이다. 나아가 미국 자신이 흑인 및 유색인 인종차별을 비롯하여 사형제도의 용인이나 ILO의 국제노동기준을 제대로 지키지 않는 인권 후진국으로서의 면모까지도 보여준다. 인권의 최선진국이라고 자처하는 미국이야말로 세계인권선언과 국제인권규약을 비롯한 국제인권법 체계에서 가장 멀어진 나라라고 볼 수도 있다. 미국의 인권정책은 앞으로도 세계의 인권보장에 중요한 영향을 끼칠 것이다. 지금까지 우리는 인권의 탄생으로부터 인권의 죽음까지, 민족적 인권을 위시한 신체적, 정신적, 정치적, 경제적, 사회적 인권을 살펴보았다. 앞에서 1980년대를 인권의 죽음이나 자유의 인권이라고 표현한 것이 과장일지 모르지만 21세기에 바라보는 인권의 미래는 반드시 낙관할 수 없다. 앞에서 보았듯이 신체적 인권을 세계 최초로 규정한 마그나카르타와 같이 중세에도, 근대에도 인권의 역사에서 중요한 사건이 존재했지만 인권이 중세에나 근대에 범세계적으로 보장되었다고는 결코 말할 수 없다. 인권이 범세계적으로 보장될 수 있는 최소한의 조건이 충족된 것은 대부분의 민족이 그 자결권의 행사로 독립을 한 1960년대 이후였다. 그러나 지금도 상당수의 나라에서는 인권이 제대로 보장되지 못하고 있다. 민주주의 국가가 아니기 때문이다. 인권은 민주주의에서만 가능하다. 민주주의의 인권을 나는 민주적 인권이라고 부른다. 이는 민족적 인권을 위시한 신체적, 정신적, 정치적, 경제적, 사회적 인권을 완전하게 보장하는 것을 말한다. 그런 인권의 이상을 추구하는 것을 헛된 유토피아 찾기라고 비판할 수도 있겠지만, 우리가 살펴본 인권의 역사는 여러 가지의 질곡 속에서도 인권이 제자리를 찾아 역사적으로 발전해왔고, 따라서 우리는 인권 세계에 대해 희망을 가질 수도 있다는 점을 보여준다. 인권의 미래에 대해 무조건 비관하기보다는 조심스러운 낙관을, 즉 현실을 냉정하게 바라보면서 인권 실현을 위해 가능한 방법을 신중하게 택하는 태도의 낙관을 중시할 필요가 있다. 무엇보다도 중요한 점은 가장 민주적인 권력만이 인권을 가장 잘 제대로 보장할 수 있다고 하는 점이다. 그러나 이 점에 대해서도 유의할 점이 있다. 모든 권력은 부패하고 남용될 가능성이 있다고 하는 점이다. 따라서 가장 민주적인 권력이어야 권력 남용이 최소에 그쳐 인권 침해를 최소화할 수 있다고 말하는 것이 도리어 옳을 것이다. 그러므로 인권 보장을 위해서는 언제나 권력에 대한 감시가 필요하다.

우리가 사는 시대는 국가나 이데올로기를 비롯한 모든 것이 상대화되는 시대이지만, 인간의 존엄과 평등한 인권이란 것은 상대화할 수 없는 절대성을 갖는 가치이다. 왜 그런가? 인권은 각각의 인간에 대한 존경과 함께 모든 인간이 함께 살아가야 한다는 공생 공존의 감정, 즉 개인적인 감수성이 아니라 사회적인 감수성에 근거하는 것이기 때문에 그렇다. 감수성은 기본적으로 개인적인 것이기는 하지만 인권에 대한 감수성은 사회적인 것에서 나온다. 인권에 대한 낙관은 강렬한 인권 감수성에서 나온다. 우리 각자가 자신과 자신의 주변에 대한 인권을 날카롭게 감각하면서 인권 보장의 꿈을 이루려고 노력하는 자세가 지금 무엇보다도 필요하다.

작은 공에 숨은 큰 이야기

옷장에서 나온
인 문 학

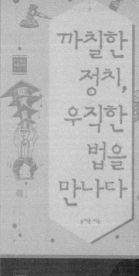

까칠한
정치,
우직한
법을
만나다

무겁지만
재미있게

세상과 통하는
철학

집에
들어온
인 문 학

세상을 해석한다

청년을
위한
세계사
강의

고대 서아시아에서
근대 유럽까지

1

명언 철학

그래서 철학자는
이렇게 말했다

책상을
떠난
철학

땅치를 든
철학자
니체

포
이어
바흐

불꽃을 품은
철학자

청와대는 건물 이름이 ○

기호학으로 세상 읽기

푸른들녘 인문·교양 시리즈

인문·교양의 다양한 주제들을 폭넓고 섬세하게 바라보는 〈푸른들녘 인문·교양〉 시리즈. 일상에서 만나는 다양한 주제들을 통해 사람의 이야기를 들여다본다. '앎이 녹아든 삶'을 지향하는 이 시리즈는 주변의 구체적인 사물과 현상에서 출발하여 문화·정치·경제·철학·사회·예술·역사 등 다방면의 영역으로 생각을 확대할 수 있도록 구성되었다. 독특하고 풍미 넘치는 인문·교양의 향연으로 여러분을 초대한다.